Anton Rauscher (Hrsg.)
Katholizismus, Bildung und Wissenschaft
im 19. und 20. Jahrhundert

BEITRÄGE ZUR KATHOLIZISMUSFORSCHUNG

In Verbindung mit Clemens Bauer †, Bernhard Casper, Alexander Hollerbach, Albrecht Langner, Hans Maier und Konrad Repgen

herausgegeben von
ANTON RAUSCHER

Reihe B: Abhandlungen

Redaktion:
Katholische Sozialwissenschaftliche Zentralstelle
Mönchengladbach

FERDINAND SCHÖNINGH
PADERBORN · MÜNCHEN · WIEN · ZÜRICH

Katholizismus, Bildung und Wissenschaft im 19. und 20. Jahrhundert

Herausgegeben von
ANTON RAUSCHER

1987

FERDINAND SCHÖNINGH
PADERBORN · MÜNCHEN · WIEN · ZÜRICH

Gefördert aus Sondermitteln
des Stifterverbandes für die Deutsche Wissenschaft

CIP-Kurztitelaufnahme der Deutschen Bibliothek

Katholizismus, Bildung und Wissenschaft im 19. [neunzehnten] und 20. Jahrhundert / hrsg. von Anton Rauscher. – Paderborn; München; Wien; Zürich: Schöningh, 1987.
(Beiträge zur Katholizismusforschung: Reihe B. Abhandlungen)
ISBN 3-506-70744-2
NE: Rauscher, Anton [Hrsg.]

Printed in Germany. Gesamtherstellung: Ferdinand Schöningh.

ISBN 3-506-70744-2

INHALTSVERZEICHNIS

VORWORT

Dieser Band enthält die Referate und den Diskussionsbericht des Symposions, das der Arbeitskreis „Deutscher Katholizismus im 19. und 20. Jahrhundert“ vom 17. bis 19. Oktober 1985 in Augsburg zum Themenbereich Katholizismus, Bildung und Wissenschaft durchführte.

Man sprach und spricht vom „sozialen“ oder vom „politischen“ Katholizismus. Oft genug wird dabei die kulturelle Dimension zu wenig berücksichtigt. Das Referat von L. Boehm läßt die Zäsur der Säkularisation für das katholische Bildungs- und Hochschulwesen deutlich werden. Nur eine differenzierende Beurteilung wird den Bemühungen um eine zeitgerechte Priester- und Laienbildung, aber auch dem viel beredeten katholischen „Bildungsdefizit“ gerecht. H. Raab arbeitet die Interpretationsbreite des Postulats einer „katholischen Wissenschaft“ im 19. Jahrhundert heraus. Hierbei wird insbesondere die Rolle der Görresgesellschaft für eine realistische Wissenschaftspolitik des deutschen Katholizismus in neuen Facettierungen aufgezeigt. M. Schmolke läßt die Leistung, aber auch die Grenzen der katholischen Literatur und Publizistik erkennen. Aufgrund umfangreicher Untersuchungsergebnisse werden in dem Referat von H. Heitzer die vielfältigen Aspekte und Entwicklungsphasen der sozialen und staatspolitischen Bildungs- und Schulungsarbeit des Volksvereins erörtert. Besondere Aufmerksamkeit gebührt den Gründen für die allmähliche Distanz zwischen dem Volksverein und dem Verbandskatholizismus. H. Dickerhof zeichnet die seit dem 19. Jahrhundert im deutschen Katholizismus verfolgte Idee einer katholischen Universität nach. Besonderes Gewicht wird hierbei gelegt auf die Bedeutung des von der Görresgesellschaft und der Zentrumspartei geltend gemachten Paritätsprinzips, das bereits eine der möglichen Antworten auf die Rolle der katholischen Universität in der pluralistischen Gesellschaft impliziert. H. Boventer legt die Gründe, Anliegen und Ziele dar, die nach dem Zweiten Weltkrieg zur Gründung der Katholischen Akademien in der Bundesrepublik Deutschland geführt haben. Sie stehen an den Schnittlinien zwischen Glauben und Welt, zwischen Kirche und Gesellschaft.

Dieses Symposium war das letzte von insgesamt 16 Symposien, die sich mit dem wechselseitigen Verhältnis von Kirche/Katholizismus und moderner Gesellschaft befaßten. Die Berichtsbände geben darüber Aufschluß, welche Entwicklungen in Gesellschaft und Kultur, welche geistigen und politischen Ideen und Strömungen auf das Denken und Bewußtsein der deutschen Katholiken eingewirkt haben, und umgekehrt, welche Initiativen und Veränderungen vom Katholizismus auf die Gestaltung der Verhältnisse in Wirtschaft, Gesellschaft und Staat ausgegangen sind.

Anton Rauscher

Laetitia Boehm

KATHOLIZISMUS, BILDUNGS- UND HOCHSCHULWESEN NACH DER SÄKULARISATION

I. Zur Beurteilung der Säkularisation. Vorbemerkungen

Über die Säkularisation von 1803 einschließlich ihrer Vorgeschichte sowie über deren Folgen als reichs-, verfassungs-, kirchen- und kulturgeschichtliche Epochenwende, die sich mit dem Untergang des Alten Reichs und der Germania sacra, des stiftischen Deutschland, vollzog, gibt es ein breites Spektrum an Urteilen aus verschiedenen Gewichtungs-Maßstäben. Es reicht von emotionaler Verdammung des traditionszerstörenden „Vandalismus" (das Wort war im Umkreis der Französischen Revolution geprägt worden), Verurteilung des Mißbrauchs der Staatsgewalt gegenüber dem Kirchengut als „moralisch gesehen ein Gottesraub, juridisch eine illegitime Anmaßung, politisch ein Hochverrat"[1] über pragmatische Registrierung der Rechtsbrüche und historische Relativierung des Zäsurcharakters bis zur Anerkennung gewisser modernisierender Wirkungen für den geistigen und positiver Antriebe für den religiösen Erneuerungsprozeß der katholischen Kirche.[2] Jedoch das Zustandekommen des Reichsdeputationshauptschlusses und die Art der Durchführung – namentlich in dem am radikalsten vorgehenden Bayern – haben einhellige Verurteilung gefunden. Die Deutung der Zerstörung der Reichskirche durch Gustav Droysen als eine von den deutschen Fürsten, also „von oben" betriebene „Revolution", hat in der protestantischen Geschichtsschreibung über Heinrich von Treitschke weitergewirkt und gehört heute

---

[1] *A. M. Schleglmann*, Geschichte der Säkularisation im rechtsrheinischen Bayern, 3 Bde. 1903–1908, hier Bd. 1, S. 263.

[2] Vgl. zu allem grundsätzlich *A. Langner* (Hg.), Säkularisation und Säkularisierung im 19. Jahrhundert, Paderborn 1978; *H. Raab*, Der Untergang der Reichskirche in der großen Säkularisation. In: *H. Jedin* (Hg.), Handbuch der Kirchengeschichte, Bd. 5, Sonderausgabe 1985, S. 533ff.; *E. Weis*, Die Säkularisation der bayerischen Klöster 1802/03. Neue Forschungen zu Vorgeschichte und Ergebnissen (SB Bayer.Akad. d. Wiss. Jg. 1983, Heft 6), 1983; *G. Schwaiger*, Das Ende der Reichskirche und die Säkularisation in Deutschland. In: Kirche und Theologie im 19. Jahrhundert. Referate und Berichte des Arbeitskreises Katholische Theologie, hg. von *G. Schwaiger*, Göttingen 1975, S. 11ff.

zum Allgemeingut geschichtswissenschaftlicher Sicht der Säkularisationsära.[3] Abgesehen davon, daß die Forschung der letzten Jahrzehnte die Detail-Kenntnisse über das Ausmaß der Besitzverschiebungen und über die staatskirchenrechtlichen Konsequenzen vertieft, auch manche älteren Sichten revidiert hat, wurzeln die prinzipiellen Beurteilungs-Positionen großenteils noch bei den Zeitgenossen der Säkularisationsepoche selbst. Die Auffassungen inner- und außerhalb der katholischen Kreise variierten je nach Generation, Nähe oder Opposition zur staatskirchlichen Gesinnung, sie schwankten je nach Zugehörigkeit zum härtest betroffenen Bettelordensstand, zum Mönchs- bzw. Prälatenstand fundierter Klöster, zum Weltklerus oder zur geistlichen bzw. weltlichen Aristokratie. An zahlreichen Lebensläufen ließe es sich aufzeigen, wie das konkrete Erlebnis des politischen Säkularisationsvollzugs auf der einen Seite Gesinnungskonversionen von Aufklärern zu Verteidigern der Kirchenfreiheit provozierte – man denke etwa an den Würzburger Weihbischof Gregor Zirkel und seinen Freund, den Bamberger Kanonisten Franz Andreas Frey – wie es bei anderen einen Reifungsprozeß religiösen Freimuts auf der post-aufklärerischen Ebene nationalkirchlichen Denkens bewirkte, wofür Ignaz Heinrich von Wessenberg, der bedeutendste Schüler Karl Theodor von Dalbergs, repräsentativ ist. Während und nach der Konkordatsphase im Zeichen der neuerlichen bitteren Erfahrungen von Streitfällen zwischen Kirche und Staat bzw. Staatskirchenhoheit, von Rechtsbrüchen oder Interpretationskonflikten konsolidierten sich bekanntlich die Grundpositionen sog. ultramontaner (rom-orientierter) und andererseits staats- (bzw. national-) kirchlicher sowie liberaler Haltung. Aus den Erosionen erwuchs der politische und soziale Katholizismus als eine neuartige Grundkraft des katholischen Volksteils[4], als katholische Erneuerungsbewegung, die sich seit rd. 1821 (Gründung der Zeitschrift „Der Katholik" in Mainz) zunehmend politisierte und die katholische Presse- und Kirchenblattbewegung als Instrument entfaltete.[5] Die beiden großen Gruppierungen im deutschen Katholizismus – bei aller Differenzierung in

[3] *R. von Oer,* Zur Beurteilung der Säkularisation von 1803. In: FS für *H. Heimpel,* Bd. 1, Göttingen 1971, S. 511ff.; *K. J. Benz,* Zu den kulturpolitischen Hintergründen der Säkularisation von 1803. Motive und Folgen der allgemeinen Klosteraufhebung. In: Saeculum 26 (1975), S. 364ff., hier S. 367.

[4] *O. von Nell-Breuning,* Katholizismus. In: Zur Soziologie des Katholizismus, hg. von *K. Gabriel* und *F. X. Kaufmann,* Mainz 1980, S. 24ff.; vgl. insgesamt: Der soziale und politische Katholizismus. Entwicklungslinien in Deutschland 1803–1963, 2 Bde., hg. von *A. Rauscher,* München-Wien 1981/1982.

[5] *O. B. Roegele,* Presse und Publizistik des deutschen Katholizismus 1803–1963. In: Der soziale und politische Katholizismus (wie Anm. 4), Bd. 2, S. 395ff.; *G. Valerius,* Deutscher Katholizismus und Lamennais. Die Auseinandersetzung in der katholischen Publizistik 1817–1854, Mainz 1983.

Einzelfragen – werden dabei deutlich greifbar in der Weise der Rezeption der Ideen des französischen „Freiheitsapostels" Hugues Félicité Robert de La Mennais[6] (seit 1834 „demokratisiert" Lamennais, 1782–1854), Verteidigers der päpstlichen Autorität gegen den von ihm scharf angegriffenen Gallikanismus, Vorkämpfer für eine Trennung von Kirche und Staat und für ein liberal-katholisches Programm. Auch in Deutschland galt er als maßgeblicher Gewährsmann für die gegen staatskirchliche Gesinnung febronianistischer Richtung reagierenden strengkirchlichen Kreise; hingegen von den Wessenbergianern ignoriert, von Wessenberg selbst als „Bellarmin des 19. Jahrhunderts" bezeichnet, schieden sich an Lamennais die Geister der katholischen Reformbewegung. Im breiten Spektrum der Urteile über die geschichtlichen Dimensionen der Säkularisation von damals bis heute erscheinen einige Sichtweisen von konstanter Geltung.

1. Die epochale Bedeutung der Säkularisation war schon den vollziehenden Staatsorganen – gewissermaßen als Hoffnung auf ihr Werk – durchaus bewußt. Bezeichnend dafür ist die oft zitierte Äußerung des gefürchteten kurbayerischen Aufhebungskommissärs Johann Christoph von Aretin in einem Brief von 1803 in bezug auf die Klostersäkularisation[7]: „Zwischen gestern und heute stand eine Kluft von tausend Jahren: Heute ist der Riesenschritt über diese unermeßliche Kluft gewagt. Von heute an datiert sich eine Epoche der bayerischen Geschichte, so wichtig, als in derselben noch keine zu finden war. Von heute an wird die sittliche, geistige und physische Kultur des Landes eine ganz veränderte Gestalt gewinnen. Nach tausend Jahren noch wird man die Folgen dieses Schrittes empfinden. Die philosophischen Geschichtsschreiber werden von der Auflösung der Klöster, wie sie es von der Aufhebung des Faustrechts taten, eine neue Zeitrechnung anfangen, und man wird sich dann den Ruinen der Abteien ungefähr mit eben den gleichen gemischten Gefühlen nähern, mit welchen wir jetzt die Trümmer der alten Raubschlösser betrachten ...". Die Vorausschau einschneidender Auswirkungen für das Staatswesen spricht auch aus den die Klöster verteidigenden Denkschriften der beiden Diskussionsführer des bayerischen Prälatenstandes an die Regierung, der Äbte Rupert Kornmann von Prüfening und Karl Klocker von Benediktbeuren 1802[8], wobei nicht die Leistungen der Klöster für die Seelsorge oder kirchenrechtliche Argumente im Vordergrund standen, sondern – durchaus realistisch – die weitreichenden Folgen im sozialen, kulturellen und schulischen Bereich, wie sie nach 1803 dann auch eintraten. Gleichwohl ist es bemerkenswert, daß es unmittelbar nach Durchfüh-

[6] Dazu grundsätzlich *Valerius* (wie Anm. 5).

[7] Brief vom 1. 4. 1803 aus Schäftlarn: *J. Chr. von Aretin*, Briefe über meine literarische Geschäftsreise in die baierischen Abteyen, hg. von *W. Bachmann*, München 1971, S. 51.

rung des Reichsdeputationshauptschlusses in katholischen Kreisen relativ still blieb, daß die Klöster ebenso wie die Träger der Reichskirche, Bischöfe und Domkapitulare, die Enteignungen zwar mit Resignation, aber mit erstaunlicher Gelassenheit ohne Widerstand über sich ergehen ließen, zum Teil einfach flüchteten bzw. sich auf ihre adeligen Landgüter zurückzogen, und daß kaum heftige Reaktionen in der Öffentlichkeit zu verzeichnen sind.[9] Umso vitaler setzte dann in der Phase der Verfassungsbildung und der Konkordate bzw. der staatskirchenrechtlichen Artikel im Zusammenhang der kirchlichen Neuorganisation wieder die Diskussion um die Folgen der Säkularisation für das Verhältnis von Kirche und Staat ein.

2. Daß die Abschaffung der geistlichen Staaten, die sog. Herrschaftssäkularisation, überfällig und als solche kein unbedingter Schaden für die Kirche war, ja daß die Kirche trotz der materiellen und politischen Schwächung „den Verlust eines tausendjährigen Ballastes" heilsam erfuhr[10], darüber besteht heute quer durch die weltanschaulichen Meinungen ziemliche Einmütigkeit, denn „die Zeit der Priesterstaaten war vorbei; Bischofsstühle, Domkapitel und Großklöster sind schließlich nicht standesgemäße Versorgungsplätze für eine aristokratische Oberschicht, ein Fortbestehen im 19. Jahrhundert wäre nicht auszudenken".[11] In den letzten beiden Dezennien vor dem Reichsdeputationshauptschluß hatte sich eine Flut von Flugschriften und Traktaten mit Struktur, Vorteilen und Nachteilen, möglicher Besserung oder Aufhebung der geistlichen Staaten befaßt[12], ausgelöst u.a. durch die 1785 in dem neuen vom Fuldaer Dom-

---

[8] *Weis* (wie Anm. 2), S. 28ff.– Vgl. künftig die Edition von *W. Müller*, Im Vorfeld der Säkularisation. Briefe aus bayerischen Klöstern 1794–1803 (1812), Beiheft zum AKG (im Druck), bes. die grundsätzliche Einleitung.

[9] *v. Oer*, Zur Beurteilung der Säkularisation (wie Anm. 3), S. 512; *Benz*, Zu den kulturpolitischen Hintergründen (ebd.), S. 378ff. Zum Verhalten der Bischöfe vgl. die Biographien bei *E. Gatz* (Hg.), Die Bischöfe der deutschsprachigen Länder 1785/1803 bis 1945, Berlin 1983. Zur Reaktion der Bevölkerung auf den Herrschaftswechsel z.B. V. Dotterweich, Herrschafts- und Vermögenssäkularisation in Bayerisch-Schwaben. Politische, soziale und wirtschaftliche Aspekte. In: Probleme der Integration Ostschwabens in den bayerischen Staat. Bayern und Wittelsbach in Ostschwaben. Hg. von *P. Fried*, 1928, S. 128ff.

[10] *H. Raab*, Auswirkungen der Säkularisation auf Bildungswesen, Geistesleben und Kunst im katholischen Deutschland. In: *A. Langner* (Hg.), Säkularisation und Säkularisierung (wie Anm. 2), S. 95.

[11] *Schwaiger*, Das Ende der Reichskirche (wie Anm. 2), S. 21.

[12] *P. Wende*, Die geistlichen Staaten und ihre Auflösung im Urteil der zeitgenössischen Publizistik (Hist. Stud. Ebering 396), 1966, worin auch die Traktate zur Verteidigung zu Worte kommen; vgl. dazu die Titel-Sammlung bei *M. Brandl*, Primärliteratur zur Säkularisation von 1803. In: *A. Langner* (Hg.), Säkularisation und Säkularisierung (wie Anm. 2), S. 163ff.; insgesamt auch *K. Dietrich*, Geistliche Herrschaften und deutsche Volksentwicklung. In: AKG 15 (1923), S. 36ff.

herrn Philipp Anton Siegmund von Bibra herausgegebenen „Journal von und für Teutschland" gestellte Preisfrage „Welches sind die Mängel der geistlichen Staaten, und wie sind sie zu heben?". Insgesamt überwog die Aufklärungskritik mit negativen Urteilen, wofür exemplarisch der protestantische Staatsrechtler Friedrich Carl von Moser angeführt sei.[13] Seine Beobachtung von Mängeln geistlicher Regierungen wurzelte zugleich in konfessioneller antikatholischer Haltung, wenn er „viele derselben aus dem Religions- und Hierarchischen System der Catholischen Kirche" ableitete[14]; da ihm andere Mängel in der Verfassung oder in der Persönlichkeit der Regenten zu liegen schienen, plädierte er für die Trennung von Fürst und Bischof, „biß der Bischof das wieder wird, was er ursprünglich war; und der Fürst das bleibt, was er ist und seyn soll, Landes-Herr"[15], einschließend die fürstliche Bischofseinsetzung. Moser befürwortete die Aufhebung der Klöster – von der Aufhebung der Jesuiten an könne „man eigentlich erst den Sonnen-Aufgang in der Catholischen Deutschen Welt datiren"[16] – sowie die Umwandlung der geistlichen Staaten in weltliche; allerdings wollte er sie als Wahl-Staaten erhalten wissen, „um mannigfachem Elend und Gebrechen der Erb-Fürstentümer zu entgehen" und weil die Beibehaltung der Gewalt der bisherigen Dom-Kapitel und Landstände ein „beharrliches Gegengewicht gegen den weltlichen Despotismus schaffen würde"[17], denn Moser zollt immerhin dem geistlichen Regenten, wenn er gut sei, als „Staats-Verwalter" im buchstäblichen Sinn das Lob, daß „schlechte, nachtheilige, unbesonnene Handlungen ihm nicht so, wie einem weltlichen Souverän, ungenossen hingehen", ja weil er „gar vielen Schutt erst wegräumen", „das Gute um sein selbst willen thun" muß, auch wenn man, wie in Republiken überhaupt, noch mehr in den geistlichen Staaten sich vor Genies fürchtet[18]. Unter den positiven Aspekten, die bei Verteidigern oder auch Gegnern zugunsten der geistlichen Staaten sprachen, rangierte an erster Stelle die Qualifizierung als Republiken mit vernünftiger Freiheit, wie sie einmündete in Carl Ludwig von Hallers idealisierendes Lob der Priesterstaaten und ihrer „milden Autorität" in seinem epochemachenden Werk zur Restauration[19]. Er resümierte, „daß

---

13 *F. C. von Moser*, Ueber die Regierung der geistlichen Staaten in Deutschland, Frankfurt und Leipzig 1787.

14 Ebd., S. 37.

15 Ebd., S. 161 und 187f.

16 Ebd., S. 190 und 210. Zur Ordenskritik im 18. Jh. vgl. auch *I. Böhm*, Literarische Wegbereiter der Säkularisation. In: Stud. Mitt. OSB 94 (1983), S. 518ff.

17 Ebd., S. 176f., 168.

18 Ebd., S. 149f.

19 *C. L. von Haller*, Restauration der Staatswissenschaft, Bd. 5: Makrobiotik der geistlichen Herrschaften oder Priesterstaaten, ²1834, Neudr. Aalen 1964; Resümee S. 364ff., 373ff.

die geistlichen Staaten oder Gesellschaften, wofern ihnen eine wahre Lehre zu Grunde liegt, in eigentlichem Verstand die populärsten von allen sind, und etwas in hohem Grade republikanisches an sich haben; daß namentlich in der allgemeinen christlichen Kirche alles gemeinnützig, nichts auf den Privatnutzen der Oberen oder Herrschenden berechnet ist ... Hier in der Kirche kommt die Macht ... zwar auch nicht vom Volke her, weil Niemand geben kann was er nicht hat und die Blinden den Sehenden nicht ihr Aug zu geben vermögen; aber sie ist doch einzig und ausschließlich für das gläubige Volk bestimmt, was hingegen von der Macht eines weltlichen Fürsten ... nicht in gleich strengem Sinne gesagt werden kann; ... monarchisch nur in ihrem Ursprung, ihrer Entstehungsart und äußeren Form, aber dagegen republikanisch in ihrem Geist und Endzweck, ...vermittelt und versöhnt sie gleichsam das monarchische und das republikanische Prinzip; sie hat demnach die Vortheile sowohl der Fürstenthümer als der Republiken, aber keine ihrer Nachtheile, sie trägt einerseits die Natur und den Charakter der Gemeinden, von denen wir in dem folgenden Bande reden wollen und damit die ganze Restauration der Staatswissenschaft vollenden wollen".

Nach 1803 fand die Auflösung der Reichskirche weiterhin bei einem Gutteil aufgeklärter Theologen und Publizisten zwar wehmütiges, aber verständnisbereites Echo. So meinte kein Geringerer als Johann Michael Sailer, „Von unten hinauf ist's großes Unrecht, aber oben hinunter großes Recht"[20]. Im ersten Jahrgang der Tübinger Theologischen Quartalschrift 1819[21] stellt ein Artikel über die allgemeine Lage der Kirche distanziert fest: „Durch den Reichsdeputationsschluß 1803 hat die deutsche Kath. Kirche eine große Veränderung erlitten. Es waren aber nicht so viel die Anordnungen ..., als vielmehr nicht genau erwogene Vollziehung desselben, was die ... Kirche wirklich in die traurige Lage versetzte, in der sich solche dermals befindet. Die Säkularisierung der geistlichen Fürstenthümer hätte der deutschen Kath. Kirche an und für sich keinen wesentlichen Nachtheil gebracht. Aber darinn wurde offenbar gefehlt, daß man erstens alles Kirchengut in die Hände der Fürsten auslieferte ... Warum machte man den Fürsten und den Kirchenprälaten zugleich zum Pensionär? – Ein

---

20 *H. Schiel*, Johann Michael Sailer, Leben und Briefe I, Regensburg 1948, S. 367. Zu Sailer vgl. jetzt grundsätzlich *G. Schwaiger*, Johann Michael Sailer. Der bayerische Kirchenvater, München-Zürich 1982.

21 Artikel III. Kirchenwesen I. Dermalige Lage der deutschen katholischen Kirche, S. 93ff. In der Haltung war die Theologische Quartalschrift weit entfernt von der 1821 begründeten kämpferischen Zeitschrift „Der Katholik", mit der die katholische Kirchenblattbewegung einsetzte; sie bewegte sich vielmehr wie ihre Herausgeber auf dem Mittelweg zwischen engstirnigem Rationalismus der Spätaufklärung und dem Mystizismus mancher Romantiker, blieb allerdings ultramontanen Kreisen zu freisinnig und daher verdächtig; vgl. *Valerius* (wie Anm. 5), S. 39f.

anderer Hauptfehler in dieser Sache war, daß einige Domkapitel ihre kirchliche Stellung vergessen zu haben schienen. Sie erwogen nicht, daß sie das Presbyterium der Kirche sind ... Drittens war es ein Versehen der Fürsten, daß sie nicht dafür sorgten, daß die erledigten bischöftlichen Stühle wieder besetzt wurden ...". Wenig später wollte Johann Adam Möhler in der Säkularisation geradezu Gottes Hand erkennen; es sollte ruhig die ganze alte Organisation der Domkapitel verschwinden, „das scheint die Vorsehung gewollt zu haben, wenn sie einen Sturmwind und ein Erdbeben in dieselben schickte. Wenn die Vorsehung winkt, müssen die Menschen folgen."[22] Allerdings, auch die bekannte wehmütige Charakterisierung der neuen Lage durch Joseph Görres klingt bis heute nach: „Ein knapp anliegender steifleinener Habit statt des alten, reichgestickten Purpurmantels; ein Rohrstengel statt des Szepters verlorener Landesherrlichkeit, dazu die Dornenkrone der Dienstbarkeit: ecce ecclesia germanica".[23] Damit war zugleich ein tiefliegendes Autoritätsproblem angerührt.

3. Von jeher erkannte man die schwerwiegenden wirtschaftlichen und sozialen Folgen, die aus dem Untergang des alten Systems sowohl für den Adel als auch für den Klerus resultierten; sie berührten damit auch den Akademikerstand (vgl. unten). Schon die oben genannten Denkschriften der bayerischen Prälaten von 1802 führten gegen die drohende Klosteraufhebung Argumente aus dem sozialen und wirtschaftlichen Lebensbereich an: die Säkularisation bedeute einen schweren Schlag für die „National-Industrie", da die Klöster als gesuchte Auftraggeber für inländische Lieferanten, besonders für die Handwerker, nicht ersetzbar seien; die Klöster waren im übrigen nicht nur Geldgeber des Staates, sondern Sparkassen des „kleinen Mannes". Die Bildungs- und Aufstiegs-Möglichkeiten für Bauern- und Tagwerkersöhne, die bisher bis zum Landstand oder gar zum Reichsabt führen konnten, würden nun wegfallen.[24] „Die

[22] *J. A. Möhler*, Einige Gedanken über die zu unserer Zeit erfolgte Verminderung der Priester, und damit in Verbindung stehender Punkte. In: Theol. Quartalschrift 8 (1826), S. 439; *Möhler* lehnt eine Restauration der Klöster und Orden ab, denn die große Idee, die die alten Orden hervorgebracht hatte, könne nicht wiederholt werden, „das Flicken von Lappen auf Lappen ohne eigenthümliche Richtung ... wem könnte das gefallen?", ebd., S. 434; darin knüpft *Möhler* (unausgesprochen) an Lukas 2,21 an, ähnlich wie *F. C. v. Moser*, S. 206, aus derselben Bibelstelle folgerte: „aber mit Flicken, Stützen und frischem Bewurf des alten baufälligen Hauses ist weder gerathen noch geholfen". Zu *Möhlers* Schriften vgl. *J. Köhler*, Priesterbild und Priesterbildung bei Johann Adam Möhler (1796–1838). Ein Kommentar zu Möhlers kirchengeschichtlicher Antrittsvorlesung „De seminariorum theologicorum origine et progressu" aus dem Jahre 1829. In: Tübinger Theologen und ihre Theologie, hg. von *R. Reinhardt*, Tübingen 1977, S. 169f.

[23] Zit. nach *Schwaiger*, Das Ende der Reichskirche, S. 19.

[24] *Weis* (wie Anm. 2), S. 28ff.

Kinder gemeiner Älteren", so klagte 1803 Roman Zirngibl[25], hätten jetzt nur mehr „Aussicht zum Soldatenstand. Die gründliche Literatur wird sich nach und nach verlieren, die nach den evangelischen Grundsätzen aufgeklärte Priester und mit denselben die positive Religion wird abnehmen, und am Ende wird aus unserem Vaterlande ein militärischer Staat nach dem Modell der altpreußischen und hessischen Staaten werden". Vor zwei Jahrzehnten beleuchtete Rudolf Morsey zusammenfassend[26] die sozialen und wirtschaftlichen Folgen der Säkularisation, welche in einigen Spezialuntersuchungen für regionale Bereiche inzwischen vertieft und bestätigt wurden. Gravierende Rückwirkungen zeitigte die Entfeudalisierung der hochadeligen Kapitel und Stifte, der Verlust von rd. 720 Domherrenstellen, für den Klerus, dem dadurch der adlige Nachwuchs verlorenging und für den mit Vernichtung der kirchlichen Hierarchie auch der Karriereanreiz wegfiel. Schwerwiegend waren die Folgen des Ausfalles von rd. 400 Klöstern (davon lagen 183 in Bayern)[27] für die Umstrukturierung der Seelsorge, indem diese nun ganz auf den neuartigen Typ

---

25 Brief an *Lorenz Westenrieder* vom 7. 1. 1803; *A. Kraus*, Die Briefe Roman Zirngibls von St. Emmeram in Regensburg, Regensburg 1965, S. 104. Vgl. zu diesem Gesichtspunkt auch die Adresse von 15 katholischen Ständemitgliedern vom 23. 5. 1815 über die bedrängte Lage der katholischen Kirche in Württemberg. In: *M. Erzberger*, Die Säkularisation in Württemberg 1802–1810. Ihr Verlauf und ihre Nachwirkungen, Stuttgart 1902, Beilage III, S. 424ff., hier bes. S. 430: „Diese Ausnahme der Candidaten des geistlichen Studiums hat ihren Grund nicht sowohl in der durch die französische Revolution allgemein gewordenen Abneigung gegen den geistlichen Stand, als in dem Conscriptions-Verhältnis ... Wie kann der Bürger und Bauer seinen Sohn ... in die lateinische Schule und vom 14. Jahr in das Lyceum oder Gymnasium schicken, wenn er befürchten muß, daß er im 21. Jahr als Soldat ausgehoben werde, und alle Kosten ... verloren seyen? Nur eine unbedingte Befreiung von der Conscription vom 14. Jahr für jeden, der sich dem geistlichen Stand widmet, ... kann dieser Furcht begegnen ..."

26 *R. Morsey*, Wirtschaftliche und soziale Auswirkungen der Säkularisation in Deutschland. In: Dauer und Wandel der Geschichte, FS für *K. von Raumer*, hg. von *R. Vierhaus* und *M. Botzenhart*, 1966, S. 361ff.; *H. Klueting*, Die Säkularisation im Herzogtum Westfalen 1802–1834. Vorbereitung, Vollzug und wirtschaftlich-soziale Auswirkungen der Klosteraufhebung, 1981; *M. Müller*, Säkularisation und Grundbesitz. Zur Sozialgeschichte des Saar-Mosel-Raumes 1794–1813, Boppard 1980, *H. Chr. Mempel*, Die Vermögenssäkularisation 1803/10. Verlauf und Folgen der Kirchengutenteignung in verschiedenen deutschen Territorien, 2 Bde., München 1979. Zum Forschungsstand auch *Weis* (wie Anm. 2), S. 47ff.; neuerdings *W. Schieder – A. Kube*, Säkularisation und Mediatisierung. Die Veräußerung der Nationalgüter im Rhein-Mosel-Department 1803–1813, Boppard 1987.

27 Statistische Zahlen u.a. bei *Benz*, Zu den kulturpolitischen Hintergründen, S. 372ff.; *Schwaiger*, Das Ende der Reichskirche und die Säkularisation, S. 18. Insgesamt erstreckte sich die Säkularisation auf 4 Erzbistümer, 18 Bistümer, rd. 80 reichsunmittelbare Stifte und Klöster, mehrere Hundert sonstige Klöster und Stifte; Kaiser *Joseph II.* hatte in den 1780er Jahren in seinen Erblanden rd. 800 Klöster aufheben lassen, 1803 aber sah Österreich von neuen Säkularisationen ab, so daß einige Abteien das Säkularisationszeitalter kontinuierlich überlebten. – Soeben erschienen: *S. Arndt-Baerendt*, Die Klostersäkularisation in München 1802/03, München 1986.

des staatlich besoldeten Weltgeistlichen überging. Das Verschwinden des klösterlichen Mäzenatentums, des kirchlichen Studien- und Stipendienwesens bedeutete einen harten Schlag für die soziale Mobilität der ärmeren Volksschichten über geistliche Ämter.[28] Die wirtschaftlichen Folgen der Klosteraufhebung wirkten sich z.B. aus auf Dörfer in der Umgebung großer Klöster mit ausgedehntem Streubesitz, in denen die kleinbäuerliche Bevölkerung teils als Handwerker für das Kloster gearbeitet hatte; sie sanken zurück zu reinen Bauernortschaften und erlebten, ähnlich wie auch manche Städte (etwa Passau) jahrzehntelang einen Prozeß der Pauperisierung[29], wenngleich die Säkularisation andererseits durch die Freisetzung von Ländereien, Gebäuden, Arbeitskräften Antriebe für die industrielle Entwicklung mit sich brachte. Insgesamt aber scheint sich – so die bisherigen regionalen Teilergebnisse – die Sozialstruktur der Bevölkerung durch die Besitzverschiebungen nur unwesentlich verändert zu haben.[30] Überdies lassen sich die älteren, aus den konfessionellen und sozialen Spannungen verstehbaren Pauschalurteile nicht halten, daß sich vornehmlich Protestanten, Juden und Ausländer durch Ankauf aus Säkularisationsgut bereichert, während die Katholiken aus religiösen Gründen sich von dem „Gottesraub“ distanziert hätten.[31] Von kontinuierlicher Geltung freilich bleibt die Tatsache beklagenswerter Verluste unersetzlicher Kulturschätze, vor allem an Mobilien, durch Verschleuderung, Verkauf, Zerstörung, Vernachlässigung. Die Auswirkungen der Enteignung der kirchlichen Institutionen um ihre Bücher- und Kunstbestände beinhalten ein eigenes umfangreiches trauriges Kapitel. Zeitgenossen beklagten, abgesehen von den Verlusten, die Zentralisierung der Bildungsgüter in wenigen Großstädten und damit die Verarmung des Kirchenlandes, sie befürchteten als Konsequenz daraus eine Provinzialisierung der Bildung[32], während wir heute eher geneigt sind, die Konzentration vornehmlich der Archivalien in den Hauptstaatsarchiven positiv zu werten. Heribert Raab hat einen beeindruckenden Überblick über die Auswirkungen der Säkularisation durch die materielle Verarmung der deutschen Kirche auf die verschiedenen kulturellen Lebensbereiche sowie Einblick in die Atmosphäre jener

---

[28] So auch die Adresse württembergischer Ständemitglieder von 1815 (wie Anm. 25), S. 430: „Endlich liegt eine Hauptursache des Verfalls des geistlichen Studiums wohl darin, daß arme und unvermögende Jünglinge nicht wie ehemals von der jetzt ganz armen und undotierten Kirche unterstützt und durch Stipendien auf Schulen und Universitäten erhalten werden können“. Hierzu ließen sich zahlreiche Beispiele bzw. Texte beibringen.

[29] *Morsey*, Wirtschaftliche und soziale Auswirkungen (wie Anm. 26), S. 367f.

[30] *Weis* (wie Anm. 2), S. 47ff.

[31] *Müller*, Säkularisation und Grundbesitz (wie Anm. 26), S. 138f.; *Weis*, S. 48.

[32] So z.B. Ignaz Speckle, der letzte Abt von St. Peter im Schwarzwald, in seinem Tagebuch; vgl. dazu sowie zu weiteren zeitgenössischen Urteilen *Raab*, Auswirkungen der Säkularisation (wie Anm. 10), S. 91f. und passim.

Umbruchsjahre gegeben, als das Kulturgut aus einer tausendjährigen Erbschaft so vernichtend dezimiert wurde und damit, wie Joseph von Eichendorff es beschrieb, das „sich immer erhaltende, große lebendige Museum" zerstört wurde, „welches durch die aus den Klöstern bereicherten für sogenannte Kenner abgeschlossenen heutigen Museen niemals ersetzt werden kann, da sie den großen Teil der Nation, das Landvolk, völlig ausschließen, während dieses nur immer mehr auf einige sparsam erhaltene Pfarrkirchen beschränkt wird"[33].

4. Die Folgen der Säkularisation waren primär realer, nämlich rechtlicher, materieller, sozialer Art; sie waren aber auch in hohem Maße und mit zunehmender Stärke psychologischer Natur und wirkten somit gewissermaßen „ideologisch" auf die Entwicklungen in Kirche und Staat. Im späten 18. Jahrhundert war auf beiden Seiten der Konfessionen – aus welchen geistigen Wurzeln auch immer und wie man deren Wert auch beurteilen mag, jedenfalls mit genährt aus dem Toleranzgedanken der Aufklärung und aus nationalkirchlichem Geist – die Atmosphäre einer interkonfessionellen Irenik mit kirchlichen Reunionsplänen auf einen Höhepunkt getreten, erneut motiviert während der Napoleonischen Bedrückung; denn, wie der letzte Abt von Michelsfeld, Maximilian Precht OSB, 1810 äußerte, „Aus der subjektiven Überzeugung, daß die Religionsumwälzung des 16. Jahrhunderts die ... Ursache der meisten politischen und kirchlichen Stürme, einschlüssig der letzten Säkularisation gewesen" sei, erkannte er „in der religiösen Vereinigung Deutschlands das vorzüglichste ... Mittel und die Hauptbedingungen kräftigen Widerstands gegen die erst im Werden begriffene Napoleonische Universalherrschaft"[34]. Gleichwohl löste die Säkularisation einen Schock aus, der im Zusammenhang mit der über 1806 und 1815 weiterführenden nationalpolitischen Ereigniskette, im Zusammenhang mit dem preußisch-österreichischen Dualismus und mit dem Aufstieg des protestantischen Preußen zum Inbegriff des „deutschen" Staates für neue konfessionspolitische

---

[33] *Joseph von Eichendorff,* Über die Folgen von der Aufhebung der Landeshoheit der Bischöfe und Klöster in Deutschland. In: Sämtl. Werke, hg. von *W. Kosch* und *A. Sauer,* Bd. 10, Regensburg 1911, S. 183f.; hier zit. nach *Raab,* Auswirkungen der Säkularisation (wie Anm. 10), S. 88f.

[34] Zit. nach *H. Raab,* Kirchliche Reunionsversuche. In: *H. Jedin* (Hg.), Handbuch der Kirchengeschichte, Bd. 5, Sonderausgabe 1985, S. 554ff., hier S. 570. Vgl. zur Problematik auch *E. Hegel,* Zum Verhältnis der Konfessionen in Deutschland am Ende des 18. Jahrhunderts. In: Zwischen Polemik und Irenik. Untersuchungen zum Verhältnis der Konfessionen im späten 18. und frühen 19. Jahrhundert, hg. von *G. Schwaiger,* S. 11ff.; *H. Graßl,* Katholische Unionsprojekte im 18. Jahrhundert und ihre Folgen, ebd., S. 48ff.; *F. W. Kantzenbach,* „Polarisierung". Von der Begegnung der Konfessionen zur Profilierung des kirchlich-politischen Gegensatzes (1785–1830), ebd., S. 68ff.

Konsequenzen den Boden ebnete.[35] Die Geschehnisse von 1803 wurden schon von Zeitgenossen als ein Sieg der Protestanten empfunden, „sie beherrschen uns und alles soll nach ihren Grundsätzen und Absichten ... eingerichtet werden“, so schrieb Lorenz Westenrieder 1817.[36] Und die nachfolgenden Generationen des 19. Jahrhunderts, namentlich seit den Anfängen eines Kulturkampfklimas in den 1830er Jahren (Kölner Wirren, Mischehenstreit), belastete bald ein Konfessionalismus neuer Art mit gesellschaftspolitischen Akzenten, dessen Hauptkampffeld die Bildungsinstitutionen, insonderheit die Hochschulen wurden. Aus der Kulturkampfatmosphäre erwuchs auch die These vom katholischen Bildungsdefizit, die unter einem spezifisch kultur- und wissenschaftsgeschichtlichen Aspekt die Säkularisation erneut in den Brennpunkt der Diskussion rückte.

II. Die Diskussion um Bildungsdefizit und Inferiorität der Katholiken in Deutschland

„Da mit den Klöstern auch zahlreiche Studienanstalten und Bildungsstipendien verschwanden, datiert von 1803 her der Beginn einer geistigen und kulturellen Inferiorität im katholischen Deutschland“[37]. Diese oft wiederholte Auffassung, die sich bei genauerer Betrachtung als Teilaspekt eines breiteren Inferioritäts-Komplexes der kulturellen und wirtschaftlichen Situation des katholischen Volksteils entlarvt, weist der großen Säkularisation von 1803/10 einen zentralen Platz in der neuzeitlichen Bildungs- und Wissenschaftsgeschichte zu. Mit manchen Wurzeln im Zeitalter von Aufklärung und Säkularisation verhaftet, war der Inferioritätsbegriff jedoch erst im späteren 19. Jahrhundert, im deutschen Kaiserreich, zum Schlagwort geworden; näherhin im Zusammenhang des Auftretens des organisierten (politischen) Katholizismus in der Öffentlichkeit, als sich im katholischen Selbstbewußtsein nach den Erfahrungen mit dem sich als protestantischer Staat deklarierenden preußischen Kaiserreich und nach den Bedrückungen des Kulturkampfes das Postulat der „Parität“ im

[35] *R. Lill*, Großdeutsch und Kleindeutsch im Spannungsfeld der Konfessionen. In: *A. Rauscher* (Hg.), Probleme des Konfessionalismus in Deutschland seit 1800, Paderborn 1984, S. 29ff.; *ders.*, Reichskirche – Säkularisation – Katholische Bewegung. In: Der soziale und politische Katholizismus, hg. von *A. Rauscher*, Bd. I, München-Wien 1981, S. 15ff.

[36] Zit. nach *A. Doeberl*, Abt R. Kornmann und die kirchliche Restauration. In: Hist. polit. Blätter 15 (1913), S. 92.

[37] *Morsey*, Wirtschaftliche und soziale Auswirkungen (wie Anm. 26), S. 376.

Sinne eines bürgerlichen Gleichheitsgrundsatzes verdichtete.[38] Der Ruf nach Parität, d.h. nach gerechter Beteiligung von Katholiken in der höheren Beamtenschaft bzw. die Klage über die „Imparität“ oder „Disparität“, schon seit den 1830er Jahren, massiver dann in der preußischen katholischen Fraktion unter August Reichensperger 1850/1860 ventiliert, 1887 von Julius Bachem auf dem Katholikentag in Bochum erörtert, wurde seit den 1890er Jahren schließlich eine Konstante in der Politik der damals im Parlament einigermaßen gefestigten Zentrumspartei. In diesem Zusammenhang begann eine Flut von statistischen Erhebungen, Berufs- und Bekenntnis-Zählungen, die die Grundlage lieferten für die seit damals bis heute anhaltende Diskussion um das Zurückstehen oder die Diskriminierung der Katholiken im öffentlichen Leben.[39] Erstes großes Ergebnis der Paritäts-Recherchen-Kampagne war die von Julius Bachem, dem Redakteur der Kölnischen Volkszeitung, und Wilhelm Hankamer, preußischem Zentrumsabgeordneten, 1897 herausgegebene Denkschrift „Die Parität in Preußen“, worin die Katholiken ermahnt werden zu einer „Parität der Leistungen“ und stärkerer Beteiligung an den weltlichen Universitätsstudien.[40] Nach Bachems später ergänzten Berechnungen waren unter den rd. 90 Kanzlern, Staatssekretären und Ministern Preußens und des Reichs zwischen 1888 und 1914 nur sechs Katholiken, 1911 waren alle elf Staatsminister Protestanten, 1910 waren von den 485 fest angestellten Landräten 64 katholisch. In den 1890er Jahren entstand der Begriff vom katholischen Bildungsdefizit primär als Terminus innerkatholischer Besinnung und Reformbemühung im Kampf um Gleichberechtigung im öffentlichen Leben, aber gleichzeitig von Kritikern gebraucht als polemisches Schlagwort für die Rückständigkeit der Katholiken. Georg von Hertling, damals Professor der Philosophie in München, Mitglied des Reichstags und Präsident der 1876 gegründeten Görres-Gesellschaft, prägte für lange Zeit Begriff und Betrachtungsweise des Bildungsdefizits der Katholiken im Hinblick auf die akademische Welt und Wissenschaft. Unmittelbarer Anlaß für Hertlings programmatischen

---

[38] *O. Köhler*, Die Ausbildung der Katholizismen in der modernen Gesellschaft. In: *H. Jedin* (Hg.), Handbuch der Kirchengeschichte, Bd. 6,2, 1973, Sonderausgabe 1985, S. 195ff., bes. 253ff. sowie die einschlägigen Abschnitte von *R. Lill* und *R. Aubert*, ebd.

[39] Als jüngste Darstellung der Problematik sei genannt die informative, bei *Th. Nipperdey* angefertigte Magisterarbeit von *M. Baumeister*, „Parität“ und „Katholische Inferiorität“: Untersuchungen zur Stellung des Katholizismus im deutschen Kaiserreich, (München masch.) 1985. Vgl. jetzt auch *W. Loth*, Katholiken im Kaiserreich. Der politische Katholizismus in der Krise des Wilhelminischen Deutschland, Düsseldorf 1984, S. 74ff., sowie *K.-E. Lönne*, Politischer Katholizismus im 19. und 20. Jahrhundert, Frankfurt a.M. 1986.

[40] *Bachem – Hankamer*, S. 160ff.; zu den später ergänzten Statistiken vgl. *Baumeister*, S. 10ff. Künftig vgl. auch das monumental angelegte Werk: Die Geschichte der Kölnischen Zeitung, bearb. von *K. Buchheim*, die (mir noch nicht vorliegenden) Bände Vff.

Artikel in den Historisch-politischen Blättern 1896 und für seine Rede bei der Konstanzer Generalversammlung der Görres-Gesellschaft[41] war eine Anfrage des vormaligen Münchner Nuntius Kardinal Agliardi, woher es komme, daß im katholischen Bayern am Hof und in der Regierung Protestanten anzutreffen seien. Überdies hatte der bayerische Kultusminister von Landmann durch Zahlenmaterial über die konfessionelle Lage der Hochschullehrer vor der Abgeordnetenkammer die Diskussion angeheizt. Die Debatte fand aufsehenerregenden Niederschlag in zwei Artikeln der Münchner Neuesten Nachrichten im April 1896.[42] Für die bayerischen Universitäten besagte die Statistik: München zählt unter 93 Professoren 52 Katholiken, Erlangen unter 52 10 Katholiken, Würzburg unter 52 22 Katholiken; zusammen befanden sich unter 197 Professoren 84 Katholiken und 109 Protestanten, also 43 gegen 55 Prozent. „Nun besagt die konfessionelle Statistik der bayerischen Bevölkerung, daß dieselbe zu fünf Siebentel dem katholischen Bekenntnis angehört, dem entsprechend müßte man unter den Professoren 71 Prozent Katholiken erwarten ..." „Auf 10000 Einwohner treffen bei den Protestanten 55 Schüler höherer Lehranstalten, bei den Katholiken nur 32"[43]. In den Münchner Neuesten Nachrichten schloß sich an die Mitteilung der Zahlen über Schul- und Hochschulbesuch der Kommentar[44]: „Die Wirkung solchen Fernbleibens von der Quelle höherer Bildung ist leichter anzugehen als seine Ursache. Die Katholiken werden trotz aller Deklamationen mit mathematischer Sicherheit allmählig aus den bedeutenderen und einflußreicheren Stellungen des Geisteslebens und des Erwerbslebens der Nation verdrängt werden. Sie werden zunächst verarmen, und infolge

---

[41] *G. von Hertling*, Das Bildungsdefizit der Katholiken in Bayern. In: Hist.-polit. Blätter 117 (1896), S. 678–692; die Konstanzer Rede und weitere einschlägige Schriften in: Reden, Ansprachen und Vorträge des Grafen Georg von Hertling mit einigen Erinnerungen an ihn, gesammelt von *A. Dyroff*, Köln 1929; *G. von Hertling*, Erinnerungen aus meinem Leben, Bd. 2, hg. von *K. Graf v. Hertling*, Kempten-München 1920, S. 165ff.

[42] Münchner Neueste Nachrichten Nr. 167 vom 10. 4. 1896, S. 9: Die Betheiligung der Konfessionen an den höheren Unterrichtsanstalten Deutschlands; Nr. 175 vom 15. 4. 1896, S. 1: Höhere Schule und Konfession, gez. von *Gerog v. Mayrs*. Diese Artikel bezogen ihre Angaben – nach *Baumeister*, S. 33f. – aus einer Untersuchung von 1890; der statistische Befund fiel in den 6 größeren Bundesstaaten mit ca. 87% der Gesamtbevölkerung ziemlich gleichförmig aus: an der Spitze des Schulbesuchs standen Juden, danach mit Abstand Protestanten und wiederum mit Abstand Katholiken; so z.B. die Verhältniszahlen für Preußen: Juden 1:30, Protestanten 1:198, Katholiken 1:366; für Bayern: Juden 1:27, Protestanten 1:150, Katholiken 1:236. Interessanterweise erscheinen bei Analysen der Schulgattungen die Differenzen zuungunsten der Katholiken am geringsten bei den humanistischen Gymnasien, während die Differenzen krasser waren bei den Realschulen.

[43] *Hertling*, in: *Dyroff* (wie Anm. 41), S. 10.

[44] Nr. 167 vom 10. 4. 1896, S. 9; dieses Zitat wurde seit *H. Schell*, Der Katholizismus als Princip des Fortschritts, Würzburg [7]1899, S. 6, sozusagen zu einem Topos in der katholischen Literatur.

dieser Verarmung werden sie immer weniger in der Lage sein, ihre Kinder in die höhere Schule zu schicken".

Solche Prognosen waren alarmierend. Hertling brachte die heikle Bildungsdefizitfrage erstmals vehement vor die katholische Öffentlichkeit mit dem Bekenntnis, „daß wir uns in Deutschland durch die Protestanten haben überflügeln lassen", um mit dem ihm eigenen Engagement, in Überwindung von Polemik, aus dem Versuch einer Ursachen-Diagnose die Therapie in Appellen an die katholischen Kräfte und in persönlichem Einsatz die Förderung der Wissenschaft als wichtigste Aufgabe des katholischen Deutschland herauszustellen. Er befürchtete, „daß mit der Zeit die Bevölkerung auch in überwiegend katholischen Ländern in zwei Klassen auseinanderfallen müsste, in die herrschende Klasse der gebildeten Protestanten und in die beherrschte der katholischen Bauern und Handwerker"[45]. In der Abhandlung „Das Princip des Katholicismus und die Wissenschaft. Grundsätzliche Erörterungen aus Anlaß einer Tagungsfrage" (Freiburg 1899) zog er das Resümee seiner Überlegungen. Bei der Erörterung der äußeren und inneren Gründe setzte Hertling an beim historischen Gesamtkomplex der Säkularisation, dem Zusammenbruch der politischen Machtstellung des Katholizismus, verstärkt durch die Niederlage Österreichs 1866; zu den inneren Gründen zählte er einen „übertriebenen Conservativismus" im Verhältnis zur Wissenschaft, für den eine romantisierende Verklärung des Mittelalters auf Kosten der folgenden Epochen noch immer typisch sei.[46] Zum katholischen Bildungsrückstand in Bayern bringt er soziologische Überlegungen über die Unterschiede zwischen altbayerischem Bauernstaat und den neuen protestantischen Territorien und Reichsstädten mit ihrem vermögenden gebildeten Bürgertum, aus dem sich bei Entstehung des neubayerischen Staates sofort die Beamtenschaft rekrutierte. So könne man sagen, „daß die Protestanten in Baiern von der Begründung des neuen Staatswesens an einen gewissen Vorsprung hatten, der sich, da niemand ihm entgegenwirkte, im Ablaufe der Generationen naturgemäß steigerte"[47]. Überdies nahm Hertling in den

---

[45] *Hertling*, in: *Dyroff*, S. 10.

[46] *Hertling*, Das Prinzip des Katholizismus, S. 58.

[47] *Hertling*, in: *Dyroff*, S. 11. Jüngere Forschungen bestätigen die konfessionell unterschiedliche Stadt-Land-Verteilung. *H. Witetschek*, Studien zur kirchlichen Erneuerung im Bistum Augsburg in der ersten Hälfte des 19. Jahrhunderts, Augsburg 1965, S. 199 stellt fest: 1812 lebten in den Städten der Diözese Augsburg 56% Katholiken, 43% Protestanten, 0,17% Juden; in der Landbevölkerung waren hingegen die Katholiken mit 90% vertreten. – In anderer Hinsicht ist das Beispiel der Reichsstadt Regensburg aufschlußreich für den geschichtlich bedingten Zusammenhang von sozialem Status und Konfession: bis zum Dalbergischen Toleranzedikt von 1803 über den freien Zugang aller drei christlichen Konfessionen zum Bürgerrecht waren die Inhaber des Bürgerrechts (Vollbürger) die Protestanten als die vermögende Schicht, die Katholiken jedoch, die überwiegend die Mittel- und

folgenden Jahren mutig Stellung zu der damals sowohl konfessionspolitisch wie auch in innerkatholischen Gruppierungen (Fall Spahn) aufgerissenen Problematik der sog. Voraussetzungslosigkeit und der Freiheit der Wissenschaft.[48] Aus der Überzeugung, daß es zwischen Kirchlichkeit und Wissenschaftlichkeit keine Spannung geben könne, ging es ihm darum, daß die Katholiken sich in der wissenschaftlichen Leistung neue Glaubwürdigkeit erringen; „was wir jetzt brauchen, das sind nicht so sehr Apologeten als vielmehr die eigentlichen Fachgelehrten . . .; ein einziger Gelehrter, der erfolgreich in die Forschung eingreift . . . und der sich zugleich in seinem Leben stets als treuer Sohn der Kirche bewährt hat, wiegt ganze Bände Apologetik auf“[49].

Hertling erhielt nicht nur Zustimmung. Kritik kam auch aus den katholischen Reihen, so besonders aus dem Lager des Reformkatholizismus, der in die Modernismus-Krise geriet; Franz Xaver Kraus warf Hertling Verharmlosung der katholischen Position vor.[50] Unter den protestantischen Kritikern vertrat der Bildungshistoriker Friedrich Paulsen persönlich unpolemisch, aber in der Sache scharf die These, „daß der Abstand zwischen dem Geist der modernen Wissenschaft und dem Geist des Katholizismus, jedenfalls . . ., wie er jetzt in der Kirche herrschend ist, größer ist, als unser Autor uns zu glauben anleitet“. Paulsen spricht vom Habitus des Geistes, aus dem die Inferiorität der Katholiken entspringt, als dem „Skeptizismus gegen die Wissenschaft in ihrer auf Hypothesen beruhenden Begrenztheit als Unterlage für die Unterwerfung unter die äußere Lehrautorität.“[51] Das Inferioritätssyndrom wurde seitdem in katholischen wie in außerkatholischen Kreisen gebraucht entweder als Mo-

---

Unterschicht repräsentierten, waren Minderbürger bzw. Beisassen. Aber auch nach dem Edikt blieb die Bürgerrechtsverleihung offensichtlich verflochten mit sozial-ökonomischen Bedingungen: von den Neubürgern 1806–1810 (nach einem ersten Boom nach 1803) waren 109 evangelisch, 24 katholisch. Der protestantische Vorsprung blieb erhalten. Vgl. dazu *D. Albrecht*, Regensburg im Wandel. Studien zur Geschichte der Stadt im 19. und 20. Jahrhundert, Regensburg 1984, bes. S. 73ff.

[48] In mehreren Ansprachen: Der deutsche Katholizismus und die Wissenschaft, 1896; Gibt es eine katholische Wissenschaft?, 1897; Freiheit der Lehre und Freiheit der Forschung, 1898; Kirchlichkeit und Wissenschaft, 1901; Wissenschaftliche Voraussetzungslosigkeit und Katholizismus, 1903, hg. bei *Dyroff* (wie Anm. 41). Vgl. auch die Veröffentlichungen im Rahmen der Schriften der Görres-Gesellschaft, Register in der Bibliographie: Das Schrifttum der Görres-Gesellschaft zur Pflege der Wissenschaft 1876–1976, bearb. von *H. E. Onnau*, Paderborn 1980.

[49] *Hertling*, in: *Dyroff*, S. 13.

[50] Deutsche Literaturzeitung 21 (1900); dazu *Chr. Weber*, Der „Fall Spahn“ (1901). Ein Beitrag zur Wissenschafts- und Kulturdiskussion im ausgehenden 19. Jahrhundert, Rom 1980, S. 47.

[51] *F. Paulsen*, Philosophia militans. Gegen Klerikalismus und Naturalismus, Berlin 1908, S. 85ff. seine Rezension von Hertlings Schrift „Katholizismus und Wissenschaft“, 1899, abgedruckt; hier zit. nach *Baumeister* (wie Anm. 39), S. 48f.

tiv zur Selbstkritik oder als Waffe bis hin zum extrem feindseligen Vorschlag des Historikers Hans Delbrück, den inferioren Katholizismus („Ultramontanismus") sich selbst austrocknen zu lassen, „überlassen wir ihn seiner geistigen Verarmung"[52]. Im Anschluß an die von Hertling ausgelöste Debatte wurde die Unterrepräsentation der Katholiken im deutschen Bildungswesen sowie in verschiedenen Berufsbereichen durch publizistisch-statistische Aktivitäten erhärtet.[53] Insonderheit die Ergebnisse der Berufszählung von 1907 führten zur weiteren Differenzierung der Argumentationen über die Ursachen des Katholiken-Defizits; die historisch-politische, die mental-psychologische und die soziologische Argumentationsweise sind im wesentlichen bis heute maßgeblich geblieben. Die Ansätze zu letzerer, der soziologischen Sicht über die Zusammenhänge von Sozialschichtung und Konfession wurden grundsätzlich ausgeweitet durch Hans Rost[54], der mit schlagenden Statistiken die materielle Zurückgebliebenheit der Katholiken in modernen Wirtschafts- und Berufszweigen aufzeigte – übrigens ein Ergebnis, das schon Friedrich Schiller ohne Statistik ahnte: „Die katholische Religion wird im Ganzen mehr für ein Künstlervolk, die protestantische mehr für ein Kaufmannsvolk taugen"[55]. Manche Topoi aus der Aufklärungsliteratur des 18. Jahrhunderts mit dem Blick auf den Niedergang der geistlichen Staaten (vgl. oben), so die Meinung von der stärkeren wirtschaftlichen Produktivität der Protestanten, sind in die Inferioritätsdiskussion eingeflossen. Schließlich formte Max Weber seit 1904 den Bezug zwischen protestantischer Ethik und dem Geist des Kapitalismus zu einer griffigen, freilich auch bald umstrittenen Hypothese von der Prägung wirtschaftlichen Verhaltens durch religiös bedingte Eigenheiten aus und integrierte damit die ursprünglich politische Inferioritätsfrage auf neuer Ebene in die wissen-

---

[52] *Weber,* Der „Fall Spahn", S. 162f.; *Baumeister,* S. 71f.; 14 Jahre später, 1911, widerrief *Delbrück* diese seine Theorie.

[53] Für Baden: *L. Cron,* Glaubensbekenntnis und höheres Studium. Aus den Akten der Universitäten Heidelberg und Freiburg und der Technischen Hochschule Karlsruhe 1869–1893, Heidelberg 1900; *M. Offenbacher,* Konfession und soziale Schichtung. Eine Studie über die wirtschaftliche Lage der Katholiken und Protestanten in Baden, Tübingen-Leipzig 1901; für Preußen: *W. Lossen.* Der Anteil der Katholiken am akademischen Lehramt in Preußen, Köln 1901 (Schriften der Görres-Ges. 1901, Nr. 1); *A. Grunenberg,* Das Religionsbekenntnis der Beamten in Preußen, Bd. 1: Die höheren staatlichen Beamten, Berlin 1914; *ders.,* Die Stellung der Katholiken in Deutschland. Die Paritätsfrage. In: M. Meinertz – H. Sacher (Hg.), Deutschland und der Katholizismus, Bd. 2, Freiburg 1918.

[54] Bes. *H. Rost,* Die wirtschaftliche und kulturelle Lage der deutschen Katholiken, Köln 1911.

[55] Zit. nach *Baumeister,* S. 121, Anm. 287. Vgl. auch die bei *M. Brandl* (wie Anm. 12) aufgeführten Schriften, so u.a. Chr. F. Menschenfreund (Pseud.), Untersuchung der Frage: Warum ist der Wohlstand der protestantischen Länder so gar viel größer als der catholischen? Frankfurt und Leipzig 1773, sowie die Antwort darauf, Nr. 3.

schaftliche Soziologie.[56] Unter dem belastenden Trauma von der Kulturüberlegenheit des Protestantismus, die ein unleugbarer Sachverhalt des 18. und 19. Jahrhunderts ist, und im Schatten der Modernismus-Krise, eingebettet in die Spaltung des Katholizismus in Konservative (damals die „Ultramontanen") und Fortschrittliche (Reformkatholiken) schritt die innerkatholische Debatte fort zur Selbstkritik an der „Turm- und Ghetto-Mentalität"; „Wir müssen aus dem Turm heraus", so betitelte Julius Bachem 1906 einen programmatischen Artikel.[57] Niemals ganz abgerissen, wurde das Thema nach 1945, besonders Mitte der 60er Jahre erneut aktuell, namentlich aufgegriffen durch Karl Erlinghagen[58] mit neuen, für ihn alarmierenden Daten; er nennt als Anstoß dafür den Mangel an qualifizierten katholischen Führungskräften für die Aufgaben in der Gesellschaft der Nachkriegszeit. Etwa gleichzeitig erschienen statistische Daten zum konfessionellen Studienverhalten[59] mit dem Ergebnis, „daß die katholischen Studierenden relativ stärker in den traditionellen Disziplinen vertreten sind und gefestigte ... Berufe bevorzugen. Demgegenüber zeigen die Evangelischen ein starkes Interesse für die modernen technischen und naturwissenschaftlichen Fächer sowie für Berufe, die persönlichen Elan erfordern und die freie Forschungsarbeit und praktisches Vorwärtskommen versprechen". Kürzlich fiel mir ein Zeitungsbericht über die jüngste Allensbacher Studie in die Hand; die salopp formulierte Bilanz lautet: „Katholiken sind nicht unbedingt dümmer als Protestanten, aber weniger gebildet"[60].

Angesichts des Verlaufs der Inferioritätsdebatte, die in den Argumenten schon von Anfang an zeigte, daß Säkularisation, Kulturkampf und politisch bedingte Minderheitensituation zur Erklärung allein nicht ausrei-

---

[56] *M. Weber*, Die protestantische Ethik I. Eine Aufsatzsammlung, hg. von *J. Winckelmann*, Gütersloh [6]1981; darin: Die protestantische Ethik und der Geist des Kapitalismus (1905). Zur Auseinandersetzung mit *Weber* bes. seit *Gustav Gundlach* vgl. den Überblick bei *N. Mette*, Religionssoziologie katholisch. Erinnerungen an religionssoziologische Traditionen innerhalb des Katholizismus. In: Zur Soziologie des Katholizismus, hg. von *K. Gabriel* und *F.-X. Kaufmann*, Mainz 1980, S. 39ff.

[57] Historisch-polit. Blätter 37 (1906), S. 376–387.

[58] *K. Erlinghagen*, Katholisches Bildungsdefizit in Deutschland, Freiburg 1965. Vgl. auch *T. Nellessen-Schumacher*, Sozialstruktur und Ausbildung der deutschen Katholiken. Statistische Untersuchung aufgrund der Ergebnisse der Volks- und Berufszählung 1961, Weinheim 1969. Instruktiv dazu *U. von Hehl – H. Hürten*, Der Katholizismus in der Bundesrepublik Deutschland 1945–1980. Eine Bibliographie, Mainz 1983, wo man eher das Gegenteil der Befürchtungen von *Erlinghagen* konstatieren könnte. *H. Maier* (wie Anm. 62) vermerkt, daß die katholische Minoritätsrolle in der BRD seit Mitte der 1970er Jahre überwunden erscheint durch ein leichtes demographisches Übergewicht der Katholiken.

[59] *B. Lehr*, Der Anteil der Katholiken am akademischen Nachwuchs. In: Frankfurter Hefte (1965), 3, S. 197ff., Zitat S. 249.

[60] Süddeutsche Zeitung Nr. 174 vom 31. 7. 1985, S. 40: „Konfessionelles Bildungsgefälle besteht fort".

chen – wenngleich sie als Faktoren maßgeblich mitwirkten an der unterschiedlichen Entwicklung der Sozialstrukturen und Verhaltensweisen (gegenüber Wissenschaft und Industrialisierung) der katholischen und protestantischen Bevölkerungsteile[61] –, ist es an der Zeit, die Fragestellung selbst und die ihr zugrundeliegenden Urteilskriterien kritisch zu überprüfen. Dies hat nachdrücklich Hans Maier angeregt[62], indem er gegenüber den alten Frage-Rastern zur Messung von sozialem Fortschritt (wie Einkommen, Berufsverteilung, Urbanität, Mobilität, Akademisierung) andere Fragestellungen vorschlägt, wie z.B. nach Berufs- und Praxisnähe, nach der politischen Stabilität, nach der stärkeren oder geringeren Verführbarkeit durch Zeitmoden und Ideologien. Denn die bisherigen Urteilsschemata katholischer Selbstkritik sind durchwegs von Fremderwartungen, teils kulturprotestantischen, teils fortschrittlich-liberalen Maßstäben des 19. Jahrhunderts geprägt, wie es deutlich wird allein schon an der Terminologie von „Defiziten", „Inferioritäten", „Zurückbleiben", „Getto-" und „Turm"-Mentalitäten.[63] Maier trifft folgende für unsere Problematik wichtige Feststellungen: (1) Die territoriale Verteilung der Konfessionen ist im Zeitraum von 1803 bis 1944 im wesentlichen im Rahmen der um die Mitte des 17. Jahrhunderts festgelegten konfessionellen Gegebenheiten geblieben: die Katholiken sind überrepräsentiert in Gemeinden bis zu 10000 Einwohnern, unterrepräsentiert in den Gemeinden darüber. (2) Die Katholiken waren im 19. Jahrhundert zwar stark genug, die öffentliche Stellung der Kirche in Deutschland wiederherzustellen; sie waren aber nicht stark genug, über die Defensive hinaus bestimmenden Einfluß auf die deutschen Verhältnisse zu gewinnen. (3) Die katholische Bewegung im 19. Jahrhundert beabsichtigte nicht die Umformung des modernen liberalen deutschen Staates in einen katholischen Staat. Man wollte aber auch nicht die gänzliche Trennung vom glaubenslos gewordenen Gemeinwesen. Das Ziel war ein evolutionäres:

---

[61] *H. Geller,* Sozialstrukturelle Voraussetzungen für die Sozialform „Katholizismus" in Deutschland in der ersten Hälfte des 19. Jahrhunderts. In: Zur Soziologie des Katholizismus (wie Anm. 56), bes. S. 72ff., führt für die Integrationsproblematik der um und nach 1803 neu umgrenzten Staatsgebiete, in denen für den katholischen Teil der konfessionelle historische Erfahrungszusammenhang zerstört wurde, als strukturell unterschiedliche Bereiche auf: Rechtssystem, Staatsauffassung, Sozialstruktur, Wirtschaftsstruktur; von den Auswirkungen nennt er als wichtiges Element die katholische Angst vor Überfremdung, die zugleich als Ursache für die Durchsetzung des Ultramontanismus gegen die „Aufklärer" zu sehen ist.

[62] *H. Maier,* Zum Standort des deutschen Katholizismus in Gesellschaft, Staat und Kultur. In: Zur Soziologie des Katholizismus, 1980 (wie Anm. 56), S. 57ff.; *ders.,* Zur Soziologie des deutschen Katholizismus 1803–1950. In: Politik und Konfession, FS für *K. Repgen,* hg. von *D. Albrecht* u.a., 1983, S. 159ff. Darin wurde ausgewertet *T. Nellessen-Schumacher,* Sozialprofil der deutschen Katholiken. Eine konfessionsstatistische Analyse, Mainz 1978.

[63] *Maier,* Zur Soziologie, S. 162.

die Freiheit der Kirche und die freie Entfaltung der Katholiken in einem mehrheitlich anderskonfessionellen Gemeinwesen. Dieses Ziel hat die Bewegung erreicht. (4) Die zu konstatierende „Trennung des Katholizismus von der Zeitkultur", d.h. die Phase zwischen dem Ende der Romantik, da der Katholizismus in Deutschland seine kulturelle Ausdruckskraft verlor, und den Vorstößen zur „Rückkehr aus dem Exil" seit Ausgang des 19. Jahrhunderts hat sich im wesentlichen in drei Formen geäußert: in der einseitigen Traditionsorientierung (z.B. des Mediävalismus in der Literatur, der historischen Selbstabkapselung als „Flucht aus der Zeit"), in der Fragmentierung der Kulturpflege (z.B. dem Rückzug auf bestimmte Domänen in Wissenschaft und Öffentlichkeitsarbeit), im Nicht-Beteiligt-Sein an neuen Kultur- und Wissenschaftsaufgaben (das ließe sich u.a. an der Geschichtswissenschaft aufzeigen).

Diese Thesen fordern geradezu dazu heraus, die Frage nach konfessionstypischen Verhaltensweisen, verbunden mit der Frage nach den historischen Konstellationen und Vorprägungen seit dem Zeitalter der Reformation (oder auch schon vorher) zu vertiefen; so etwa in bezug auf die traditionellen Ausbildungs-Unterschiede, namentlich in der Priesterausbildung, in bezug auf die Strukturunterschiede in gottesdienstlichen und seelsorgerlichen Aufgaben, in bezug auf die Unterschiede der anthropologischen Grundsätze der Erziehung, in bezug auf das unterschiedliche Verhältnis von Religion und Intellektualität usw. in den konfessionellen Großräumen. Steckte nicht doch in der beiläufigen Beobachtung des unkämpferischen Protestanten Justus Möser im Blick auf die von ihm sympathisch befundene katholische Kirche, sie mache aus der Religion eine Kunst, während die Protestanten aus ihr eine Wissenschaft machen[64], eine tiefe Wahrheit, die sich in dem unterschiedlichen Verhältnis der Konfessionen zu Tradition und Offenbarungs-Wort mehrschichtig entfaltete? Abgesehen von solchen Überlegungen erscheint es auch notwendig, den Stellenwert der Säkularisation von 1803 für die Bildungsgeschichte neu zu überdenken.

III. Die Auswirkung der Säkularisation von 1803 auf das hohe Schulwesen in institutioneller und struktureller Hinsicht

A. Die institutionelle Entwicklung

Fast stereotyp wiederholt sich in historischen Darstellungen die Feststellung, daß der Säkularisation 18 katholische Universitäten zum Opfer

---

[64] *H. Maier*, Justus Möser. In: Jahres- und Tagungsbericht der Görres-Gesellschaft 1985, Köln 1985, S. 78. Vgl. auch die Beobachtungen von *Th. Nipperdey*, Luther und die Bildung der Deutschen. In: Luther und die Folgen, hg. von *H. Löwe* – *C. J. Roepke*, München 1983.

fielen und nur 3 (so G. Schwaiger) oder 6 (so E. Hegel) erhalten geblieben seien[65]. H. Raab spricht von einer Art „Kahlschlag"[66]. Konfessionell neutral und bezogen auf die Gesamtperiode der Revolutionsfolgen einschließlich der Säkularisation und der Staatsreformen der Rheinbundära spricht man im allgemeinen vom „Massensterben" der deutschen Universitäten nach der frühneuzeitlichen Epoche der – mit der Territorialisierung und Konfessionalisierung des Reiches gegebenen – „Übergründungen". Sind solche Pauschal-Aussagen für jene Phase fließender staatlicher „Flurbereinigungen" an sich schon problematisch, so erscheint es notwendig, dabei den gesamten deutschen Konfessionsraum vergleichend sowie die verschiedenen Typen höherer Bildungsanstalten im Blick zu halten. Überdies ist für eine Beurteilung des Verlustes an katholischen Bildungsanstalten auch die Studentenzahl mit ins Auge zu fassen.

Zunächst sei ein Blick auf die wohlbekannte rechtliche, reichsgesetzliche Situation gestattet. Die Bestimmungen des Reichsdeputationshauptschlusses (= RDH) vom 25. 2. 1803[67] enthalten zwar keine Artikel, die sich in direkter und genereller Weise mit dem Unterrichtswesen befassen, jedoch betrafen Mediatisierung und Säkularisation als solche das höhere Schulwesen schwerstens allein schon insofern, als in den katholischen Territorien so gut wie alle Schulen (Gymnasien, Lyceen, Priesterseminare) unter kirchlicher Leitung standen und an den Universitäten die Lehrstühle der Philosophischen und Theologischen Fakultäten größtenteils (mit Ausnahme der Benediktineruniversität Salzburg sowie einzelner weltgeistlicher Lehrkanzeln) bis 1773 unter Regie des Jesuitenordens gestanden waren und danach teils noch durch Exjesuiten oder andere Ordensleute vertreten wurden.

Die Bildungsanstalten wurden durch folgende *Bestimmungen des RDH* berührt:

---

[65] *Schwaiger*, Das Ende der Reichskirche (wie Anm. 2), S. 20: „Der Reichsdeputations-Hauptschluß machte in seinen Auswirkungen achtzehn stiftungsmäßig katholischen Universitäten in Deutschland ein Ende"; *E. Hegel*, Organisationsformen der diözesanen Priesterausbildung in Deutschland – Grundlinien ihrer geschichtlichen Entwicklung. In: Die Kirche und ihre Ämter und Stände, FS für *Josef Kardinal Frings*, hg. von *W. Corsten* u.a., Köln 1960, S. 645ff.; *ders.*, Die Situation der deutschen Priesterausbildung um die Wende vom 18. zum 19. Jahrhundert. In: Kirche und Theologie im 19. Jahrhundert, hg. von *G. Schwaiger*, 1975, S. 25ff.

[66] *Raab*, Auswirkungen (wie Anm. 10), S. 71.

[67] Texte und Materialien in: *E. R. Huber – W. Huber*, Staat und Kirche im 19. und 20. Jahrhundert. Dokumente zur Geschichte des deutschen Staatskirchenrechts, Bd. 1 (ca. 1794–1848), Berlin 1973; vgl. auch *K. D. Hömig*, Der Reichsdeputationshauptschluß vom 25. Februar 1803 und seine Bedeutung für Staat und Kirche unter besonderer Berücksichtigung württembergischer Verhältnisse, Tübingen 1969.

1. Der RDH erließ Bestimmungen für 26 Bistümer und Domkapitel[68], wobei auch die bereits durch den Frieden von Lunéville 1801 formell als Bestätigung des faktischen Zustandes an Frankreich und zur Säkularisation freigegebenen linksrheinischen Bistümer einbezogen wurden. Die Fürstbistümer unterlagen der Herrschafts- und Vermögenssäkularisation, indem § 34 das Amtsvermögen der geistlichen Reichsstände und Domkapitel als Entschädigungsgut den neuen Landesherren übertrug, d.h. die Bistümer wurden mediatisiert und enteignet, aber im Rechtsbestand gewährleistet im Unterschied zu den Klöstern. Im Raum des späteren deutschen Reichs besaßen die Bistümer Augsburg (in Dillingen), Bamberg, Fulda, Köln (in Bonn), Mainz, Münster, Paderborn, Passau, Trier, Würzburg hochstiftische Universitäten oder „Akademien"; und fast alle Bistümer (mit Ausnahme von Osnabrück, Worms, Corvey) hatten Studienanstalten für Klerikerausbildung (Priesterseminare und/oder Lyceen).[69] Die linksrheinischen Hochschulen Mainz und Trier sowie auch die städtische Universität in Köln (im Unterschied zur kurkölnischen Universität Bonn) waren bereits in den 1790er Jahren durch französische Besetzung aufgelöst worden. Als Teil der geistlichen Staaten betrachtet, gingen die verbliebenen einstigen Hochstiftsuniversitäten in einer Reihe mit den weltlichen (landesherrlichen oder städtischen) Universitäten in die volle Verfügungskompetenz der neuen Landesherren über, welche sie entweder zu philosophisch-theologischen Lyceen degradierten[70] oder in selteneren Fällen als Volluniversitäten erhielten, wie z.B. Würzburg im bayerischen, vorübergehend im großherzoglich-toskanischen und danach wiederum im bayerischen Staat (ähnlich wie vorübergehend Salzburg unter der habsburgisch-toskanischen Herrschaft)[71] oder wie die mit der Bischofsresidenz nach Aschaffenburg zurückgezogenen Restfakultäten von Mainz, aus denen Fürstbischof Karl Theodor von Dalberg 1804

---

[68] Augsburg (§ 2), Bamberg (§ 2), Basel (§ 5), Brixen (§ 1), Chur (§ 29), Corvey (§ 12), Eichstätt (§ 1), Freisingen (sic) (§ 2), Fulda (§ 12), Hildesheim (§ 3), Konstanz (§ 5), Köln (§§ 12, 21), Lübeck (§§ 8, 27), Mainz (§§ 3, 7, 12, 14, 18), Münster (§ 3), Osnabrück (§ 4), Paderborn (§ 3), Passau (§§ 1, 2), Regensburg (§ 25), Salzburg (§ 1), Speier (§ 5), Straßburg (§ 5), Trier (§ 12), Trient (§ 1), Würzburg (§§ 2, 4, 18), Worms (§ 7). Vgl. *E. Isele*, Die Säkularisation des Bistums Konstanz und die Reorganisation des Bistums Basel, dargestellt mit besonderer Berücksichtigung der Entstehung und Rechtsnatur des Diözesanfonds, Basel u. Freiburg 1933, S. 66, A. 37.

[69] Überblick bei *Hegel* (wie Anm. 65).

[70] Dazu *R. A. Müller*, Akademische Ausbildung zwischen Staat und Kirche. Das bayerische Lycealwesen 1773–1849. 2 Teile, Paderborn 1986.

[71] Vgl. *Bilz* (nächste Anm.); *F. Ortner*, Säkularisation und kirchliche Erneuerung im Erzbistum Salzburg 1803–1835, Wien-Salzburg 1979.

eine neue Universität errichtete, die letztgegründete im Rahmen der alten Reichsverfassung[72].

Was die anderen geistlichen Studienanstalten betrifft, so konnten sie unter die Schutzklausel des § 63 fallen, „die bisherige Religionsübung eines jeden Landes soll gegen Aufhebung und Kränkung aller Art geschützt seyn; insbesondere jeder Religion der Besitz und ungestörte Genuß ihres eigenthümlichen Kirchenguts, *auch Schulfonds*[73] nach der Vorschrift des Westphälischen Friedens verbleiben". Freilich griff diese Garantie nur, wenn die Schulfonds sich als Kirchengut bzw. Amtsgut definieren ließen; überdies wollte dieser Paragraph, interpretierbar in Verbindung mit § 35 (vgl. unten), primär die zur Erhaltung des Gottesdienstes und unmittelbar der religiösen Volksseelsorge dienenden niederen Kirchen, d. h. die Pfarrkirchen und das örtliche Kirchengut schonen[74], was wohl das niedere Schulwesen einschloß, während andererseits für die höheren bischöflichen Studienanstalten auch § 65 in Anwendung kommen konnte: „Fromme und milde Stiftungen sind, wie jedes Privateigentum, zu conserviren, doch so, daß sie der landesherrlichen Aufsicht und Leitung untergeben bleiben". Damit wurden diese Institute der Staatskirchenhoheit unterstellt. Das rechtliche Schicksal der geistlichen Studienanstalten war also dem Ermessen der Landes-Regierung ausgeliefert, war in gewisser Weise freilich auch abhängig von Einsatz und Präsenz der als Reichsfürsten entrechteten Diözesanherren bzw. der Bistums-Administratoren, im Grunde also Objekt des Tauziehens zwischen Kirche und Staat um die Seelsorgs-Aufsicht und Klerikerausbildung (vgl. dazu unten).

2. Mit allem immobilen und mobilen Vermögen verfielen Kunst, Bibliotheken, wissenschaftliche und schulische Einrichtungen usw. der Klöster der Enteignung ohne Bestandsgarantie gemäß § 35: „Alle Güter der fundierten Stifter, Abteyen und Klöster, in den alten so wohl als in den neuen Besitzungen, katholischer sowohl als der A.C. Verwandten, Mittelbarer sowohl als Unmittelbarer ... werden der freyen und vollen Disposition der respectiven Landesherren, sowohl zum Behufe des Aufwandes für den Gottesdienst, *Unterrichts- und andere gemeinnützige Anstalten*, als zur Erleichterung ihrer Finanzen überlassen, unter dem bestimmten Vorbehalte der festen und bleibenden Ausstattung der Dom-

---

72 *Th.-J. Scherg*, Dalbergs Hochschulstadt Aschaffenburg, 3 Bde., Aschaffenburg 1951–54; *ders.*, Das Schulwesen unter Karl Theodor von Dalberg, 2 Bde., München 1939; vgl. auch *W. Bilz*, Die Großherzogtümer Würzburg und Aschaffenburg. Ein Vergleich, Würzburg 1968.

73 Kursive Hervorhebung durch Verf. dieses Beitrags, nicht im Text selbst.

74 *H.-W. Strätz*, Die Säkularisation und ihre staatskirchenrechtlichen Folgen. In: *A. Langner* (Hg.), Säkularisation und Säkularisierung (wie Anm. 2), S. 53; *Isele* (wie Anm. 68), S. 63.

kirchen, welche beybehalten werden, und der Pensionen für die aufgehobene Geistlichkeit"[75]. Daß die Landesherren der Aufwandspflicht für Gottesdienst und Unterrichtsanstalten sowie für die Domkirchen nicht immer die Priorität vor der Finanzierung anderer Zwecke einräumten, zeigt u.a. das traurige Schicksal des Doms von Freising[76], zeigen die Aufhebungen einer Reihe von bischöflichen Lyceen oder auch Gymnasien.

Zusätzlich erlaubte § 42 den neuen Besitzern, daß sie die (männlichen) Klöster „nach freyem Beliben aufheben, oder beybehalten können"; d.h. im Unterschied zur Verfassungsgarantie der Bistumsorganisation konnten die Klöster einfach beseitigt werden[77], die Landesherren traten hier eine Universalsukzession an. Eine Schutzklausel § 27 sicherte lediglich den mediatisierten Reichsstädten gegenüber der Staatsaufsichtsklausel von § 65 den ruhigen Besitz „aller ihrer zu kirchlichen und milden Stiftungen gehörigen Güter und Einkünfte" zu, womit auch schulische Einrichtungen vorübergehend gerettet werden konnten; aber die Verstaatlichung der reichsstädtischen Prärogativen war nur hinausgezögert.

Eine singuläre Ausnahme, die das hochstiftische und städtische Bildungswesen direkt berührte, bildeten die alte Reichsstadt und das Bistum Regensburg, welche nicht aufgrund des Reichsstadtparagraphen 27, sondern wegen der Sonderregelung für den letzten Fürstbischof von Mainz, Karl Theodor von Dalberg, vorerst aus den Säkularisationsmaßnahmen ausgeschlossen blieben. Denn indem § 25 des RDH den Erzstuhl von Mainz auf die Domkirche von Regensburg übertrug und verfügte, daß „die Würden eines Kurfürsten, Reichs-Erzkanzlers, Metropoliten-Erzbischofs und Primas von Deutschland ... damit vereiniget" bleiben, weiterhin daß die Ausstattung des Kurfürsten sich auf die Fürstentümer Aschaffenburg und Regensburg gründen solle, wurde letztmalig vor dem Zusammenbruch der alten Reichsverfassung einem geistlichen Metropoliten die Landeshoheit samt der sonst längst ausgestorbenen Stadtherrschaft zugesprochen; die Bischofsgewalt machte Dalberg in Achtung der kanonischen Tradition vom Papst abhängig.[78] Es wurde schicksalhaft für die Zukunft Regensburgs, daß Dalberg von seiner Säkularisations-Befugnis

---

[75] Kursive Hervorhebung durch Verf. dieses Beitrags.

[76] *G. Schwaiger*, Die stillen Jahre Freisings und seines Domes (1803–1822). In: *J. Fischer* (Hg.), Der Freisinger Dom. Beiträge zu seiner Geschichte, Freising 1967, S. 239ff.

[77] Die Frauenklöster nur unter Vorbehalt der Mitwirkung der Diözesanregierung.

[78] *G. Schwaiger*, Die altbayerischen Bistümer Freising, Passau und Regensburg zwischen Säkularisation und Konkordat (1803–1817), München 1959; *ders.*, Das Erzbistum Regensburg unter Carl Theodor von Dalberg (1803–1817). In: Beiträge zur Gesch. d. Bistums Regensburg 10, 1976, S. 209ff.; *ders.*, Die kirchlich-religiöse Entwicklung in Bayern zwischen Aufklärung und katholischer Erneuerung. In: Wittelsbach und Bayern III, 1: Krone und Verfassung. König Max I. Joseph und der neue Staat, hg. von *H. Glaser*, 1980, S. 121ff., bes. 132.

kaum Gebrauch machte, z.B. die zwei Kollegiatsstifte und mehrere Klöster unangetastet ließ, den Frauenklöstern die Mädchenerziehung übertrug und dem Lyceum ungebrochenen Fortbestand sicherte. Als Regensburg 1810 an Bayern fiel, vermied man die Säkularisationsfehler von 1803, die Periode der Radikalität war vorbei. Unter Dalbergs Schutz erlebte das Schul- und Kunstleben noch ausgeprägter als in Regensburg in der Neu-Residenz Aschaffenburg nach 1803 eine Spätphase fürstbischöflicher Kulturpolitik und höfischen Glanzes[79], während die meisten Bischofsstädte durch Verlust der Residenz und durch Säkularisation schlagartig auf den Weg der Provinzialisierung und Verarmung gewiesen waren.[80]

3. Der § 62 hatte zwar den bischöflichen Diözesen zugesichert, daß sie in ihrem Zustande verbleiben sollen, bis eine andere Einrichtung auf reichsgesetzliche Art geschaffen werde, und die Zweckbestimmung der Dispositionsgüter gemäß § 35 und § 47 hatte den Landesherren generell eine Redotationspflicht auferlegt. Jedoch die Staatsregierungen ließen sich mit der Reorganisation erhebliche Zeit[81], so daß die Reichskirche in den zwei Jahrzehnten bis zur Einleitung von Konkordaten und staatskirchenrechtlichen Zirkumskriptionen verwaiste, verwahrloste. Bezeichnend dafür ist die Situationsschilderung des damaligen Konstanzer Generalvikars Ignaz Heinrich von Wessenberg in seiner Denkschrift von 1814[82]: „Seit 12 Jahren befindet sich die deutsche Kirche, die bis dahin des höchsten Glanzes genoß, in einem Zustand der Verlassenheit, welcher in der Geschichte ohne Beispiel ist. Ihr Vermögen ist ihr entrissen, ihrer uralten Verfassung fehlt es an gesetzlichem Schutze; ... selbst jene frommen und milden Stiftungen, deren Erhaltung der § 65 des R. D. Schl. von 1803 angeordnet hatte, sind seither zum Teil willkürlich ihrem Zwecke und ihrer stiftungsmäßigen Verwaltung entzogen worden; ... Der Nachteil dieser Zerrüttung und Auflösung der kirchlichen Verhältnisse für das wahre Wohl der deutschen Staaten läßt sich unmöglich verkennen, aber kaum berechnen ...“ Bis zur Neuorganisation Anfang der 1820er Jahre

[79] Vgl. oben Anm. 72 sowie *Bilz* (wie Anm. 72), S. 271f.

[80] Für den Proporz kirchlicher Institutionen in einer mittleren Bischofsstadt sei das Beispiel Bamberg angeführt; in dieser Stadt mit einer Einwohnerzahl von 18000 bis 20000 Köpfen, davon 117 Protestanten, setzten sich um 1800 die rd. 2200 Gebäude folgendermaßen zusammen: 1 Cathedralkirche, 3 Nebenstifter, 1 Abtei, 4 Mannsklöster, 3 Frauenklöster, 16 große Kirchen, 15 öffentliche Kapellen, 48 fürstliche Gebäude, 65 der Stadt zugehörige Gebäude, 145 geistlichen und milden Stiftungen zugehörige, 1912 bürgerliche Gebäude. Vgl. *M. Pfeiffer*, Beiträge zur Geschichte der Säkularisation in Bamberg, Bamberg 1907, S. 14f.

[81] *Isele*, Die Säkularisation des Bistums Konstanz (wie Anm. 68), S. 73: „Die Bistümer und Domkapitel sind faktisch Armengenössige des Staates geworden“.

[82] Zit. nach *M. Erzberger*, Die Säkularisation in Württemberg von 1802–1810. Ihr Verlauf und ihre Nachwirkungen, Stuttgart 1902, S. 68.

waren von den Bischöfen der Säkularisationsjahre nur noch die von Passau, Eichstätt und Hildesheim am Leben.

Für die Zukunft des geistlichen Schulwesens erscheinen bemerkenswert einige wesentliche Unterschiede bezüglich der Säkularisation und ihrer Folgen zwischen dem linksrheinischen und dem rechtsrheinischen Deutschland. Die Säkularisation in den linksrheinischen, seit 1792 französisch überfluteten Gebieten war zwar mit Härte und rasch durchgeführt worden, in deren Gefolge die Reichsbischöfe in ihre rechtsrheinischen Besitztümer auswichen oder flohen[83]; und nach der päpstlichen Aufforderung vom 15. 8. 1801 verzichteten sie auf ihre linksrheinischen Diözesananteile. Dennoch erwies sich die linksrheinische Säkularisation in mehrfacher Hinsicht als milder, zumal sie seit dem französischen Konkordat vom 15. 7. 1801 (staatlich promulgiert am 8. 4. 1802 mit Organischen Artikeln) in den französischen Diözesen wieder gestoppt und sogleich die kirchliche Reorganisation eingeleitet wurde. Das zum Bistum degradierte ehemalige Erzstift Mainz erhielt in dem Elsässer Exjesuiten Joseph Ludwig Colmar 1802 einen religiös wie geistig hervorragenden Oberhirten, der dank seiner Ausbildung im Straßburger Priesterseminar eine von der Aufklärung wenig berührte Theologie vertrat und politisch – er hatte 1791 den Eid auf die französische Zivilkonstitution verweigert – den französischen antigallikanischen Katholizismus repräsentierte. Zur nämlichen Zeit, als in den rechtsrheinischen deutschen Bischofsstädten die Bedrückungen am schwersten lasteten, konnten in Mainz wie in Köln und Trier gemäß dem französischen Konkordat (§ 11) die Priesterseminare ihre Tätigkeit aufnehmen[84]. Damals wurde vor allem Mainz zur Wiege der Wiederbelebung religiösen Volkslebens sowie eines kirchlichen und schulischen Frühlings durch die Gründung des Priesterseminars 1805 im ehemaligen Augustinerkloster unter Leitung eines der tapfersten Geistlichen der „Katakombenkirche" von 1793[85], Franz Leopold Liebermann, gefolgt von der Errichtung weiterer Schulinstitute. Die im Priesterseminar gewachsene Mainzer Theologen-Schule[86] wurde wichtiger und strahlungsstarker Stützpunkt für den Kampf um Kirchenfreiheit im Geiste

---

[83] *R. von Oer*, Die Säkularisation von 1803. Durchführung und Auswirkungen. In: *A. Langner* (Hg.), Säkularisation und Säkularisierung (wie Anm. 2), S. 16ff.; vgl. die Bischofs-Biographien in *Gatz* (Hg.), Die Bischöfe der deutschsprachigen Länder 1785/1803 bis 1945, Berlin 1983.

[84] „Die Bischöfe können in ihrer Kathedrale ein Kapitel und ein Diözesanseminar einrichten, jedoch, ohne daß die Regierung sich zu deren Dotation verpflichtet." Vgl. *Huber – Huber*, Staat und Kirche, Bd. 1, S. 14.

[85] *Roegele*, Presse und Publizistik (wie Anm. 5), S. 404.

[86] *L. Lenhart*, Die Mainzer Theologenschule des 19. Jahrhunderts 1805–1830, Mainz 1956; *K. Reinhardt* (Hg.), Augustinerstr. 34. 175 Jahre Bischöfliches Priesterseminar Mainz, Mainz 1981.

staatskirchenfeindlicher Gesinnung. In Bistum und Stadt Mainz wirkte nach Rückkehr ins deutsche Reich 1815 sozusagen der Sauerteig des politischen und sozialen Katholizismus, dessen bedeutendste Figur später Bischof Ketteler wurde.

4. Durch Mediatisierung und Säkularisation wurde insgesamt das mittlere und hohe Schulwesen umso nachdrücklicher der Staatskirchenhoheit der weltlichen Landesgewalten ausgeliefert, als durch die territorialen „Flurbereinigungen" unter Napoleons Diktat zwecks Entschädigung der deutschen Mittelstaaten die bisher weitgehend konfessionell geschlossenen territorialen Einheiten aufgebrochen und die katholischen Entschädigungsgüter mit ihren Untertanen in der Mehrheit protestantischen Landesherren zugeschlagen wurden; lediglich in Bayern mit angestammter katholischer Dynastie war das Verhältnis durch den Zugewinn protestantischer Gebiete umgekehrt, was indes nicht eine extrem aufklärerische staatskirchliche Kulturpolitik hinderte. Man darf also sagen: ausschlaggebend für Bestand oder Existenzbedrohung des hohen Schulwesens war nicht so sehr die rein quantitative relative Minderheiten-Konstellation des Katholizismus, als vielmehr die absolut unterlegene politische, wirtschaftliche und mentale Situation der katholisch-kirchlichen Traditionen gegenüber dem zunächst unbeschränkten Sieg des Staatskirchentums, sei der Regent nun katholischer oder protestantischer Konfession.

Wie wirkten sich die geschilderten Rechtsverhältnisse auf die *Bestandsveränderung des hohen Schulwesens* aus? Vor dem „Massensterben" der deutschen Universitäten, ausgelöst durch die Revolutionskriege, gab es im alten Reichsraum 42 Universitäten, davon 19 in katholischen, 22 in protestantischen Territorien, dazu Heidelberg unter wechselnder konfessioneller Herrschaft. Im Gebiet des späteren engeren deutschen Reiches lagen davon 14 in katholischen und 21 in protestantischen Hoheitsgebieten. An den deutschen Universitäten (ausschließlich den österreichischen sowie ausschließlich Basel, Straßburg, Bonn, Passau)[87] studierten im späten 18. Jahrhundert insgesamt rd. 6000–8000 Studenten, und zwar bis zu 28% an katholischen, bis zu 77% an protestantischen Universitäten. Zum Vergleich: im Gebiet des späteren deutschen Reiches (ohne Elsaß) wohnten 1822 16 193 000 Protestanten und 9 091 500 Katholiken; das entspricht einem Verhältnis von 63,09% zu 35,42%.[88] Man muß sich diese relativ bescheidene Gesamtstudentenzahl vergegenwärtigen, um die Problema-

[87] Nach *F. Eulenburg*, Die Frequenz der deutschen Universitäten von ihrer Gründung bis zur Gegenwart (Abh. der phil.-hist. Kl. der k. sächsischen Akd.d.Wiss. XXIV), 1904, der die Studentenzahlen nach Jahresdurchschnitten (in 5-Jahresdurchschnitten) berechnet.

[88] *Maier*, Zur Soziologie (wie Anm. 62), S. 162; *ders.*, Zum Standort (ebd.), S. 58.

tik etwaiger Rückschlüsse aus den im 19. Jahrhundert stark gewachsenen Frequenzen auf die Einschätzung der Universitäts-Verluste um 1800 zu erkennen[89]; denn die allgemeine Universitätssituation um 1810 stand im Zusammenhang des modernisierenden Wandels des Wissenschaftsdenkens und des sozialen Geltungsanstiegs von Wissenschaft und akademischer Bildung[90], zudem im Zeichen der sozial-strukturellen Umschichtung des Studententums. Neben den Universitäten bestanden im engeren deutschen Gebiet gegen 1800 noch 14 weitere philosophisch-theologische Schulen, die sog. Lyceen.

Zwischen 1792 und 1818 sind *untergegangen:* 9 *protestantische* Universitäten (Altdorf, Dortmund, Duisburg, Frankfurt/Oder, Helmstedt, Herborn, Rinteln, Straßburg, Wittenberg), 5 *katholische* Universitäten (Bonn, Erfurt, Köln, Mainz, Trier) sowie 1 katholisch-theologische Fakultät (Heidelberg).

Weiterhin sind aufgelöst worden bzw. erloschen 9 *katholische* philosophisch-theologische Lyceen.

In ehemalig *protestantischen* Gebieten bzw. Städten sind *erhalten geblieben oder* im frühen 19. Jahrhundert *neu begründet* worden: 13 Universitäten (Erlangen, Gießen, Göttingen, Greifswald, Halle, Wittenberg, Jena, Kiel, Königsberg, Leipzig, Marburg, Rostock, Tübingen, dazu Berlin).

In ehemalig *katholischen* Gebieten bzw. Städten sind *erhalten geblieben oder neu begründet* worden: 5 Universitäten (Bonn, Breslau-Frankfurt, Freiburg, Ingolstadt bzw. Landshut, Würzburg). Weiterhin blieben 7 ehemals katholische Universitäten in reduzierter Gestalt als Lyceen erhalten (Bamberg, Dillingen, Fulda, Mainz-Aschaffenburg, Münster, Paderborn, Passau). Daneben blieben erhalten oder wurden restauriert 6 alte Lyceen, die niemals Universitäten waren (Amberg, Augsburg, Eichstätt, Freising, Regensburg, Speyer, dazu das Lyceum München bis 1826, dessen theologische Sektion 1807 aufgehoben worden war).

Die katholisch-theologische Fakultät von Heidelberg wurde 1807 nach Freiburg verlegt. Dazu kamen die neu gegründeten katholisch-theologischen Fakultäten Ellwangen-Tübingen (1812) sowie Gießen (1830–1853).

---

[89] Die Universität Berlin hatte vor 1848 die Studentenzahl von 2000 bereits überschritten, die Universität München bewegte sich mit Frequenzen zwischen 1500 und 1900 etwas darunter, mit Rückschritten seit Mitte der 1850er Jahre.

[90] *P. Moraw,* Aspekte und Dimensionen älterer deutscher Universitätsgeschichte. In: Academia Gissensis. Beiträge zur älteren Gießener Universitätsgeschichte, hg. von *P. Moraw* und *V. Press,* Marburg 1982, S. 1–43, läßt damit die Periode der „klassischen" Universität beginnen. Vgl. dort auch Lit. zur sozialen Umschichtung des Universitätspublikums.

Um die Mitte des 19. Jahrhunderts bestanden in Deutschland insgesamt 20 katholisch-theologische Fakultäten an höheren Lehranstalten (Universitäten und Lyceen).[91]

---

[91] *Universitäten im Raum des Alten Reiches im Zeitalter der Säkularisation*

(+ = erloschen oder aufgehoben; kursiv gesetzte Orte und Begriffe bedeuten Fortbestand nach der Säkularisation oder Wiederbegründung im 19. Jh.)

Altdorf	1809 +
(Aschaffenburg	gegr. 1804, 1814 *Lyceum*, 1873 +)
Bamberg	1803 *Lyceum* (Ausbau zur Univ. im 20. Jh.)
Basel	
Bonn	1798 +, 1818 Neugründung
Breslau	1773 Verlust des SJ-Besitzes, 1811 Neubegründung unter Einverleibung der Univ. Frankfurt/Oder
Dillingen	1803 *Lyceum*
Dortmund	1803 +
Duisburg	1818 +
(Ellwangen	gegr. 1812 als kath.-theol. Universitätsfakultät, 1817 als Fakultät verlegt an die Univ. *Tübingen*)
Erfurt	1816 +
Erlangen	
Frankfurt/Oder	1811 +, Vermögen vereint mit Breslau
Freiburg	
Fulda	1903 +, de facto weitergeführt als *Lyceum*
Giessen	erhielt 1830–1853 kath.-theol. Fakultät
Göttingen	
Graz	1782 Lyceum, 1827 reorganisiert als Univ.
Greifswald	ab 1809 vorübergehend schwedisch
Halle	1806/7 geschlossen, 1813 erneut geschlossen, 1817 reorganisiert unter Einverleibung von Wittenberg
Heidelberg	1807 kath.-theol. Abteilung der theol. Fakultät verlegt an die Univ. Freiburg
Helmstedt	1910 +
Herborn	1817 + mit Ausnahme eines ev.-theol. Seminars
Jena	
Ingolstadt	1800 verlegt nach Landshut, 1826 nach München
Innsbruck	1782 Lyceum, 1792 reorganisiert, 1810 Lyceum, 1822 Aufhebung der kath.-theol. Sektion, 1826 reorganisiert als Univ.
Kiel	
Köln	1798 + (Gründung einer neuen Univ. im 20. Jh.)
Königsberg	
Leipzig	
Mainz	1782/8 +, Rumpfuniv. verlegt nach Aschaffenburg (Neugründung im 20. Jh.)
Marburg	
Münster	1818 „*Akademie*" bzw. Lyceum (1902 Wiedererhebung zur Univ.)
Passau	„Akademie" mit angegliederten Fakultäten, 1808 +, 1833 reorganisiert als *Lyceum* (Ausbau zur Univ. im 20. Jh.)
Rinteln	1809 +
Rostock	

Was besagt dieses statistische Bestandsbild?

a) Es bestätigt den folgenschweren Aderlaß an katholischen akademischen Instituten durch die Abtrennung Österreichs.

b) Es resultiert daraus, daß sowohl für das philosophische Studium, d.h. für die propädeutischen Bildungsfächer der „allgemeinen Wissenschaften", die in den katholischen Territorien zur Studientradition gehörten[92], als auch für das Theologiestudium nach 1803 institutionell keineswegs schlechter gesorgt war, als in den Jahrhunderten zuvor. Allerdings sind zwei Aspekte dazu zu bedenken; einmal fiel eine Mehrzahl an katholischen Gymnasien und an klösterlichen Zentren als Vorbildungsschulen weg; zum andern erfuhren mehrere Studienanstalten während der Jahre der Verunsicherung eine Unterbrechung ihrer institutionellen Kontinuität.

c) Die Zahlen des Bestandsbildes allein genügen allerdings weder zur Erklärung der rasch wachsenden Dominanz der 13 protestantischen Universitäten noch auch zum Verständnis für den tiefgreifenden Wandel an den erhalten gebliebenen ehemaligen katholischen Universitäten, die nach den Reformen eingangs des 19. Jahrhunderts bald nicht mehr als solche anzusprechen waren (vgl. unten); die Zahlen sagen nichts aus über die sich wandelnde Rolle der im Charakter katholisch gebliebenen philosophisch-theologischen Lyceen im Rahmen der veränderten akademischen Umwelt. Das Übergewicht der protestantischen Universitäten sowie die Funktion der ihres konfessionellen Charakters weitgehend entkleideten einstigen katholischen Universitäten[93], d.h. das atmosphäri-

Salzburg	1810 *Lyceum*, 1850 phil. Sektion aufgehoben (Neugründung einer Univ. im 20. Jh.)
Straßburg	1792 + (Gründung einer neuen Univ. 1872)
Trier	1798 +
Tübingen	1817 kath.-theol. Fakultät errichtet (aus Ellwangen)
Wien	
Wittenberg	1813 +, 1816 vereinigt mit Halle
Würzburg	
Berlin	1810 Neugründung

Zu den einzelnen in der Tabelle aufgeführten Universitäten vgl. Hermes Handlexikon. Universitäten und Hochschulen in Deutschland, Österreich und der Schweiz, hg. von *L. Boehm* und *R. A. Müller*, Düsseldorf-Wien 1983.

92 Dokumente zur Studiengesetzgebung in Bayern in der ersten Hälfte des 19. Jahrhunderts, bearb. von *H. Dickerhof* (Ludovico Maximilianea, hg. von *L. Boehm* und *J. Spörl*, Quellen Bd. 2), 1975; *ders.*, Bildung und Ausbildung im Programm der bayerischen Universitäten im 19. Jahrhundert. In: Hist. Jahrb. 95 (1975), S. 142ff.

93 Freiburg, das sich als katholische Universität verstand und die theologische Fakultät aus Heidelberg integriert bekam, sollte allerdings nach Willen der Regierung im neuen badischen Staat ein Schattendasein führen; zu den Bemühungen des *Franz Joseph Ritter von Buß* von

sche Gewicht eines säkularistischen Wesens der Universitäten wurde nicht zuletzt dadurch gefördert, daß die Gelehrtenwelt seit dem späteren 18. Jahrhundert mitgeprägt war durch die staatlichen Forschungsakademien, den von den Anfängen her ein betont aufgeklärter und überkonfessioneller Habitus eignete; daß überdies das von den preußischen Reformuniversitäten her ausstrahlende neue Wissenschaftsdenken im Gewande von Neuhumanismus und idealistischer Philosophie religiös indifferent oder aber im Wesen protestantisch geprägt war, wogegen die katholisch gefärbte Romantik[94] im akademischen Raum wenig dauerhafte Chancen hatte.

Es bedarf noch einiger klärender Bemerkungen zu den *Formen hoher Schulen im katholischen Raum.*

Die *Lyceen:* Im Unterschied zu einigen gymnasialen Lehranstalten Norddeutschlands, die sich im 17./18. Jahrhundert zuweilen „Lyceum", „Athenäum", „Paedagogium illustre" u.ä. nannten, kennzeichnet der Begriff im süddeutsch-katholischen Raum eine spezifische Schulform, die sich mit philosophischen und theologischen Sektionen, anschließend an das Gymnasialstudium, zwischen die Gymnasien und die Univeritäten schob und seit dem 18. Jahrhundert stetig Gleichstellung mit den entsprechenden Universitäts-Fakultäten anstrebte, zeit- und teilweise auch der Geltung nach erlangte.[95] Mit wenigen Ausnahmen (z.B. Freising) wurden sie spätestens seit dem 17. Jahrhundert von der Societas Jesu verwaltet. Von der Umbruchszeit der Säkularisation, wozu schon die Aufhebung des Jesuitenordens 1773 zu rechnen ist, bis ins mittlere 19. Jahrhundert spielten insonderheit die bayerischen Lyceen de facto und in den schulpolitischen Diskussionen eine profilierte Rolle als – wie sie damals auch genannt wurden – „Surrogate der Universitäten", eine „Mixtur oder unvollkommener Abriß von hohen Schulen". Wenn man die Frequenzen der Lyceen[96] mit denen zeitgenössischer Universitäten vergleicht, bestätigt sich die Surrogat-Funktion: z.B. studierten im Jahre 1775 an der Universität Ingolstadt rd. 287, in Freiburg 227, in Erfurt 120, am Lyceum Amberg 135, am Münchner Lyceum 266 Studenten; im Jahre 1830 studierten an der Universität München 1854, in Würzburg 581, am

---

Freiburg aus um die Errichtung einer staatsfreien katholischen Universität vgl. *H. Dickerhof* in diesem Band.

[94] *Ph. Funk,* Von der Aufklärung zur Romantik. Studien zur Vorgeschichte der Münchner Romantik, München 1925, beschrieb gültig bleibend die Landshuter Romantik als ein Sonderphänomen im akademischen Deutschland.

[95] Grundsätzlich dazu *R. A. Müller,* Akademische Ausbildung zwischen Staat und Kirche (wie Anm. 70).

[96] Frequenz-Tabellen bei *R. A. Müller,* Akademische Ausbildung zwischen Staat und Kirche, Teil 2.

Lyceum Dillingen 244, am Lyceum Regensburg 293 Studenten. Zu jener Zeit noch ersetzten die Bayerischen Lyceen zusammen eine vierte Landesuniversität.

Am Vorabend der Säkularisation traf die Lyceen herbe Kritik aus dem Lager der katholischen Aufklärer, eingebettet in Klagen über einen Kleriküberschuß. „Jedermann wisse“, so meinte der weltgeistliche Schulreformer Heinrich Braun, Ex-Benediktiner, „daß die Jesuiten so viele theologische Schulen unterhalten hätten, wie ihnen Schulhäuser dafür zur Verfügung gestanden waren“ und „daß in Bayern die Theologie lange ein allgemeines Studium (war) für die, welche weder Köpfe noch Hände hatten, sich durch etwas anders als Meße lesen, Brod (zu)verdienen“[97]. Und der Akademie-Pionier Johann Georg Lori mißbilligte diese „zur Vermehrung der ohnehin schon überschüssigen Theologen erfundene(n) Zwitterschulen“ mit lobendem Blick auf Österreich, wo sie schon abgeschafft seien. Gleichwohl hielt sich dieser Hochschultyp tapfer zwischen Staat und Kirche, im früheren 19. Jahrhundert zunehmend verstaatlicht und in die Richtung theologischer Spezialschulen nach französischem Muster gedrängt[98], was sie seit 1848 denn auch realiter wurden, als nämlich die bayerischen Universitäten sich im Studienplan endgültig an die norddeutschen anpaßten und auf das Pflicht-Propädeutikum der allgemeinen Wissenschaften vor den Fachstudien verzichteten[99], so daß die Surrogat-Funktion der Lyceen entfiel. Promotionsrecht erlangten die Lyceen auch nach 1923 als umbenannte „Philosophisch-Theologische Hochschulen“ nicht; erst unsere Gegenwart hat ihnen durch Ausbau gewährt, was sie im 18./19. Jahrhundert vergeblich erhofft hatten.

Das Gesamtbild von den Ausbildungsmöglichkeiten katholischer Kleriker nach 1803 bliebe fragmentarisch ohne Einbeziehung der *Priesterseminare.* Gerade sie rückten seit der Säkularisation in den Brennpunkt der Auseinandersetzungen zwischen Kirche und Staat. Bekanntlich hatte das Konzil von Trient 1563 das berühmte „Seminardekret“ verabschiedet[100], um die Ausbildung des Priesternachwuchses auf diözesaner Ebene neu zu organisieren. Es bestimmte, daß nach Maßgabe des Umfangs der Diözese

---

97 Zitate nach *R. A. Müller,* Akademische Ausbildung zwischen Staat und Kirche (wie Anm. 70) sowie nach *W. Müller,* Universität und Orden. Die bayerische Landesuniversität Ingolstadt zwischen der Aufhebung des Jesuitenordens und der Säkularisation (1773–1803) (Ludovico Maximilianea, Forschungen Bd. 11), 1986 passim.

98 *Dickerhof* (Bearb.), Dokumente zur Studiengesetzgebung (wie Anm. 92).

99 *Dickerhof,* Bildung und Ausbildung (wie Anm. 92).

100 Conc. Trid. sess. XXIII, de ref., c. 18. Vgl. dazu u.a. *H. Jedin,* Die Bedeutung des Tridentinischen Dekrets über die Priesterseminare für das Leben der Kirche. In: Theologie und Glaube 54 (1964), S. 181 ff.; *A. Bolle,* Die Seminarfrage im Bistum Basel für die Zeit vom Anfang des 19. Jahrhunderts bis zur Gegenwart, Rom 1964, 1. Kapitel über die Bestimmungen des Konzils von Trient und die Typen von Seminarien.

an den Metropolitankirchen, Kathedral- oder Hauptkirchen Kollegien eingerichtet werden, in denen unter bischöflicher Leitung Knaben im Mindestalter von 12 Jahren, die für den Kirchendienst Voraussetzung und Neigung mitbringen, unentgeltlich religiös erzogen und in den kirchlichen Wissenschaften instruiert werden, „ita ut hoc collegium Dei ministrorum perpetuum seminarium sit.“ Die Seminare sollten also Internate sein. Heute herrscht Einmütigkeit darüber, daß das Konzil damit weder die Klerikerausbildung an den Universitäten ausschließen noch auch die Seminar-Gründung bzw. -Ausbildung zur Pflicht erheben, vielmehr damit den Nachwuchs aus ärmeren Schichten und zugleich die bischöfliche Lehraufsicht unterstützen wollte. Die Durchführung des Dekrets stieß allerdings auf die Resistenz der Bischöfe[101] aus Gründen der finanziellen Belastung, vor allem aber wegen des sich abzeichnenden monopolistischen Einflusses der Jesuiten auf das gesamte Erziehungs- und Kollegienwesen, was verfassungsrechtliche Probleme der Leitungsgewalt mit sich brachte. Überdies kreuzte sich die Trienter Idee von Bischofs-Seminaren speziell in Bayern mit der staatskirchlichen Seminar-Konzeption unter landesherrlicher Regie.[102] Auch im 16./17. Jahrhundert war die Klerikerausbildung eingespannt zwischen den nicht ganz identischen Interessen von Kirche und Staat am geistlichen Nachwuchs. Solche Konstellationen wiederholten sich auf neuer Ebene mit dem Fortschreiten staatskirchenrechtlicher Maximen im Zeitalter der Säkularisation. Im 18. Jahrhundert erfuhr im Zuge genereller Intensivierung sozialpädagogischer Leitideale auch die Theologen-Ausbildung starke Belebung und zwar im Gegenzug gegen das jesuitische System. Der künftige religiöse Volkslehrer sollte nach Vorstellung der Aufklärung durch Weltgeistliche erzogen werden. Seit dem mittleren 18. Jahrhundert setzte eine neue Welle von Priesterseminar-Gründungen ein, wofür nach Auflösung der Societas Jesu neue Mittel verfügbar wurden. Gleichzeitig verbreitete sich der Gedanke des Pflichtseminars für Weihekandidaten, also des sog. Ordinandenseminars als Gegentyp zum Tridentinischen Seminar oder zum Jesuiten-Kolleg mit Konvikt. E. Hegel stellt fest[103], daß am Vorabend der Säkularisation so gut

101 So z.B. auch in Frankreich: *H. Weber,* Die Annahme des Konzils von Trient durch Frankreich. In: Hist. Jahrb. 99 (1979), S. 196ff.; Überblick für Deutschland: *A. Scharnagl,* Theologische Hochschulen. In: Das Akademische Deutschland, Bd. I, hg. von *M. Doeberl* u.a., 1930, S. 683ff.

102 *A. Seifert,* Weltlicher Staat und Kirchenreform. Die Seminarpolitik Bayerns im 16. Jahrhundert, Münster 1978; dort weitere Lit.; *ders.,* Die „Seminarpolitik“ der bayerischen Herzöge im 16. Jahrhundert und die Begründung des jesuitischen Schulwesens. In: Wittelsbach und Bayern II,2: Um Glauben und Reich. Kurfürst Maximilian I, hg. von *H. Glaser,* 1980, S. 125ff.

103 Überblick bei *Hegel,* Die Situation der deutschen Priesterausbildung (wie Anm. 65), S. 27f.

wie jedes Bistum (mit Ausnahme von Osnabrück, Worms, Corvey, Chiemsee) über ein Klerikalseminar verfügte. Indes sei die historisch bedingte Vielfalt der Typen kein Reichtum oder Zustand gewesen, auf dessen Erhaltung man hätte Wert legen müssen, denn sie legte eher den Mißstand offen, daß es keine einheitliche, systematische bischöflich geleitete Priesterausbildung gab.

Bei rein quantitativer Betrachtung der Säkularisationsfolgen erscheint der Aderlaß an Priesterseminaren geringer als an Universitäten oder Lyceen. Die Seminare wurden de facto zunächst nur bei nicht eindeutig kirchlicher Dotation in Mitleidenschaft gezogen im Unterschied zu den Hochschulen oder Lyceen in Hochstiften, die, wie schon gesagt, als Teil des geistlichen Staates gelten konnten.[104] Allerdings gibt es auch Fälle der Säkularisation von Priesterseminaren, so u. a. im Bistum Konstanz des Seminars in Meersburg, für dessen Erhaltung sich Wessenberg engagiert einsetzte, oder des Passauer Seminars u. a.[105] Man müßte die Entwicklung der Priesterausbildung als Ganzes beleuchten (was hier nicht geschehen kann), um zu verstehen, welche neuralgischen Punkte die gesetzlichen Verfügungen des Reichsdeputationshauptschlusses sowie in dessen Konsequenz der Konkordatsbestimmungen in den einzelnen Bundesstaaten anrührten. Vorerst hier nur so viel: Das extreme Fortschreiten staatskirchlicher Tendenzen versuchte naturgemäß, die gesamte Priesterausbildung in den Griff zu bekommen, also bischöfliche Seminare der geistlichen Herrschaft zu entwinden und unter staatliche Leitungsgewalt zu ziehen, deren Besuch sodann als Pflicht vorzuschreiben. Österreich prägte das institutionelle Modell aufgeklärter Priestererziehung schon durch die josephinische Reformgesetzgebung, indem 1783 ein 4-jähriges Pflichtstudium in den sogenannten staatlichen Generalseminarien (Wien, Graz, Innsbruck, Freiburg) als Voraussetzung für die Aufnahme in ein Diözesanseminar oder einen Orden vorgeschrieben wurde.[106] Die Leitung der Generalseminare lag bei staatlich ernannten Weltgeistlichen. Auch in Bayern fand der Zugriff des Staates Niederschlag in der Funktionsänderung des alten Ingolstädter Collegium Georgianum vom Theologen-Stipendiat zum landesstaatlichen Ordinanden-Seminar; nach Transferierung zusammen mit der Universität von Ingolstadt nach Landshut (1800) wurde das Georgianum 1805 zum Generalseminar für die altbayerischen Diözesen erhoben und trat somit (vorübergehend) konkurrierend neben die bi-

---

104 *Hegel*, Organisationsformen (wie Anm. 65), S. 659.

105 *J. Longner*, Beiträge zur Geschichte der oberrheinischen Kirchenprovinz, Tübingen 1863, S. 169ff.; *Isele*, Die Säkularisation (wie Anm. 68); *F. Riemer*, 100 Jahre Priesterseminar Passau, 1928; *E. Ringelmann*, Die Säkularisation des Hochstifts und des Domkapitels Passau, Passau 1939; *Schwaiger*, Die altbayerischen Bistümer (wie Anm. 78).

106 *Hegel*, Organisationsformen, S. 657; *ders.*, Priesterausbildung, S. 30.

schöflichen Institutionen[107], bis dann das Bayerische Konkordat von 1817 neue Verhältnisse einleitete.

Die spätabsolutistischen Tendenzen zur organisatorischen Vereinheitlichung und zur Intensivierung der Seelsorger-Ausbildung in zeitgemäßer Form, d.h. mit Praxisorientierung im Staatsdiener-Sinne, entsprachen durchaus einem echten Bedürfnis, dessen Ziele allerdings zwischen den verschiedenen Parteilagern ambivalent waren. Die Reformen eines Franz von Fürstenberg in Münster oder die Kritik eines Lorenz Westenrieder an der Rückständigkeit der bayerischen katholischen Schulen – beide prominente Köpfe der katholischen Aufklärung ohne kirchenfeindliche Ambitionen – meinten eben doch etwas anderes als der Staatspragmatismus. Westenrieder tadelte, zwischen protestantischen und katholischen Schulen bestehe eine solche Verschiedenheit in bezug auf die Modernität, „daß jene in das newtonianische Zeitalter, diese letzteren entgegen in das Zeitalter des Duns Scotus zu versetzen seien."[108] Ein grundsätzliches Konfliktfeld tat sich auf, als angesichts der – interkonfessionell ziemlich gleichförmigen – staatlichen Kulturpolitik die mediatisierten und säkularisierten Universitäten sich gewissermaßen protestantisierten und die nun vom Staatskirchentum teils abrückenden Bischöfe gesteigerte Sorge um eine freie kirchliche Priestererziehung in staatsunabhängigen eigenen Seminaren als Alternative gegen staatliche Seminare und Fakultäten entfalteten. Ich komme darauf zurück.

Trotz des quantitativ befriedigenden institutionellen Bestands an theologischen Ausbildungsstätten für den Seelsorgenachwuchs wurde als gravierende Folge der Säkularisation ein vorübergehender extremer Priestermangel konstatiert, der etwa um 1812 einen zunächst unmittelbar nach 1803 aufgetretenen Klerikerüberschuß ablöste.[109] Statistiken von Weihekandidaten, die reichlich vorliegen, besagen allein nicht viel ohne Relation zur Bevölkerungsbewegung.[110] Über die Zahlen und sozialen Rekrutierungen der Weltgeistlichen sind wir vorerst nur unterschiedlich durch regional begrenzte Untersuchungsergebnisse unterrichtet. Für Bayern, das ich nochmals exemplarisch herausgreifen darf, war der Anteil der Geistlichen am katholischen Bevölkerungsteil 1802 noch mehr als 3,5 Prozent und fiel danach stetig ab.[111] In Reformkreisen Bayerns hielt man

---

[107] *A. Schmid,* Geschichte des Georgianums in München. FS zum 400jährigen Jubiläum, 1894; vgl. auch *Witetschek* (wie Anm. 110), zur Seminarfrage S. 145ff.

[108] *L. Westenrieder,* Geschichte der bayerischen Akademie der Wissenschaften, 2 Bände, 1784, 1807, hier I, S. 339; *Westenrieder* paraphrasiert hier *J. A. von Ickstatt.*

[109] *Schwaiger,* Die altbayerischen Bistümer (wie Anm. 78), S. 354.

[110] Solche Relationen versucht herzustellen *H. Witetschek,* Studien zur kirchlichen Erneuerung im Bistum Augsburg in der ersten Hälfte des 19. Jahrhunderts, Augsburg 1965, S. 165.

[111] *Morsey,* Wirtschaftliche und soziale Auswirkungen (wie Anm. 26), S. 374.

300 Absolventen pro Jahr als ausreichend. Spürbar seit den 1840er Jahren wurde der Priestermangel wieder aufgefangen.[112]

Umfragen von Regierung wie geistlichen Behörden und Gutachten aus der Notstandszeit, breit auch in der katholischen Publizistik diskutiert, vermitteln Einblick in die damalige Situationsanalyse. Erwähnenswert ist ein umfassendes Gutachten der Landshuter Theologischen Fakultät von 1817, „Freimüthige Darstellung der Ursachen des Mangels an kath. Geistlichen. Nebst der sichersten Mitteln zur Abhülfe“, unterzeichnet von fünf Theologie-Professoren, u.a. von Johann Michael Sailer. G. Schwaiger nennt es eine Art „kleines Kompendium der Geschichte des bedrängten bayerischen Klerus“[113], die Felder'sche Litteraturzeitung für katholische Religionslehrer bezeichnete es als „unvergängliches Denkmal ihres erleuchteten Eifers für das wahre Wohl der katholischen Kirche“.[114] Als Ursachen des Priestermangels werden aufgeführt[115]: a) die Klosteraufhebungen, nicht nur weil damit geistliche Pflanzschulen des Landes zerstört wurden, sondern auch weil so viele Ordensleute Zuflucht in Pfarrstellen gesucht und damit Priesteramtskandidaten die Berufsperspektive verbaut hätten; b) die Schulreformen, welche die Interessen vornehmlich auf weltliche Dinge lenke und der Aufklärung zu sehr huldige; c) der areligiöse Geist; d) die Aktionen der Regierung gegen die Kirche, so z.B. durch Minderung der geistlichen Steuerfreiheit und Aufhebung des geistlichen Gerichtsstandes. Ein gleichzeitiges Gutachten des Abtes Rupert Kornmann von Prüfening an das Ordinariat in Regensburg führt weiteres aus über die Herabwürdigung des Priesterstandes; diese „war schon lange vorbereitet; allein sie lag dazumahl in dem Geiste der Umwälzung, da man alle Thronen zu stürzen suchte. Die letzte Wand der Ruhe und der Sicherheit mußte durchbrochen werden, und der Priesterstand bis zur tiefsten Erniedrigung dahinsinken.“ „Die Arbeiter des Herrn können weder augenblicklich gedungen, noch auf den Trommelschlag herbeygerufen werden. Ihr Beruf und ihre Bildung ist kein Werden des Augenblicks; es gehören Jahre dazu.“[116] Der Rezensent, der in der Litteraturzeitung die beiden Gutachten resümiert, rügt überdies das Verhalten „vieler“ Priester, die sich von der Seelsorge entfernen und in die Dienste des Staates treten; sie „gefallen sich in den Uniformen der Laien, mit militärisch dressierten und mit Kordans gezierten Hüten. ... Solche, die sich

---

112 *R. A. Müller,* Akademische Ausbildung (wie Anm. 70), 2. Teil mit statistischen Materialien.

113 *Schwaiger,* Die altbayerischen Bistümer (wie Anm. 78), S. 358.

114 1810 gegründet und herausgegeben von *Franz Karl Felder;* hier vgl. Jg. 9, Erster Band, 1818, S. 90.

115 Vgl. Zusammenfassung bei *R. A. Müller,* Akademische Ausbildung (wie Anm. 70).

116 Litteraturzeitung für katholische Religionslehrer, hg. von *F. K. Felder,* ebd., S. 93f. und 92.

zur aufgeklärt seyn wollenden großen Welt zählen, hüllen sich in einen modernen Frack, tragen Backenbärte, aufgesträubte Haare und – keine Tonsur ...".[117] Ein Bericht des bischöflichen Generalvikariats Bamberg an das Generalkommissariat von 1816 betont die dezimierende Wirkung des Militärsystems, d.h. die Nicht-Befreiung der Theologiestudenten vom Wehrdienst im Unterschied zu anderen Berufsanwärtern.[118] Unheilvollste Ursache des Priestermangels aber war – das wurde generell so gesehen – die Unsicherheit der kirchlichen Verfassungsverhältnisse und das Fehlen anzustrebender Kirchenämter.

Die „Freimüthige Darstellung" legte eine umfangreiche Liste programmatischer Forderungen zur Abhilfe vor, die sich mit ähnlichen Denkschriften anderer deutscher Länder jener Zeit deckten. Man verlangte: Wiederherstellung der Kirchenverfassung, Wiedereinrichtung aufgehobener Bildungsanstalten (Gymnasien, Lyceen), Wiedererrichtung von Seminaren unter bischöflicher Leitung, Wiedereinführung von Religions- und altsprachlichem Unterricht an den Schulen, Verbesserung der Lehrerbildung sowie des Klassenlehrerprinzips, Achtung des Klerikerstandes im Staat durch Wiederherstellung des eigenen Gerichtsstandes und Abschaffung außerordentlicher Abgaben, Verwaltung von Kirchengütern und milden Stiftungen durch die Kirchenvorsteher, Förderung religiöser Volkserziehung in unteren Schichten u.a.m.[119]

Mit der Klerikernachwuchsfrage berühren wir eine zentrale Problematik der Schulgeschichte von sowohl sozial- als auch frömmigkeits- und geistesgeschichtlicher Dimension.[120] Der Staat, der die Religiosen-Orden ausschalten wollte, übertrug die Seelsorge als exklusives Berufsgeschäft einem neuen Typ des bald verbürgerlichten, anfangs volksfremden Weltgeistlichen, der von der Staatskasse lebte (gerade diese Abhängigkeit lehnte der französische Katholizismus Lamennais'scher Richtung ab), der damit in den Bürokratisierungsprozeß geriet und künftig wichtigster Vertreter der katholischen Intelligenz als Volkslehrer sein sollte, was anfangs eine Überforderung bedeutete. Überdies konnte trotz der Reformen der katholische Priester dem Wesen (Zölibat) und der Ausbildungsstruktur nach nicht den Habitus des evangelischen Pfarrers mit seinem intellektuellen Rückhalt im Pfarrhaus bzw. in der Familie gewinnen. Der

---

117 Ebd., S. 115.

118 *E.-F. Schuler,* Die Bamberger Kirche im Ringen um eine freie Kirche im freien Staat. Das Werden und Wirken des Bamberger Kirchenrechtlers und Kirchenpolitikers Franz Andreas Frey (1763–1820) in den Auseinandersetzungen mit dem josephinistischen Staatskirchentum, Bamberg 1979, S. 288ff., 290ff. Vgl. auch die Eingabe württembergischer Ständemitglieder von 1815. In: *M. Erzberger,* Die Säkularisation in Württemberg (wie Anm. 25), S. 430, 436.

119 *R. A. Müller,* Akademische Ausbildung (wie Anm. 70).

120 Darauf wies nachdrücklich hin *Morsey* (wie Anm. 26), S. 373.

Übergang vollzog sich im Bildungs- wie auch im Seelsorgsbereich nicht reibungslos. Die Ordens- bzw. Kloster-Säkularisation hatte eine empfindliche Personallücke für das Schulwesen aufgerissen, die den philanthropisch geprägten Polizey-Staat zwang, entgegen seinen Maximen im Konkreten dennoch Kompromisse zu schließen.

Hierzu sei nur ein Beispiel angeführt: die Folgen der Aufhebung des Jesuitenordens 1773. Es ist bekannt, daß – trotz aller antijesuitischen Politik – das päpstliche Breve vom 21. 7. 1773 nicht in allen deutschen Ländern gleichzeitig promulgiert wurde; Friedrich II. von Preußen führte aus Nützlichkeitsgründen in Schlesien die Aufhebung zunächst nicht durch. Wie jüngste Arbeiten über die Aufhebung der Societas Jesu in Bayern dartun[121], erhofften sich zwar die Regierungsbehörden bzw. -repräsentanten die Chance, mit Hilfe der Jesuitengüter die längst fällige Schulreform endlich realisieren zu können. Ein 67seitiges Promemoria[122] „Reflexionen über die Frage: was soll mit den Gütern sowohl als Personen der Jesuiten in den churbaierischen Landen geschehen?" läßt den Zeitgeist erkennen, „wo man aus der Erfahrung überzeuget ist, daß dem Staate nicht nützlich, sondern schädlich seye, wenn ein zu großer Teil der Jugend sich auf das Latein Lernen verleget, hierdurch in der Folge gar zu viele Hände, und fast alle gute Köpfe von der Agricultur, den Handwerken, den Künsten abgezogen, sofort der Zehrstand ohne Maas vermehret, und der Nährstand immer vermindert wird." Man solle daher statt dessen Real-Schulen anlegen, wodurch „die Jugend zu nutzbaren, schicklichen Gliedern des Nährstandes gebildet" werde. Dem Geist jener Zeit waren Akademiker- wie Kleriker-Schwemme gleich große Ärgernisse. Als nun aber der Orden aufgelöst war – nach den Klostermandaten war dies ein neues Experimentierfeld für den fortschreitenden Etatismus –, mußte man entgegen den volltönend geäußerten Prinzipien auf die Exjesuiten und andere Ordensangehörige als Lehrpersonal für Schulen und Universität zurückgreifen. Der Reform-Chef in der Staatsbehörde, dem „Geistlichen Rat", Heinrich Braun, der als Novum die Verwendung von Weltleuten (Laien) vorgeschlagen hatte, weil die Erziehung guter Staatsbürger zu wichtig sei, um sie dem Klerus überlassen zu können, derselbe Braun legitimierte dann doch, daß „besonders diejenigen, denen der Staat ohnehin die Congruam ex Massa zu verschaffen hat, so viel wie möglich wiederum applicirt werden, indem durch deren weitere Application entweder die Congruae gar cessieren, oder gar neue Salaria bey verschiede-

[121] Zu folgendem *W. Müller*, Universität und Orden (wie Anm. 97) sowie *ders.*, Die Aufhebung des Jesuitenordens in Bayern. Vorgeschichte, Durchführung, administrative Bewältigung. In: ZBLG 48 (1985).

[122] *Müller*, Universität und Orden, S. 53ff.

nen Gattungen Docentium und Professorum ersparet würden."[123] Von den 76 durch Abzug der Jesuiten frei gewordenen Professoren- und Rektorenstellen in Bayern wurden mangels anderer Bewerber 50 aus Exjesuiten, der Rest aus Weltgeistlichen und Religiosen rekrutiert; auf die 10 zur Disposition stehenden Lehrkanzeln an der Universität wurden 5 Exjesuiten wieder berufen.[124] Als der Kurfürst Karl Theodor 1781 den Jesuitenfonds dem Schulwesen wieder entzog zugunsten der Gründung eines bayerischen Zweiges des Malteserordens – eine damals unpopuläre Maßnahme zugunsten der Aristokratie –, wurden die Prälatenorden in die Schulen geholt und auf diese Weise zur Kasse gebeten: ein bayerischer Sonderweg vor 1803, der auf dem Höhepunkt ordensfeindlicher Tendenzen die monastische Erziehung nochmals kurzfristig beheimatete.[125] Erst die neue Regierung setzte ab 1799 neue Zeichen: der Gymnasiallehrerstand wurde nun endgültig auf die Bahn der Laiisierung gewiesen – eine auch für die künftige soziale Umschichtung der Studenten folgenschwere Tatsache. Und die staatliche Berufungspolitik zur paritätischen Umgestaltung der (katholischen) Universitäten entfachte in Verbindung mit der Beamtenpolitik die erste Welle des Nordlichter- und Schulkampfes in Bayern.

Das niedere Schulwesen kann hier nicht thematisiert werden. Es sei nur eine historische Beobachtung angedeutet. Seit dem spätmittelalterlichen Ausbau der Landeshoheit läßt sich verfolgen, wie der herrschaftliche Zugriff auf das Schulwesen sozusagen von oben nach unten verlief, trotz der tendenziell stets vorhandenen Einsicht der Regierenden in die Wichtigkeit der Erziehung von unten her für den Aufbau der politischen Ordnung. Die erste Chance für landesstaatliche Schulregie lag bei den Universitäten. Erst die landesherrlichen Kirchen- und Schulordnungen seit dem 16. Jahrhundert erfaßten in beiden Konfessionsbereichen vom Anspruch her auch die letzten Winkelschulen. Freilich, die Durchführung von Schulreformen, insonderheit die Durchführung der allgemeinen Schulpflicht als Anliegen des absolutistischen Staates im 18. Jahrhundert war nicht leistbar ohne die Kirche und deren Personal. Im Volksschulwesen konnte sich denn auch die kirchliche Aufsicht konkret am längsten halten. Im Parlament der Paulskirche 1848/1849 gelang es Vertretern des liberalen Katholizismus, unter Einfluß der belgischen Schulartikel für Unterrichtsfreiheit in die Grundrechtsartikel zumindest noch die Mit-

---

[123] *Müller*, Die Aufhebung, S. 348.

[124] *Müller*, Universität und Orden, S. 56.

[125] *Müller*, Universität und Orden, S. 159ff. – Zu 1799ff. vgl. *L. Boehm*, Bildung und Wissenschaft in Bayern im Zeitalter Maximilian Josephs. Die Erneuerung des Universitäts- und Akademiewesens zwischen fürstlichem Absolutismus, französischem Reformgeist und deutscher Romantik. In: Wittelsbach und Bayern III, 1, hg. von *H. Glaser*, 1980, S. 186ff.

wirkung der Gemeinden (damit auch der Geistlichkeit und der Eltern) für Bestellung der Volksschullehrer einzubringen[126]; die Reste geistlicher Schulaufsicht wurden erst durch die Weimarer Reichsverfassung beseitigt. Im übrigen war eine Dezimierung der elementaren Schulen so wenig wie eine Säkularisierung und Mediatisierung des Pfarrkirchenwesens Anliegen des Reichsdeputationshauptschlusses (vgl. oben); das niedere Schulwesen war für die säkularisierte Kirche eher ein Problem in bezug auf den Geist der staatskirchlich erzogenen weltgeistlichen Ortspfarrer.

Damit haben wir bereits strukturelle Fragen berührt.

B. Aspekte zur strukturellen Entwicklung

Folgend seien einige grundsätzliche Gesichtspunkte zu den strukturellen Veränderungen des Hochschulwesens aufgrund der Säkularisation von 1803 zusammengefaßt.

Alle Universitäten wurden von den Regierungen der Rheinbundzeit gravierenden Eingriffen unterworfen, wobei Einflüsse der Napoleonischen Reform des französischen Unterrichtswesens Pate standen. Diese deutschen Universitätsreformen machten keinen Unterschied zwischen ehemals katholischen oder protestantischen Hohen Schulen, die konfessionellen Merkmale sollten vielmehr eingeebnet werden. Sie gestalteten sich jedoch für die in ihrem Lehrsystem wie in der Wirtschaftsstruktur teils noch traditionelleren katholischen Hochschulen umwälzender als für die bereits stärker modernisierten protestantischen, besonders die jüngeren unter ihnen (wie Halle, Göttingen, Erlangen). Die Durchführung der Säkularisationen und Reformen erfolgte im Zusammenhang mit Neuorganisationen der Regierungsbehörden, wobei in allen deutschen Staaten vor allem die geistliche Schulaufsicht umstrukturiert wurde in Ministerialabteilungen für Kultus und Unterricht.[127]

Abgesehen von den Bestandsreduzierungen – für die neu umzirkten Mittelstaaten, an welche zum Teil eine Vielzahl von Universitäten fielen

[126] Verfassung des Deutschen Reiches vom 8. 3. 1849, § 156: Die öffentlichen Lehrer haben das Recht der Staatsdiener. Der Staat stellt unter gesetzlich geordneter Betheiligung der Gemeinden aus der Zahl der Geprüften die Lehrer der Volksschule an.

[127] Zum Ganzen vgl. *L. Bernhard*, Akademische Selbstverwaltung in Frankreich und Deutschland, Berlin 1930. Zu Bayern: *L. Boehm*, Die körperschaftliche Verfassung der Universitäten in ihrer Geschichte. In: Forum des Hochschulverbandes Heft 34 (1984), S. 7ff., bes. 21ff. (mit weiterführenden Lit.-Angaben); *dies.*, Bildung und Wissenschaft in Bayern (wie Anm. 125). Zu Preußen: *C. Menze*, Die Bildungsreform Wilhelm von Humboldts, Hannover 1975. Zu Württemberg: Bibliographie zur Geschichte der Universität Tübingen. Bearb. von *F. Seck*, *G. Krause* und *E. Stöhr*, Tübingen 1980.

[128] Die Universitäten Altdorf, Aschaffenburg, Bamberg, Dillingen, Erlangen, Ingolstadt, Innsbruck, Passau, Salzburg, Würzburg, von denen einige Bayern wieder verlorengingen.

(z. B. an Westfalen 6, an Bayern nacheinander 10[128]), galt als Regel, nicht mehr als zwei volle Universitäten zu unterhalten – waren die Hauptziele: wirtschaftliche Sanierung, Modernisierung von Lehrsystem und Verwaltung, Entkonfessionalisierung, Beseitigung des korporativen Charakters zugunsten straffer Staatsleitung. Mit gewissen Moderationen vollzogen sich die Reformen in allen neuen Staaten, am extremsten aber im katholischen Bayern. Nicht so sehr die Beseitigung des tridentinischen Promotionseides wie entsprechend der Bekenntnisformeln in den nicht-katholischen Hochschulen, vielmehr die betont konfessionsneutrale, d. h. de facto „aufgeklärte" protestantische Berufungspolitik sollte das Wesen der Universitäten verändern. Daß die erste Welle antikatholischer Kulturpolitik in Bayern einmündete in die Landshuter Romantik und die religiöse Erneuerungsbewegung um Johann Michael Sailer, die dann auf die Restauration im Bayern Ludwigs I. wirkte, sei hier nur angedeutet.[129] Die verstärkte Staatskontrolle fand ihr Instrument in der Ausdehnung des Prüfungswesens ebenso wie in der Unterdrückung aller Relikte korporativer Vergangenheit: Abbau des akademischen Gerichtsstandes, Nivellierung der Standesprivilegien (z. B. Beseitigung des alten Instituts der „Schutzverwandten" der Universität), Beschneidung der kollegialen Selbstverwaltungsorgane wie Rektor- und Senatorenwahl, in Bayern sogar vorübergehende Abschaffung der Fakultätsverfassung zugunsten eines Klassen- und Sektionen-Systems, schließlich die Brechung der herkömmlichen Siegel zugunsten des Staatswappens, die Abschaffung universitärer Insignien, wie Talare. Für die Hochstiftsuniversität Würzburg kam hinzu die Entfernung kirchlicher Verfassungselemente, wie der Patronatsrechte, des geistlichen Standes des Rektors; insgesamt wurde hier der Charakter geistlicher Mediatherrschaft beseitigt.[130] Auch die Degradierung der geistlichen hochstiftischen Universitäten in Lyceen erfolgte im Zuge französischer Anstöße: in der Umwandlung zu philosophisch-theologischen Staatsanstalten, d. h. in der Tendenz zu theologischen Berufsschulen, konnte sich die französische Fach- und Spezialschulidee voll realisieren, während die weitergreifenden bayerischen und preußischen Konzeptionen zur Umgestaltung des gesamten Hochschulwesens etwa in Zentral- und Provinz-Universitäten, durch Trennung von allgemeinen und Brotstudien, von Theorie und Praxis sowie der nur in Bayern (Landshut) experimen-

---

129 *Funk,* Von der Aufklärung zur Romantik (wie Anm. 94) sowie *P. Segl,* die Philosophische Fakultät in der Landshuter Epoche (1800–1826). In: Die Ludwig-Maximilians-Universität in ihren Fakultäten, hg. von *L. Boehm* und *J. Spörl,* Bd. 2, 1980, S. 125 ff. Die Diskussionen um Reform und Restauration der Universitätsverfassung sind dokumentiert bei *Dickerhof,* Dokumente zur Studiengesetzgebung (wie Anm. 92).

130 *E. Schubert,* Materielle und organisatorische Grundlegungen der Würzburger Universitätsentwicklung 1582–1821. Neustadt a. d. Aisch 1973, S. 118.

tierte Umsturz der Universitätsverfassung grundsätzlich scheiterten durch die Restaurierung der herkömmlichen Universitäts- und Fakultäten-Organisation als „universitas litterarum“ gemäß dem Berliner Modell.[131]

Wie dem auch im einzelnen sei; in unserem Zusammenhang erscheinen fünf Sachverhalte bedenkenswert.

1) Wenn seit 1806, seit dem Untergang der Verfassung des Deutschen Reiches, die Universitäten de iure den Status als „studia generalia“ verloren, bedeutete das zwar de facto keine Zäsur mehr mit der Ausnahme, daß bei katholischen Universitäten künftig die nur noch nominellen Kanzler-Gerechtsame der Bischöfe wegfielen.[132] Auch darin zeigt sich die neuartige Qualität als reine Staatsanstalten. Im Verzicht nicht nur auf kaiserliche, sondern auch auf päpstliche nominelle Privilegierung enthüllte sich aber als Analogon zur Loslösung vom Kaisertum alter Ordnung eine Nicht-mehr-Anerkennung der päpstlichen Universalgewalt und ihrer traditionell beanspruchten Lehraufsicht im katholischen Schulwesen durch die souveränen Staats- und Universitäts-Herren: ein in diesem Bereich kaum bemerktes, dennoch bemerkenswertes Symptom.

2) Die Reformen der zur Weiterexistenz begnadeten Universitäten schlossen mit der Neuordnung meist Neu-Dotierungen durch Säkularisations- wie sonst aufgelöste Universitäts-Güter ein. Das kam zuweilen einer Neugründung gleich. So wurde z. B. der Besitz der altbayerischen Hochschule mit der Translokation von Ingolstadt nach Landshut etwa verdoppelt, der Universität Erlangen kam die Auflösung der Universität Altdorf zugute[133], usw. Man darf nicht vergessen, daß diese Fundationen eine solide Basis für den Aufstieg auch der ehemals katholischen Universitäten im 19. Jahrhundert bildeten; auch sie wuchsen durch allgemein wirksame Faktoren, wie die Wissenschaftsprogression und die Akademisierung weiter Berufsbereiche bei erheblichen Bevölkerungs- und Studenten-Wachstumsraten in neue Zuschnitte hinein. Die altbayerische katho-

---

[131] Zur Debatte der Spezialschulidee vgl. *Dickerhof*, Dokumente zur Studiengesetzgebung (wie Anm. 92), S. 412 ff.; zur preußischen Reformdiskussion: Idee und Wirklichkeit einer Universität. Dokumente zur Geschichte der Friedrich-Wilhelms-Universität zu Berlin, hg. von *W. Weischedel*, Berlin 1960.

[132] *L. Boehm*, Cancellarius Universitatis. Die Universität zwischen Korporation und Staatsanstalt. In: Ludwig-Maximilians-Universität, Jahres-Chronik 1964/1965, München 1966, S. 186 ff.; *dies.*, Das Hochschulwesen in seiner organisatorischen Entwicklung. In: Handbuch der bayerischen Geschichte, hg. von *M. Spindler*, Bd. II, § 132 (Neubearbeitung im Druck).

[133] *C. Wallenreiter*, Die Vermögensverwaltung der Universität Landshut-München (Ludovico Maximilianea, Forschungen Bd. 3), Berlin 1971. Zu Erlangen *H. Jaklin*, Die Wirtschaftsgeschichte der Universität Erlangen von ihrer Gründung bis zum Beginn des 19. Jahrhunderts, 1970. In Preußen erfolgte die Rettung der Universität Breslau durch die Einverleibung der Universität Frankfurt/Oder, der Universität Halle durch die Integration von Wittenberg.

lische Universität verdankte am Standort in München seit 1826 nach den beiden Translokationen als kostspieligen Modernisierungsaktionen immerhin der Kulturpolitik der ersten beiden Monarchen des neuen Königreiches die Möglichkeit, künftig mit der neu gegründeten Universität Berlin konkurrieren zu können. Trotz der ungeheuren Summen, welche die deutschen Neu-Staaten aus der Säkularisation einstrichen, hätte der steile Aufstieg der deutschen Universität im 19. Jahrhundert wohl kaum stattgefunden ohne die radikale Verringerung der Hochschulen-Zahl des Alten Reichs und ohne die grundlegende materielle Konsolidierungsarbeit der Reformjahre nach 1800.

3) In der Literatur wird häufig vom Verschwinden stiftungsmäßig katholischer Universitäten gesprochen. Es bedarf einer Klärung, was die Definition „stiftungsmäßig katholisch" bedeuten kann.

a) Entweder kann damit gemeint sein die päpstliche Stiftungserlaubnis bzw. Privilegierung zum Generalstudium, die alle fürstlichen und städtischen Universitätsgründer seit Errichtung der Universität Prag 1348 sowie im deutschen Reich auch nach der Reformation noch die katholisch gebliebenen Stifter bis zur Errichtung der Universität Münster 1783 einholten.[134] Die deutschen Generalstudien unterscheiden sich darin von den Universitäten anderer europäischer Länder, so Frankreichs, wo die Universitätserrichtung längst von der weltlichen Gewalt mediatisiert, „nationalisiert" war und seit dem 16. Jahrhundert auf Universalprivilegien verzichtete.

b) Oder die stiftungsmäßige Katholizität kann verstanden werden aus der Art der Dotierung aus Kirchengütern. Dieser Aspekt bedürfte grundsätzlicher Durchdenkung.[135] Nahezu alle deutschen Universitäten von den Anfängen im Mittelalter bis zur Säkularisation von 1803 wurden in der Regel ausgestattet aus umgewidmeten Kirchengütern, sei es aus abgestorbenen Klöstern, aus Seelgerätsstiftungen und anderen frommen Stiftungen, aus Pfarr- und anderen Benefizien, teils auch aus eigens ausgeschriebenen Kirchenzehnten. Das geschah kraft des landesherrlichen Patronats- und Nominationsrechts auch in katholischen Territorien verstärkt nach 1500, allerdings aufgrund jeweils eingeholter kurialer Genehmigung, auf welche die von der alten Kirche abgefallenen Landesherren naturgemäß verzichteten; in der päpstlichen Lizenz bzw. in der Eigenmächtigkeit, nicht so sehr in den Formen liegt die Unterscheidung zwi-

---

[134] Die Universität Münster erhielt als letzte Hohe Schule in der alten Reichsverfassung 1773 zur Gründung päpstlich-kaiserliche Doppelprivilegierung. Der kurkölnischen Universität Bonn wurde bei ihrem Ausbau die päpstliche Einwilligung versagt, ein kaiserliches Privileg aber 1784 gewährt. *H. Dollinger,* Die Universität Münster 1780–1980, Münster 1980.

[135] *Th. Oppermann,* Kulturverwaltungsrecht. Bildung – Wissenschaft – Kunst. Tübingen 1969.

schen protestantischen und katholischen „Säkularisationen" in der frühen Neuzeit.[136] Auch die protestantischen Säkularisationen hielten das Kirchengut im wesentlichen für Schulzwecke zur Verfügung. Wenn die Bezeichnung „stiftungsmäßig katholisch" abgeleitet wird aus der kirchlich erlaubten Dotierung mit Kirchengut, dann müßte man auch jene Universitäten des alten Reichs, die, wie Tübingen, vor der Reformation gegründet waren und später reformiert wurden, zu den stiftungsmäßig katholischen Einrichtungen zählen.

c) Eine dritte Interpretationsmöglichkeit könnte man in der Konfessionszugehörigkeit der Stifter und ihrer Dynastien sehen, wobei zu bedenken ist, daß darin eine Anerkennung des „ius reformandi", des herrscherlichen Religionsbannes eingeschlossen liegt, der 1803 förmlich außer Kraft gesetzt wurde. Einige hohen Schulen wechselten im übrigen wiederholt die Konfession, wie Heidelberg.

Insgesamt ist zu sagen: Die Durchführung des Reichsdeputationshauptschlusses hat – trotz der dehnbaren Schutzparagraphen für „fromme und milde Stiftungen", für „eigentümliches Kirchengut, auch Schulfonds" – Fakten gesetzt, welche vor der Souveränität und dem Staatskirchenrecht der neuen Landesherren in der Behandlung von „nur" mediatisierten (protestantischen wie katholischen) und zugleich säkularisierten (katholischen geistlichen) Hochschulen keine Unterschiede machten. Stiftungsrechtliche Argumentationen, wie sie damals durchaus energisch verfochten wurden[137], blieben de facto unwirksam.

4) Die Situation nach 1803 war gekennzeichnet durch den Versuch der neuen Regierungen, sogenannte paritätische Universitäten zu schaffen, wie sie in der Literatur bezeichnet werden. Das bedarf einer kurzen Klärung. Parität, ein bekanntlich seit dem Augsburger Religionsfrieden von 1555 aufgekommener Grundsatz, der prinzipielle Rechtsgleichheit, Gleichrangigkeit und Gleichbehandlung der zwei bzw. drei reichsrechtlich anerkannten Religionsgemeinschaften bezeichnete, wurde zwar reichsgesetzlich in den reichsstädtischen Magistraten im Sinne von bi-konfessioneller Zusammensetzung der Gremien eingeführt; jedoch erst nach Abschaffung des im Verfassungssystem der pax Westphalica ebenfalls grundgelegten Rechtsgrundsatzes „cuius regio et eius religio", der die weitgehende Geschlossenheit des frühneuzeitlichen Konfessionsstaates bestimmt hatte, durch den Reichsdeputationshauptschluß 1803[138] wurde

[136] Wesentliche Gesichtspunkte dazu sowie weiterführende Lit. bei *A. Seifert*, Weltlicher Staat und Kirchenreform (wie Anm. 102).

[137] So vor allem von *Franz Joseph Ritter von Buß*, Staatsrechtler und Sozialpolitiker an der Universität Freiburg. Zu ihm vgl. den Beitrag von *H. Dickerhof* zu diesem Bande.

[138] Betrifft: Augsburger Religionsfriede von 1555 § 24, Westfälischer Friede Art. V § 30. Vgl. *Strätz*, Die Säkularisation (wie Anm. 74), S. 49 und 56.

die Paritätsfrage aktualisiert und dynamisiert in den konfessionell mehrheitlich zusammengesetzten neuen Staaten. Jetzt stellte Parität eine Fortentwicklung der in Religionsedikten zuerst von Preußen fixierten Toleranz dar.

In universitätsgeschichtlichen Darstellungen werden gerne jene neuorganisierten Universitäten paritätisch genannt, die mit zwei theologischen Fakultäten ausgestattet waren. Das erfüllte freilich keineswegs den Paritätsgrundsatz als Strukturprinzip der Gesamtuniversität, auch wenn die Professorenberufungen die Katholizität des Lehrkörpers endgültig aufbrachen. Die erste „paritätische" Universität im eben geschilderten Sinne schuf der bayerische Staat, indem er durch Reformedikt von 1803 – noch vor der Reform der Landshuter Universität – für die Universität Würzburg[139] zwar nicht, wie ursprünglich geplant, eine zusätzliche protestantische neben der katholischen theologischen Fakultät schuf, jedoch eine gemischte theologische Sektion einrichtete, in die 5 katholische und 4 protestantische Professoren berufen wurden, darunter F. W. J. von Schelling. Die evangelischen Professoren bildeten erstmals in der Würzburger Stadtgeschichte eine eigene Gemeinde.[140] Das Experiment schien zunächst zu glücken, wenn man die Frequenzzahl von über 700 Studenten im Studienjahr 1804/1805 als Seismograph nimmt. Es endete aber nach dem erneuten Herrschaftswechsel zum Großherzog Ferdinand von Toscana 1805, der allenthalben in seinen kurzfristig vereinigten Hoheitsgebieten Restaurationen einleitete oder zuließ. Von der Würzburger Bevölkerung, besonders von Klerus, Adel und einheimischen Beamten wurde der neue Landesherr jubelnd begrüßt.[141] Schellings Gemahlin Caroline schrieb am 27. 4. 1806 in ihr Tagebuch, „Wir laborieren hier an der Ankunft des Regenten, von der niemand etwas sicheres weiß, aber alle glauben und hoffen ... Tag und Nacht exerziert das Bürgervolk. Sie müssen noch bersten vor Zuneigung, wenn der Herr nicht bald kommt."

Die Situation des Würzburger Bildungswesens im Umbruch von 1803 war geprägt dadurch, daß der leistungswillige und gelehrte letzte Alt-Bischof Georg Karl Ignaz von Fechenbach, der zwar die Stadt zunächst verließ, sich betont für die kirchlichen Rechte und für die Rettung der Bildungsanstalten einsetzte; vor allem aber, daß er zur Regierung des

---

139 *F. X. Wegele,* Geschichte der Universität Würzburg, 2 Bde., 1882, hier II Nr. 284, S. 467ff.

140 *A. Chroust,* Geschichte des Großherzogtums Würzburg (1806–1814). Die äußere Politik des Großherzogtums, Würzburg 1932, S. 85.

141 *R. Endres,* Die Eingliederung Frankens in den neubayerischen Staat. In: Probleme der Integration Ostschwabens in den bayerischen Staat, hg. von *P. Fried,* 1982, S. 102; E. Probst, Würzburg – Vom Hochstift zum Rheinbundstaat. In: Mainfränkisches Jb. f. Gesch. und Kunst 9 (1957), S. 91ff., 95ff. Schelling verweigerte den Diensteid auf den neuen Landesherrn.

Bistums 1802 einen so engagierten und tatkräftigen Weihbischof wie Gregor Zirkel gewonnen hatte, der damals eine Konversion vom Kantianer zum Katholizismus elsäßisch-Mainzer Richtung vollzog.[142] Zu den energisch verfochtenen Forderungen Zirkels, der dem habsburgischen Landesherrn wichtige Zugeständnisse zur katholischen Reorganisation abrang, gehörte die Rekatholisierung der Universität. 1809 erfolgte die Aufhebung der protestantisch-katholischen Abteilung, an der übrigens kein protestantischer Student nachweisbar ist[143], und eine institutionelle Verbindung der theologischen Lehrstühle mit dem Priesterseminar nach Mainzer Modell, d. h. unter direkter bischöflicher bzw. Vikariats-Aufsicht. Diese Lösung bewährte sich allerdings wenig: mit dem endgültigen Anfall Würzburgs an Bayern 1814 mündete sie wieder in eine katholisch-theologische Fakultät herkömmlicher Art. Meines Wissens blieb das Würzburger Experiment der Schaffung einer paritätischen Fakultät an einer katholischen Universität singulär, während hingegen in Preußen, Württemberg und Hessen die Einrichtung katholisch-theologischer Fakultäten an evangelischen Universitäten durchgeführt wurde: so in Breslau 1811 (die eigentliche Basis der Neugründung bildete nicht die alte katholische, säkularisierte Jesuitenuniversität Breslau, sondern die protestantische translozierte Universität Frankfurt/Oder), so Bonn 1818, Tübingen 1817, Gießen 1830; der Versuch in Marburg 1833 scheiterte am Protest der Bischöfe. Auf eine Aufrollung der Frage, wie paritätisch die damaligen Universitäten außerhalb der theologischen Fakultäten waren und welche Folgen die staatliche Berufungspolitik für die theologischen und die weltlichen Fakultäten zeitigte[144], muß hier verzichtet werden; wesentliche Aspekte dazu bringt der Beitrag von Harald Dickerhof.

Als Ergebnis der bisherigen Betrachtung ist festzustellen: Von der Katastrophe 1803 war – in den Langzeitfolgen – die Klerusausbildung am wenigsten betroffen; denn für die Theologen-Erziehung war von beiden Seiten, von Kirche und Staat, mit starkem Einsatz, wenn auch mit unterschiedlichen oder zumindest nicht immer identischen ideellen Orientierungen, gut gesorgt. Die Problematik der Universitätsentwicklung im doppelten Zeichen einerseits des steilen Aufstiegs der akademischen Berufswelt und andererseits der konfessionellen „Imparität“ lag indes in dem Sachverhalt, daß der stetige Rückzug spezifisch weltanschaulich-

---

142 *A. F. Ludwig*, Zirkel, Gregor, Bischof von Hippo, Weihbischof in Würzburg (1762–1817). In: Lebensläufe aus Franken, hg. von *A. Chroust*, Bd. 1, 1919, S. 544ff.

143 *A. Wendehorst*, Das Bistum Würzburg 1803–1957, Würzburg 1965, S. 21.

144 Nach *Erlinghagen* (wie Anm. 58), S. 164, verteilten sich die Konfessionen der Professoren (Ordinarien) an den preußischen Universitäten folgendermaßen: 1833/4 an den 4 evangelischen Universitäten 1,9% Katholiken, an den 2 paritätischen Universitäten 18,8% Katholiken; 1890 an den 4 evangelischen Universitäten 11,4% Katholiken, an den 2 paritätischen Universitäten 29,9% Katholiken.

katholischer Erziehungs- und Ausbildungsmöglichkeiten parallel verlief zum Aufstieg des Bildungsanspruchs des erwachsenen Laien, der ja erst im Laufe des 19. Jahrhunderts – im heraufziehenden Zeitalter des „Bildungsbürgertums" – zum Hauptkonsumenten des Universitätsstudiums wurde.[145] Nicht der Kleriker, sondern der katholische Laie war der eigentliche Leidtragende der Säkularisation. So versteht es sich, daß der deutsche Bildungsbürger des 19. Jahrhunderts – strukturgeschichtlich gesehen – repräsentativ der Protestant, nicht der Katholik war.

5) Die Säkularisation von 1803 sowie in deren Gefolge die staatskirchenrechtlichen Artikel der Konkordate und der Länderverfassungen seit 1818 (deren Reihe eröffnet wurde durch die Bayerische Verfassung 1818, in deren Anhang erst das Konkordat von 1817 promulgiert wurde) bedingten, wie schon festgestellt, ein langandauerndes Grundsatzringen zwischen Kirche und Staat, wobei neben Patronatsrechten und Mischehenfrage die Klerusausbildung einen wichtigen Platz einnahm. Aber die Säkularisation hatte auch innerkatholische Folgen, indem die aus dem 18. Jahrhundert vererbten Fronten und Richtungskämpfe sich in hohem Maße aktualisierten. Im *Kampf um Art und Ort der Theologenausbildung*, der als solcher nicht neu war, bewirkte die neue Phase der Verstaatlichung und Entkonfessionalisierung der Universitäten, daß die *Funktion der staatlichen theologischen Fakultäten* zu einem Eckstein in den Auseinandersetzungen wurde. Dazu abschließend noch einige Bemerkungen.

Ging es bei den Spannungen zwischen Kirche und Staat zuvörderst um die Frage der Leitung der verfassungsrechtlich garantierten Diözesanseminare, wie es z. B. deutlich greifbar wird in der Diskrepanz zwischen den Bestimmungen des bayerischen Konkordats und dem bayerischen Religionsedikt[146], so vertieften sich im innerkatholischen Spannungsfeld zwischen streng-kirchlichen und stärker staatskirchlich gesinnten Vertretern die Fragen um die Theologenausbildung zum Grundsatzkonflikt um die Gewichtung von praktischer Seelsorgsausbildung und theoretisch-wissenschaftlicher Ausbildung, um die geschlossene Erziehung unter rein kirchlicher Aufsicht oder die offene Ausbildung unter den Augen von Kirche und Staat, zugespitzt zu den Alternativen: theologische Fakultät an

---

145 Gesichtspunkte und Literatur zum sozialen Wandel bei *Moraw*, Aspekte und Dimensionen (wie Anm. 90).

146 Das Konkordat fordert in Art. V bischöfliche Seminarien in jeder Diözese mit hinreichender Dotation; die Entscheidung für die Aufnahme und die „vollkommen freye Aufsicht" solle dem Erzbischof und den Bischöfen zustehen: vgl. Huber-Huber, Dokumente, S. 173 ff. Das Religionsedikt hingegen zählte in § 76 die geistlichen Bildungsanstalten zu den „Gegenständen gemischter Natur", welche zwar geistliche sind, aber die Religion nicht wesentlich betreffen, und zugleich eine Beziehung auf den Staat haben; ebd. S. 136. Vgl. grundsätzlich jetzt K. Hausberger, Staat und Kirche nach der Säkularisation. Zur bayerischen Konkordatspolitik im frühen 19. Jahrhundert, St. Ottilien 1983.

der staatlichen Universität oder aber kirchliches Priesterseminar als selbständige Akademie. In den Vorstellungen der Seminar-Partei, die sich namentlich unter dem Einfluß des Katholizismus Mainzer Richtung entfaltete, war in eigentümlicher Weise das tridentinische Konzept eine Symbiose mit der französischen Spezialschulidee eingegangen.

Die Fronten standen sich hart gegenüber, wie es u.a. klar zum Ausdruck kommt in der publizistischen Fehde zwischen Gregor Zirkel, dem Würzburger Weihbischof, und Ignaz Heinrich von Wessenberg, dem Konstanzer Generalvikar. Wessenberg hatte 1815 in einem Traktat über „Die Deutsche Kirche. Ein Vorschlag zu ihrer neuen Begründung" auch seine Vorstellungen über die Klerikerausbildung behandelt.[147] Zirkel verfaßte eine Gegenschrift „Die deutsche katholische Kirche oder Prüfung des Vorschlages zur neuen Begründung und Einrichtung der deutschen Kirche"[148], in der er eine scharfe Abrechnung mit der Staatskirche vornahm: „ein solches, aus heterogenen Elementen und Kräften zusammengesetztes Ganze hebet sich von selbst auf. Die Kirche wird zweiköpfig: denn der Landesherr und der Bischof regieren darin mit gleich unabhängiger Macht und aus diesem Doppelhaupte entwickelt sich auch eine Doppelnatur, die keinem Geschlechte angehört. Eine Staatskirche ist keine Kirche mehr." Zirkel setzte sich Punkt für Punkt mit Wessenbergs Vorschlägen auseinander. In der Seminarfrage klafften die Ansichten zwar nicht allzuweit auseinander, indes doch in dem Punkte, daß Zirkel jeglichen Staatseinfluß ausgeschaltet wissen will.[149] Von der theologischen Fakultät ist in beiden Schriften nicht die Rede – Wessenberg hat sich später dezidiert zu den Universitäten geäußert[150] –, aber andernorts übte Zirkel heftige Kritik an den deutschen Hochschulen und ihrem Prinzip der Lernfreiheit bzw. freien Auswahl der Vorlesungen als „Abrichtungsanstalten für Staats- und Kirchendiener", wo die Erziehung von Charakter und Gemüt zu kurz komme.[151] Von Zirkels Experiment einer institutio-

---

147 Anonym erschienen „im April 1815". Zur Seminarfrage bes. S. 27f., 40, 53ff. Vgl. zu *Wessenbergs* Kirchenauffassung auch H. Becher, Der deutsche Primas. Eine Untersuchung zur deutschen Kirchengeschichte in der ersten Hälfte des 19. Jahrhunderts, Kolmar o.J. (1944); *W. Müller*, Ignaz Heinrich von Wessenberg (1774–1860). In: Katholische Theologen Deutschlands im 19. Jahrhundert, hg. von *H. Fries* und *G. Schwaiger*, 3 Bde., München 1875, hier I, S. 189ff.

148 Anonym erschienen „Deutschland 1817" (Frankfurt a.M.). Zitat S. 82.

149 Bes. S. 62.

150 Die Reform der Deutschen Universitäten. Ein Beitrag zur Unterrichtsfrage unserer Zeit, Würzburg ^{2}1866. Vgl. bes. S. 28f. und S. 38f. zur akademischen Freiheit; *Wessenberg* hält unbedingte Lernfreiheit für bedenklich: „In Hinsicht der akademischen Freiheit gibt es ... zwei Aspekte, die gleiche Gefahr darbieten: zu große Einschränkung und völlige Ungebundenheit".

151 *Ludwig*, Zirkel (wie Anm. 142), S. 544.

nellen Verbindung zwischen theologischer Fakultät und Priesterseminar war schon die Rede.

Umfassender als in Bayern wurde die Grundsatzdiskussion in Württemberg geführt, angestoßen aus der aktuellen konfessionspolitischen Situation, daß das protestantische Württemberg 1802 und 1805/1806 beträchtliche geschlossene katholische Territorien hinzugewann, aus denen schon 1802 ein eigenes staatliches Gebilde „Neu-Württemberg" organisiert wurde. Aufgrund dieser konfessionellen Konstellation entwikkelte der Landesherr, seit 1806 König von Württemberg, das Projekt der Errichtung eines katholischen Bistums (1802), später erweitert zum Konzept eines Erzbistums mit 1 oder 2 Suffraganbistümern, als deren Sitze Ellwangen, Rottweil oder/und Weingarten vorgesehen waren, wobei auch die geistliche Ausbildung mitbedacht wurde. Indes, diese weitreichenden Pläne scheiterten in den Konkordatsverhandlungen mit Rom[152], da diese nicht zuletzt belastet waren durch die kirchenpolitischen Divergenzen in bezug auf Napoleons Ziel einer einheitlichen Kirchenordnung für den ganzen Rheinbund. Die Ausbildungsfrage provozierte nun verschiedene Gründungen und Diskussionen, in denen das ganze Spektrum der Strukturvorstellungen über die institutionellen Schulformen Fakultät, Lyceum, Priesterseminar tridentinischer oder staatskirchlicher Form voll zum Ausdruck kam. Obwohl es in Rottweil seit 1796 sowie in Ellwangen aus älterer Tradition Lyceen gab, gründete König Friedrich 1812 eine „katholische Landesuniversität" in Ellwangen, die allein aus einer theologischen Fakultät mit 5 Lehrstühlen bestand (bald besetzt mit in Freiburg promovierten Professoren) sowie ein Priesterseminar. Ellwangen, ehemalige Residenzstadt einer benediktinischen Fürstpropstei, wurde gleichzeitig Sitz eines Generalvikariats als Basis für ein zu errichtendes Bistum. Nach dem Tode König Friedrichs verfügte nun aber die Regierung 1817 die Transferierung der Lehrstühle als Fakultät an die Universität Tübingen, zu deren Ergänzung dort ein Theologenkonvikt, das so getaufte Wilhelmsstift, errichtet wurde[153], während die beiden Lyceen ihre Degradierung zu einfachen Gymnasien hinnehmen mußten. Generalvikariat und Priesterseminar wurden gleichzeitig nach Rottenburg als künfti-

---

[152] *R. Reinhardt,* Von der Reichskirche zur oberrheinischen Kirchenprovinz. In: Theologische Quartalschrift 158 (1978), S. 36ff.; *ders.,* Kirchen und Klöster am oberen Neckar. In: Zwischen Schwarzwald und Schwäbischer Alb. Das Land am oberen Neckar, hg. von *F. Quarthal,* Sigmaringen 1984, S. 149ff., Überblick für hier anstehende Fragen S. 364ff.

[153] *R. Reinhardt,* Die Katholisch-theologische Fakultät Tübingen im ersten Jahrhundert ihres Bestehens. Faktoren und Phasen der Entwicklung. In: Tübinger Theologen und ihre Theologie, hg. von *R. Reinhardt,* Tübingen 1977, S. 1–42; *W. Gross,* Das Wilhelmsstift Tübingen 1817–1869. Theologenausbildung im Spannungsfeld von Staat und Kirche, Tübingen 1978; *G. May,* Mit Katholiken zu besetzende Professuren an der Universität Tübingen, 1975.

gem Sitz des katholischen Landesbischofs verlegt. Abgesehen davon, daß dies eine herbe Enttäuschung für die Stadt Ellwangen bedeutete, knüpften sich an diese Maßnahmen, die staatskirchliche Akte reinster Natur waren, jahrzehntelange Auseinandersetzungen um die Theologenausbildung bis hinein in die Problematik um die Frage der Forschungs- und Kritikfreiheit theologischer Wissenschaft, neu entzündet im Zuge der deutschen Revolution und Verfassungsdiskussion von 1848. Das kann hier nicht aufgerollt werden. In unserem Zusammenhang aber sei erwähnt, daß in den Motivationen besonders jener Partei, welche seit 1820 die Rückverlegung der Fakultät nach Ellwangen forderte[154], Hauptargumente waren: die Forderung der Zentralisierung aller katholischer Bildungsanstalten mit dem bischöflichen Sieminar zu einem Institut unter bischöflicher Leitung sowie die Kritik an der Theologenausbildung in protestantischer Atmosphäre und Umgebung, zumal die philosophischen Vorlesungen bei evangelischen Professoren gehört werden mußten, verbunden mit Kritik an den Studenten des Wilhelmsstifts. Die Anwälte einer geschlossenen Theologenausbildung hielten auch nicht zurück mit ihrem Mißfallen an dem „freien akademischen Leben“: „es geht im Lande die Sage umher . . .: Es sei bei den Studenten der Hang zum Trunke so gesteigert worden, daß Einige bei einem Wirthshaus- oder Kneipenbesuch bis zu 18 Schoppen Wein trinken, also 4 Maß für einen Magen. . . . O daß es nicht wahr wäre!“[155] Solche Äußerungen verhehlen nicht die tiefverwurzelte weltanschauliche Kluft zwischen den Widerstreitenden über die anthropologische Dimension von Erziehung und wissenschaftlicher Ausbildung. Nicht minder heftig wiederholten sich die Debatten um die Gießener katholisch-theologische Fakultät und ihre schließliche Integration in Kettelers Mainzer Seminar nach verschiedenen Eklats in Berufungsfragen. Daß die Scheidung der Geister bis in die heutige Forschung herein spürbar geblieben ist, zeigt sich z. B. in Rudolf Reinhardts Darstellung der Vorgänge, wenn der Tübinger Kirchenhistoriker formuliert: „doch sollte der Traum vom ‚zweiten Tübingen‘ nicht lange währen; bereits 1851 würgte Bischof Wilhelm Emanuel von Ketteler die Fakultät rigoros ab, indem er seine Theologen von der Universität abzog und in Mainz ein eigenes Priesterseminar mit vollem theologischem Lehrbetrieb aufmachte.“[156]

Bei Beurteilung jenes Ringens des politischen Katholizismus um die „Reinerhaltung“ der kirchlichen Priesterausbildung ist freilich auch zu bedenken, daß in deutschen liberal-demokratischen Kreisen die Emanzi-

---

[154] *G. Zeissig*, Zurück nach Ellwangen? Die Bemühungen um eine Rückverlegung von Bischofssitz, Katholisch-Theologischer Fakultät und Priesterseminar in der ersten Hälfte des 19. Jahrhunderts. In: Rottenburger Jb. für Kirchengeschichte 3 (1984), S. 235ff.

[155] *Zeissig*, S. 249.

[156] *Reinhardt*, Die Katholisch-theologische Fakultät, S. 12.

pation aller Bildung aus der kirchlichen Aufsicht ein politisches Anliegen war. So kommt es klar zum Ausdruck etwa beim jungen Theodor Mommsen in seiner Interpretation der Grundrechte der Frankfurter Reichsverfassung[157]; er gesteht zwar zu, „daß der freie demokratische Katholizismus wenigstens von den Universitäten nicht verbannt werden kann", aber er folgert: „Der theologische Unterricht, wo die Religion nicht bloß als Trost und Anhalt für alle Menschen, sondern als ... Wissenschaft ... gelehrt wird, also ... auf den Akademien und höheren Bildungsanstalten, geht die Geistlichen durchaus nichts an, denn die Wissenschaft ist frei. Nur hat der Staat auch hier theils das Interesse der öffentlichen Moral wahrzunehmen, theils ganz unfähige Menschen zu dieser Thätigkeit nicht zuzulassen."

Auch die Wissenschaftsfreiheit als Ideal war ein Produkt nicht katholischen, sondern protestantischen oder jedenfalls religiös indifferenten, neuhumanistischen Geistes. Für die deutsche Verfassungsgeschichte, in der weder von staatlicher noch von kirchlicher Seite eine radikale Trennung von Kirche und Staat nach französischem Muster ernsthaft angestrebt wurde oder notwendig war, sondern alle Hoffnung auf eine freie Kirche im christlichen Staat gesetzt wurde, ist es einsichtig, daß die Zukunft der Bewahrung theologischer Fakultäten an öffentlichen Universitäten gehörte, zumal auch die evangelische Theologenausbildung generell an den Universitäten erfolgte; daneben aber behielten auch die Priesterseminare ihre Funktion. Das war im Sinne der historischen Entwicklung, wie sie sich auch nach dem Konzil von Trient gestaltet hatte.

Noch eine Überlegung zum Schluß: Der vorübergehende Wegfall der geschlossenen monastischen Erziehungs- und Bildungswelt aus der religiösen Landschaft durch die Säkularisation, damit die Entfremdung von einer Welt der Kontemplation und der Exerzitien, war ein tiefer Verlust für die deutsche Geisteskultur – auch damit hängt die Entstehung eines katholischen Inferioritäts-Bewußtseins zusammen. Ist es nur Zufall, daß um dieselbe Zeit, als die Klöster auf Abbruch standen, Wilhelm von Humboldt seine pseudo-religiösen Gedanken über die Notwendigkeit von Einsamkeit und Freiheit schrieb und damit dem neuen Wissenschaftsbegriff, der Forschung, eine meditative Dimension nahelegte, die in der katholischen Erziehungswelt seit Jahrhunderten eine Selbstverständlichkeit gewesen war?

„Die Weltgeistlichen stellten gewissermaßen die Besonnenheit und die verstandesmäßige Klarheit, dar; die Mönche die Begeisterung, und die mystische Tiefe. So bildeten beide zusammen ein Ganzes. Wir sind

---

[157] Anonym publiziert: Die Grundrechte des deutschen Volkes, 1848, Zitate S. 41 und 46.

in Gefahr, eine lautere Besonnenheit zu werden, ohne Tiefe, ohne die innere Fülle des gläubigen Lebens, mit vielen Wahrheiten zwar ausgerüstet, aber ohne jene seelenvolle Wahrheit, der allein dieser Name gebührt" (J. A. Möhler)[158].

---

158 Zit. nach *J. Köhler,* Priesterbild und Priesterbildung bei Johann Adam Möhler (1796–1838). Ein Kommentar zu Möhlers kirchengeschichtlicher Antrittsvorlesung „De seminariorum theologicorum origine et progressu" aus dem Jahre 1829. In: Tübinger Theologen und ihre Theologie, hg. von *R. Reinhardt,* Tübingen 1977, S. 172.

Heribert Raab

„KATHOLISCHE WISSENSCHAFT" – EIN POSTULAT UND SEINE VARIATIONEN IN DER WISSENSCHAFTS- UND BILDUNGSPOLITIK DEUTSCHER KATHOLIKEN WÄHREND DES 19. JAHRUNDERTS[1]

Es gibt einen Dualismus zwischen Christentum und Wissenschaft, und dieser Dualismus gehört zu den wichtigsten historischen Erscheinungen. Von Francis Bacon (1561–1626), der den Grundsatz aufstellte „Wissen ist Macht" und eine radikale Trennung von Glauben und Wissen forderte, stammt der Satz, halbes Wissen wende von Gott ab, wahre und gründliche Wissenschaft bringe den Menschen zur Religion zurück.[2] 220 Jahre nach Bacon ist für Martin Deutinger (1815–1864), den Schüler von Schelling, Görres und Baader, den man die bedeutendste Gestalt der deutschen „vor-neuscholastischen" katholischen Theologie genannt hat, der Streit zwischen Glauben und Wissen eine Lebensfrage für die Menschheit.[3] „Die Philosophie mit der katholischen Wissenschaft versöhnen"

[1] Meine Ausführungen, die auf dem Symposium „Katholizismus, Bildung und Wissenschaft im 19. und 20. Jahrhundert" am 17. Oktober 1985 in Augsburg vorgetragen wurden, wollen als Versuch verstanden werden, als Versuch, der gebunden ist an den Stand der Einsicht in die Entwicklung der Wissenschaft während des 19. Jahrhunderts – und der ist eben nicht befriedigend –, aber auch gebunden an den Stand unserer Kenntnis über Reaktionen deutscher Katholiken, ihrer Organisationen, der Kirche auf diese Entwicklung. Darüber nun sind wir keineswegs so gut informiert, wie man annehmen könnte. Was vorgetragen werden konnte und hier mit einigen Erweiterungen vorgelegt wird, muß daher fragmentarisch bleiben und ergänzungsbedürftig.

[2] Quin potius certissimum est atque experientia comprobatum, leves gustus in philosophia movere fortasse ad atheismum, sed pleniores haustus ad religionem reducere. (De dignitate et augmentis scientiarum [Ausgabe 1779], S. 11).

[3] *H. Fels,* Martin Deutinger. Gestalt und Beurteilung, Lebenswerk, Ernte und Erbe (München 1938), S. 154. – Vgl. ferner *Franz Wiedmann,* Martin Deutinger (1815–1864). In: Katholische Theologen Deutschlands im 19. Jahrhundert, hg. von *Heinrich Fries* u. *Georg Schwaiger* II (München 1975), S. 269–292. – Von einschlägigen Veröffentlichungen *Deutingers* seien in diesem Zusammenhang nur genannt: Christentum und Humanismus. In: Hist. Pol. Bl. 31,II (1853), S. 133–152; Franz von Baaders Verhältnis zur Wissenschaft und zur Kirche. In: Hist. Pol. Bl. 40 (1857), S. 85–105; 165–178; Das Verhältnis der Freiheit der Wissenschaft zur kirchlichen Autorität. In: Verhandlungen kath. Gelehrter in München vom 28. 9. bis 1. 10. 1863, hg. von *P. B. Gams* OSB (Regensburg 1863), S. 96–106.

betrachtet er als vordringlichste Aufgabe. „Vom Theologen", so heißt es in einer seiner Vorlesungsnachschriften, „vom wissenschaftlich gebildeten Priester und vom Lehrer der heiligen Theologie fordere ich philosophische Bildung, ansonsten wir zu den geistigen Bewegungen unserer Zeit kein Wort mehr zu sagen haben, und alles sich über unsere Köpfe hinweg vollziehen wird."[4]

Versöhnung von Wissenschaft und Christentum ist ein altes, bis in die Zeit des frühen Christentums reichendes Problem. Die Vergangenheit hat es in den verschiedenen Jahrhunderten jeweils anders angegangen und anders zu lösen versucht. Seit der frühen Neuzeit hat das Problem eine Verschärfung erfahren, insofern als die Entwicklung der Wissenschaften in zunehmendem Maße außerhalb des Einflußbereiches der Kirche oder gegen die Kirche sich vollzieht, die Wissenschaft sich Selbstzweck wird und die Meinung herrschend wird, ein in Gehorsam gegen die Kirche verbleibender Katholik sei nicht imstande, den Postulaten wissenschaftlichen Denkens und Forschens zu entsprechen. Seit dem Siegeszug der Aufklärung haben die deutschen Katholiken ein schlechtes Gewissen, was ihr Verhältnis zur Wissenschaft betrifft. Seitdem der Rationalismus im 18. Jahrhundert sich weitgehend zur höchsten Autorität aller Erkenntnis machte, Religion und Natur unter die Herrschaft der Vernunft beugte, stellen wir im katholischen Bereich gegenüber der Wissenschaft Desinteresse, Ängstlichkeit, Ablehnung, dogmatische Härte fest, aber auch Initiativen und Aktivitäten, in geistig-wissenschaftliche Konkurrenz zu treten, ja eine „geschlossene Sonderkultur" zu entwickeln.[5] Andererseits beobachten wir Anpassungsbereitschaft an den Zeitgeist und an seine Wertvorstellungen. Der streitbare Prälat Franz Xaver Münch, Generalsekretär des katholischen Akademikerverbandes, sieht in den katholischen Universitätsgelehrten Kompromißmänner, die die ganze Wahrheit für ein Linsengericht hingegeben haben.[6] Nicht weniger hart ist das Urteil von Heinrich Denifle über die „Konzessionsgelüste" im Vorwort zur zweiten Auflage seines Lutherbuches von 1904: über jene „Konzessionsgelüste infolge der heutigen Universitätsbildung, oder um reale praktische Vorteile zu erreichen, oder um den bürgerlichen Frieden zwischen Katholiken und Protestanten zu befestigen"[7].

In der Diasporasituation der deutschen Katholiken macht sich seit der Säkularisation ein bisher nicht bekannter Inferioritätskomplex breit. Das

---

[4] Zit. nach *Franz Wiedmann*, Martin Deutinger (1815–1864), S. 273.

[5] So zu dem Kurs des katholischen Akademikerverbandes unter der Führung des Prälaten *Franz Xaver Münch* das Urteil von *Christoph Weber*, Heinrich Finke zwischen akademischer Parität und kirchlichem Antiliberalismus. In: AHVNrh. 186 (1983), S. 144.

[6] *Weber* (wie Anm. 5), S. 144.

[7] *Heinrich Denifle*, Luther und Luthertum in der ersten Entwicklung I,1 (Mainz[2] 1904), S. VIf.

Gesetz des Handelns wird dem Katholizismus im Deutschland des 19. Jahrhunderts von seinen Gegnern vorgeschrieben. Wissenschaftliche Inferiorität ist ein vom agressiven weltanschaulichen Liberalismus und militanten Protestantismus immer wieder erhobener Vorwurf. Die letzte eigentliche Ursache dafür wird in Lehren der katholischen Kirche, dem Verhalten der Hierarchie und der römischen Kurie gesehen.[8]

Mit der Aufklärung beginnt in Deutschland die Gleichsetzung von Protestantismus, Wissenschaft und säkularisiertem Fortschritt. Man wird darüber streiten können, ob die Versöhnung von Christentum und Wissenschaft noch ein Anliegen jenes Jahrhunderts war oder überhaupt sein konnte, an dessen Ende Kants Satz weitgehend akzeptiert ist: „Aufklärung ist der Ausgang des Menschen aus seiner selbstverschuldeten Unmündigkeit. Unmündigkeit ist das Unvermögen, sich seines Verstandes ohne Leitung eines andern zu bedienen." Von der Unvereinbarkeit von wahrer Aufklärung und Katholizismus, d. h. auch von Wissenschaft und kirchlicher Lehre, ist man fortan durchgängig überzeugt. Selbst der persönlich fromme, irenische, dem Katholizismus nicht unfreundlich gesinnte Lavater schreibt am 6. Oktober 1786: „Wo wahrer Katholizismus herrscht, da kann wahre Aufklärung nie herrschend werden."[9]

In der öffentlichen Meinung und vor allem in einer Zone zwischen Wissenschaft und Bürokratie hält sich während des 19. Jahrhunderts jene

---

[8] So auch *Franz Xaver Kraus* in der Rezension von *Georg Freiherr von Hertling*, Das Prinzip des Katholizismus und die Wissenschaft (Freiburg i. Brg. 1899), in: Deutsche Literaturzeitung Jg. 21 (1900), Sp. 12–19. *Kraus* zeigt sich zunächst gespannt, „wie ein Gelehrter, der die Ehre des Universitätslehrers und Akademikers zu wahren hatte, es zurecht bringen werde, zugleich als Centrumsführer und als wenigstens stellenweise gebrauchter, nach Bedürfnis auch desavouierter Vertrauensmann der Kurie sich in einer diesen Pflichten und diesen Rücksichten Rechnung tragenden Weise äußern werde". Er ist dann in seiner Rezension nicht bereit, das katholische Defizit in Bildung und Wissenschaft „aus lokalen und transitorischen Maßregeln wie der Aufhebung der Klöster und der Schädigung der katholischen Bildungsstätten in Bayern" zu erklären, wie *Hertling* das in „seiner wohlgemeinten, im milden Geiste geschriebenen Idylle" tue. Die Gründe, die *Kraus* für die katholische Inferiorität verantwortlich macht, werden in dieser Rezension wohlweislich nicht genannt. – In seinem Weihnachtsbrief von 1906 an *Friedrich Schneider* fühlt sich der Bonner Kirchenhistoriker *Heinrich Schrörs* an 1789 erinnert: „Ich denke eben so sehr an den damaligen Zwiespalt zwischen Aufklärung und rettungslosem Versunkensein ins Abgelebte. Ist das nicht auch jetzt das Zeichen unserer innerkirchlichen Zustände? Und die da auf den Stühlen der Kirche sitzen, feiern Feste und lassen sich feiern, blicken und nicken nach oben und sehen nicht den Geist, der um sie brandet. Ignoriern und verneinen ist die Weisheit dieser Hirten. Wie es um Glauben und praktische Religiosität in den jüngsten akademischen Regionen aussieht, darüber wäre Erschreckenderes zu sagen als über Kolonien und Sozialdemokraten." Zit. nach *Anton Ph. Brück*, Briefe des Bonner Kirchenhistorikers Heinrich Schrörs an den Mainzer Prälaten Friedrich Schneider. In: AHVNrh. 174 (1972), S. 193.

[9] *Lavater* an *Samuel Christian Lappenberg*, Küsnacht 6.X. 1786; *Hubert Schiel*, Sailer und Lavater. Mit einer Auswahl aus ihrem Briefwechsel (Köln 1928), S. 132; auch *Schiel*, Sailer I, S. 110.

aus der Aufklärung herkommende, von Neuhumanismus, Junghegelianismus und weltanschaulichem Liberalismus tradierte Überzeugung, daß Wissenschaft und Kultur nur in einem von den autoritären Ansprüchen der katholischen Kirche freien, d.h. protestantischen (nicht orthodox evangelischen) Bereich gedeihen können. „Die große Form des Weltgeistes", so konnte man schon 1802 von Hegel im „Kritischen Journal der Philosophie" lesen, „ist das Prinzip des Nordens, und, es religiös angesehen, des Protestantismus."[10] Die Gleichsetzung von katholisch mit rückständig, bigott, „geistig unfrei", ungebildet, findet sich in zahllosen Schlagworten des 19. Jahrhunderts.[11] „Römischer Katholizismus", „Papismus", „mysteriöse Inspiration" sind, um hier nur Friedrich Wilhelm Carové zu zitieren, unvereinbar mit dem lebenskräftigen Geist der neuesten Zeit, der besonders in Deutschland durch Lessing, Herder und Kant, durch Fürsten „wie Joseph II. und Friedrich den Großen zur That" wurde und sich als „deutscher Universalismus" allgemein durchgesetzt habe. Und noch 1896 hält es der Präsident der Görres-Gesellschaft, von Hertling, bei der Generalversammlung in Köln für notwendig, den Satz: „Die Wissenschaft ist längst protestantisch geworden", als „grundsätzlich und thatsächlich falsch" zurückzuweisen.[12] Seit Humboldt, seit der religiös indifferenten oder letztlich kirchenfeindlichen neuhumanistisch-klassizistischen Wissenschaftsrichtung und dem Idealismus wird die Idee der Freiheit und Ungebundenheit der Lehre und Forschung herrschend.[13] Die Spannungen zwischen dem Neuhumanismus und katholischen Bildungswünschen werden nach den Kölner Wirren schärfer. Ignaz Döllinger betont 1843 in einem Aufsatz der Historisch-politischen Blätter, daß zwischen beiden eine „unübersteigbare Kluft" bestehe und fordert Trennung von Katholizismus und Idealismus.[14]

---

[10] *G. W. F. Hegel,* Glauben und Wissen oder die Reflexionsphilosophie der Subjektivität, in der Vollständigkeit ihrer Formen als Kantsche, Jacobische und Fichtesche Philosophie. Zuerst in: Kritisches Journal der Philosophie Bd. 2, Stück 1, 1802; In: Sämtl. Werke. Jubiläumsausgabe, hg. von Hermann Glockner, Bd. 1 (Stuttgart [4]1965), S. 281.

[11] *Friedrich Wilhelm Carové,* Papismus und Humanität. 1. Heft (Leipzig 1836), S. VII. Gegen die Gleichsetzung „Katholik = Finsterling" wendet sich der Professor der Theologie am Lyzeum zu Amberg *Maurus Hagel,* Der Katholizismus und die Philosophie (Sulzbach 1822). Er schließt mit der Warnung: „Wenn der tödtliche Rationalismus unserer Tage nicht wie ein zweyter Saturn, seine eigenen Kinder aufzehren soll, so müssen wir zu dem Glauben an die letzte und höchste Offenbarung Gottes durch seinen Sohn zurückkehren, in der wir allein die himmlische Kraft belebender Weisheit finden."

[12] Jahresbericht der Görres-Gesellschaft zur Pflege der Wissenschaft im katholischen Deutschland für das Jahr 1896 (Köln 1897), S. 18 (künftig abgekürzt: JbGG).

[13] vgl. etwa von neueren Untersuchungen: *Wolfgang Altgeld,* Akademische „Nordlichter". Ein Streit um Aufklärung, Religion und Nation nach der Neueröffnung der Bayrischen Akademie der Wissenschaften im Jahre 1807. In: Archiv für Kulturgeschichte 67,II (1985), S. 339–388.

[14] *Döllinger,* Die Schellingsche Philosophie und die christliche Theologie. In: HpBll 1843.

Das Prinzip der Freiheit, d.h. insbesondere der wissenschaftlichen Freiheit, so verkünden die Hallischen Jahrbücher bereits 1838, ist das *„protestantische Princip"*. Und dieses „protestantische Princip, ohne dass es diesen Namen führte, ist dennoch in der That und Wahrheit das Princip der ganzen germanischen Welt"[15]. Was diese Konstruktion, fortgeführt bis zur „germanischen" und „deutschen Wissenschaft", ihrem Kampf gegen „Romanentum" und „Ultramontanismus", in der Folge noch für den deutschen Katholizismus bedeuten sollte, vor allem in der wissenschaftspolitischen Umsetzung und in der schlagwortartigen Ausmünzung, soll hier nicht näher ausgeführt werden. „Hochverräther am Zeitgeist" sind nicht nur für den Junghegelianer Arnold Ruge alle diejenigen, welche während des Kölner Kirchenstreits für die Freiheit der Kirche eintreten. „Das schöne Ebenmass zwischen Protestantismus und freier geistiger Forschung, zwischen Alterthumskunde und Vaterlandsliebe, wodurch unserer Nation durch alle Zweige des Wissens die grossen Männer geworden sind", findet sich nach dem Urteil des Münchner Orientalisten Karl Friedrich Neumann „nicht bei den specifisch römischen Katholiken und kann sich auch bei ihnen nicht finden"[16]. Daß von solchen Positionen her das Verdikt über das „katholische Prinzip" und „katholische Wissenschaft" gesprochen war und nur jene katholischen Wissenschaftler, die ihre Konfessionszugehörigkeit völlig zurücktreten ließen, akzeptiert wurden, vom Staat wie von der Zunft, liegt auf der Hand.

Innerhalb des deutschen Katholizismus, so kann man vereinfachend sagen, ringen im 19. und bis tief in das 20. Jahrhundert zwei Anschauungen miteinander, von denen die eine mehr oder weniger deutlich an der Definition der Wissenschaften als ancillae theologiae et philosophiae festhält, während die andere die Autonomie der Wissenschaften, die Freiheit von Forschung und Lehre zu gewinnen bestrebt ist.[17] Die Beziehung

---

[15] *Arnold Ruge*, J. Görres „Die Triarier, H. Leo, P. Marheineke, K. Bruno". In: Hallische Jahrbücher für deutsche Wissenschaft und Kunst. No. 242 (1838), Sp. 1931.

[16] *(Karl Friedrich Neumann)*, Joseph Görres. In: Die Gegenwart. Eine encyclopädische Darstellung der Zeitgeschichte für alle Stände. II (Leipzig 1849), S. 487f.; *Heribert Raab*, Görres (1776–1848). Leben und Werk im Urteil seiner Zeit (1776–1876) (Paderborn 1985), S. 574.

[17] Die Mahnung von *Joseph v. Eichendorff* aus dem Fragment: „Die hl. Hedwig", über deren Ausarbeitung er starb, scheint damals nicht gehört worden zu sein. „Die ganze Sache ist der jetzt, wie niemals früher, heftig entbrannte Kampf zwischen Verstand und Gemüt, deren Versöhnung die Demut ist. Der Verstand soll nur recht redlich und fleißig (treu) fortarbeiten! Denn je schärfer er denkt, je sicherer wird er erkennen, daß ihm ein Geheimnis, ein ewiges Rätsel übrig bleibt, das er nimmer zu lösen vermag, und daß der Mensch mithin noch nicht auf der höchsten Staffel der Himmelsleiter steht, sondern wohl höhere Geister über ihm stehen müssen etc. – Man sieht dies z.B. an unserer jetzigen Naturwissenschaft. Je kühner sie forscht und kombiniert, je näher rückt sie der Evidenz, daß der eigentliche Urgrund außerhalb der menschlichen Forschung liegt." Zit. nach *Wilhelm Kosch*. Aus

dieser Positionen zur Aufklärung und kirchlichen Restauration, zur Romantik, zum Güntherianismus, zum Ultramontanismus und Liberalismus, zum Integralismus und Modernismus, um nur ein paar Stichworte zu nennen, ist offenkundig.

Im Bereich der Wissenschaften, d.h. konkret der Universität Humboldtscher Prägung, die während des 19. Jahrhunderts eine einmalige Vormachtstellung erringt, wird die Situation gläubiger Katholiken zusätzlich kompliziert bzw. erschwert durch zwei Faktoren, die sich zunächst wissenschaftspolitisch auswirken, einmal durch den Antagonismus zwischen katholischer Kirche und den gerade im Hochschulbereich mächtig weiter wirkenden Idealen der Französischen Revolution und des weltanschaulichen Liberalismus, zum andern durch die Tatsache der politischen Hintansetzung breitester katholischer Bevölkerungsschichten. Artikel 16 der Bundesakte hatte zwar allen Angehörigen der christlichen Konfessionen im Deutschen Bund Freiheit der Ausübung ihres religiösen Bekenntnisses zugesichert, aber das schloß nicht aus, daß der konfessionelle Charakter der Staaten – und die protestantischen waren in einer erdrükkenden Mehrheit – mit politischen und administrativen Mitteln konserviert wurde. Das Haus Hohenzollern verstand sich als evangelische Schutzmacht, der preußische Staat in seinen maßgebenden Vertretern als protestantischer Staat, als „Staat der Reformation", um den Junghegelianer Arnold Ruge (1838) zu zitieren, als „Staat der mit der Aufklärung in der Wiege gelegen, zum Beschützer der freien Geistesbildung sich erklärt, das Reich der Sittlichkeit zu einer bewunderungswürdigen Wirklichkeit" gebracht[18] und daher keinen „Platz hat für religiöse und politische Fledermäuse und Krebse, die es in Europa gibt"[19].

Die Befreiungskriege, von denen man weit bis über 1866 und 1870/71 – wie historische Darstellungen, Geschichtsbücher und Literatur zeigen – ideologisch zehrt, werden als preußisch-protestantische Tat gefeiert, an der der mehrheitlich katholische Süden und Westen Deutschlands keinen Anteil habe. „Der preussische Staat", so heißt es in der Denkschrift des Ministers Altenstein von 1819, „ist ein evangelischer Staat und hat über ein Drittel katholische Untertanen. Das Verhältnis ist schwierig. Es stellt

dem Nachlaß des Freiherrn Joseph von Eichendorff. Briefe und Dichtungen. (= Vereinsschrift der Görresgesellschaft 1906) (Köln 1906), S. 77, Anm. 2.

[18] *Arnold Ruge*, Sendschreiben an J. Görres und Heinrich Leo. In: Hallische Jahrbücher für deutsche Wissenschaft und Kunst No. 148 (1838), Sp. 1181; No. 150 (1838) Sp. 1200.

[19] Die Vorstellung, daß der deutsche Nationalgeist protestantisch sei und der Katholizismus des deutschen Charakters ermangele, geht mindestens auf Männer wie *Arndt* und *Jahn*, auf das Wartburgfest und auf das Reformationsjubiläum von 1817 zurück. Sie spielt in der Kulturkampfzeit eine hervorragende Rolle.

sich richtig dar, wenn die Regierung für die evangelische Kirche sorgt mit Liebe, für die katholische Kirche sorgt nach Pflicht."[20]

Berücksichtigt man das alles, dann ist unschwer einzusehen, daß die Versuche, Glauben und Wissenschaft wieder zu versöhnen, soweit sie über eine bloße Verharmlosung hinausgehen und sich aus der Angst vor einem Identitätsverlust herauswagen, immer auch mit politischen Traditionen, mit Staatsideologien, mit Zielvorstellungen von Parteien und regional-landschaftlichen Eigenheiten und Sonderentwicklungen verknüpft sind.

Den ersten großen Versuch zu einer Versöhnung von Glauben und Wissenschaft sehe ich in der Romantik. Von ihm sind alle späteren Versuche beeinflußt, im positiven, aber auch im negativen Sinne, denn nur wenige Romantiker sind Gelehrte vom Fach, und strenge philologische oder historische Methode oder gar Bildung von wissenschaftspolitisch einflußreichen Schulen ist ihre Sache nicht gewesen. Dennoch: Die prinzipielle Erkenntnis läßt über fachliche und methodische Schwächen hinwegsehen.

Die Romantik, die in ihrem Ursprung ein stark religiöses Element, sicher noch kein katholisches, hatte, suchte in ihren charakteristischen Vertretern den Bund mit der Religion, mit einer johanneischen Kirche der Zukunft. In ihrer Spätphase, der katholischen Romantik – Friedrich Schlegel, Adam Müller, Joseph Görres –, sah sie ihre Aufgabe darin, „eine neue Wissenschaft zu begründen"[21], in der Kirche eine lebendige Macht zu schaffen, die nicht den lebendigen Kräften der Zeit fremd gegenüberstehe, sondern sie sammeln könne, Wissenschaft und Glauben zu versöhnen. Nach der „leeren, gedankenlosen, noch in die engere Gegenwart hineinra-

---

20 *E. Müsebeck*, Das preußische Kultusministerium vor hundert Jahren (Stuttgart und Berlin 1918), S. 281.

21 „Auch Görres war nichts als ein originell gestaltetes Product der romantischen Zeitrichtung gewesen, und hatte nur die Hauptelemente, aus denen dieselbe sich gewoben, nämlich Orientalismus, Katholizismus und mittelalterliche Nationalität, zu viel bedeutenderen und thatkräftigeren Potenzen erhoben. Schon Friedrich Schlegel war darin vorgegangen, in der Weisheit der Inder und in den Geheimnissen der Aegypter einen neuen Ausgangspunkt für die ganze Zeitbildung zu suchen. Die spinozistisch – pantheistisch – mythologischen Entwicklungen der deutschen Philosophie durch Schelling hatten aus diesen Richtungen *neue systematische Grundlagen des modernen Geistes zu schaffen gesucht.* Görres, durch sein thatkräftiges und historisches Naturell gedrängt, trat unter diesen geistigen Einflüssen auf den Boden der Zeitgeschichte hinaus. Andere verarbeiteten diese Richtungen in den abgeschlossenen Gränzen der Wissenschaft und Forschung oder *suchten vielmehr eine neue Wissenschaft daraus zu gestalten,* die ihre unendliche Perspective auf dem Felde der Combinationen und Hypothesen suchte, und den *Urzusammenhang* der Dinge zum Ausgangspunkt und Stichwort aller ihrer Untersuchungen machte." *Theodor Mundt,* Geschichte der Literatur der Gegenwart (Leipzig 1853), S. 316; Zit. *Heribert Raab* (Hg.), Joseph Görres (1776–1846). Leben und Werk im Urteil seiner Zeit (1776–1876) (Paderborn 1985), S. 598.

gende Zeit", sieht Görres in seinem großen, 1810 geschriebenen, aber erst mehr als vier Jahrzehnte später und zudem noch unvollständig veröffentlichten Aufsatz „Fall der Religion und ihre Wiedergeburt" die Aufgabe, der „neuen teutschen Philosophie" dann „alle die abgefallenen, in eigener Eitelkeit befangenen, wie ein Polypenleben in tausend Glieder zerstreuten Wissenschaften zu einer höheren geistigen Mitte und durch sie zur Religion zurückzuführen"[22]. Der Philosoph Franz von Baader nennt in seinem zuerst 1825 in Pfeilschifters „Staatsmann" veröffentlichten Aufsatz „Über das durch unsere Zeit herbeigeführte Bedürfnis einer innigen Vereinigung der Wissenschaft und der Religion"[23] den Protestantismus selbst revolutionär und die Französische Revolution die Fortsetzung der Reformation. Vor allem bei deutschen Gelehrten sieht Baader die Tendenz dominieren, die „positive Religion" als ein „Hemmendes" vorzustellen, gegen welches die ‚mündig' gewordene Vernunft protestieren müsse. Der Jugend bereits werde der radikale Irrtum eingeimpft, „daß die Religion in ihrem Wesen unvernünftig, die Vernunft in ihrem Wesen irreligiös" sei. „Aus solchen Prinzipien oder Unprinzipien sahen wir denn in Deutschland jene neue Moralphilosophie sich entwickeln, welche auf dem Begriffe der absoluten *Autonomie* (Selbstgesetzgebung), oder was das selbe ist: der absoluten Souveraineté des Menschen erbaut." Die „Entzweiung" von Religion und Wissenschaft ist nach Baader „wenigstens zum Theil" das „Werk weit verbreiteter, theils geheim, theils offenbar wirkender Bünde". Aber auch dem „wissenschafts- und kirchenscheuen Pietism" gibt er Schuld an dieser „Entzweiung".[24] Notwendig sei nicht einfach „Wiedervereinigung" von Religion und Wissenschaft, sondern „eine tiefere, sohin neue, innigere Weise" des gegenseitigen Verhältnisses,

[22] Den für *Perthes'* „Deutsches Museum" vorgesehenen Aufsatz hat, gekürzt und wesentlich verändert, *Marie Görres,* Politische Schriften I (München 1854) herausgegeben, s. bes. S. 133ff., 155f., 176; vollständige Ausgabe erst 1955 von *L. Just* in GS IV, 230ff.; das Zitat S. 254.

[23] *Franz von Baader,* Über das durch unsere Zeit herbeigeführte Bedürfnis einer innigen Vereinigung der Wissenschaft und der Religion. In: Der Staatsmann. Monatsschrift für Politik und Zeitgeschichte, hg. von Dr. Pfeilschifter, 5. Bd. (Offenbach a. M. 1825), S. 1–15, Vgl. auch *Baader,* Philosophische Schriften II (1832), S. 118–133. – Ähnliche Gedanken wie *Baader* über den Zusammenhang zwischen Reformation, „philosophisme" und Revolution vertreten *Joseph de Maistre* in seinen „Réflexions sur le Protestantisme" (1798) sowie später im „Du Pape", und *Ferdinand von Eckstein,* Die Geistlichkeit in ihren Verhältnissen zum öffentlichen Unterricht. In: Der Katholik, 8. Jg. Bd. 27 (1828), S. 18–21. Ein Vorbild für die Verbindung von Wissenschaft und Katholizismus sieht er in *Lamennais.* Die Geistlichen, so die Forderung von *Eckstein,* sollen stets „im Schoose der Wissenschaft und in ihrem Mittelpunkte – niemals außerhalb – sich bewegen. Nur dürfen sie da ihre Intelligenz nicht gefangen geben. Sie müssen die große Ganzheit der menschlichen Wissenschaften umfassen, um sie an die höhere Welt anzuknüpfen."

[24] *Baader,* S. 8.

„so wie versöhnte Feinde einen tiefern, innigeren Bund zusammen schließen". Und um das zu erreichen, hat Baader keine Bedenken, „die Doktrin oder den wissenschaftlichen Unterricht nicht blos in seinen niedrigen, sondern vorzüglich in seinen höheren Zweigen wieder dem Klerus" zu übertragen, d. h. dem „katholischen Klerus", nicht aber dem „protestantischen", unter dessen Händen die Theologie „zu unserer Zeit so ganz un- und antichristlich geworden"[25].

„Das katholische Prinzip in der Wissenschaft", den „Geist der Religiosität in der Wissenschaft als Grundbedingung ihres Gedeihens" fordert der Philosoph und Mediziner Carl Joseph Hieronymus Windischmann, nach Dyroffs Urteil[26] eine der wertvollsten und kräftigsten Gestalten der Romantik, in seinen „Kritischen Betrachtungen über die Schicksale der Philosophie in der neueren Zeit und den Eintritt einer neuen Epoche in derselben" (Frankfurt a. M. 1825)[27]. Daß darunter „katholisch" im römisch-katholischen, kirchlich-dogmatischen Sinne verstanden werden muß, kann nicht zweifelhaft sein. Nicht unerwähnt bleiben soll im Zusammenhang mit unserer Fragestellung, daß der Mediziner Windischmann vier Jahre zuvor, 1821, von dem wegen seiner „Wunderheilungen" bekannten Prinzen Alexander von Hohenlohe – Rom schritt später gegen ihn ein; auch in der letzten Auflage des Lexikons für Theologie und Kirche kommt er nicht mehr vor – durch Gebet von seinem alten Augenleiden geheilt worden war, eine Tatsache, die, wie immer sie auch erklärt werden mag, selbst von Hegel einfach anerkannt wurde, und die schon hindeutet auf die spätere Diskussion um das medizinische System von Johann Nepomuk Ringseis (1785–1880), des großen Verteidigers der katholischen Kirche und kirchentreuer Wissenschaft.[28]

„Die Wissenschaft wieder in den Dienst der Kirche zurückzubringen", diese große Aufgabe war nach einer weit verbreiteten Meinung – und ich zitiere Paul Johann Anselm Feuerbachs[29] Worte vom Sommer 1827 – der Universität München und dem zu diesem Zweck aus dem Straßburger

---

[25] *Baader,* S. 5.

[26] *A. Dyroff,* Carl Jos. Windischmann (1775–1839) und sein Kreis. Erste Vereinsschrift der Görres-Gesellschaft 1916 (Köln 1916), S. 108.

[27] *C. J. H. Windischmann,* Kritische Betrachtungen über die Schicksale der Philosophie in der neueren Zeit und den Eintritt einer neuen Epoche in derselben. Besonderer Abdruck der V. Beilage zu des Gr. J. v. Maistre Abendstunden zu St. Petersburg (Frankfurt a. M. 1825). Vgl. *Dyroff,* Windischmann, S. V.

[28] *B. Lang,* Dr. Johann Nepomuk von Ringseis (1785–1880). Der große Verteidiger der katholischen Kirche (Freiburg/Schweiz – Konstanz – Mainz 1931).

[29] Paul Johann Anselm von Feuerbach an Elise von der Recke, Ansbach 1. VII. 1827. In: *Ludwig Feuerbach,* Gesammelte Werke, hg. von *Werner Schüffenhauer* Bd. XII – Paul Johann Anselm Ritter von Feuerbachs Leben und Wirken, veröffentlicht von seinem Sohne Ludwig Feuerbach (Berlin 1976), S. 524f.

Exil berufenen „Erzjakobiner und nunmehrigen Jesuiten Joseph Görres bestimmt". Diese „neue katholische Wissenschaft" ist nach dem Urteil des Wessenbergianers Benedikt Alois Pflanz (1797–1844), der sich als Wortführer der „wahren Aufklärung" und eines freisinnigen Katholizismus in den „Freimüthigen Blättern über Theologie und Kirche" versteht, „identisch mit Ultramontanismus und Obskurantismus". Katholische Spätaufklärung und Wessenbergianismus finden sich in gemeinsamer Front mit dem weltanschaulichen Liberalismus, Neuhumanismus und militanten Kulturprotestantismus gegen eine von der Spätromantik getragene „katholische Wissenschaft", als deren Zentrum München betrachtet wird. Dort kommt Joseph Görres, Professor für „allgemeine und Litterärgeschichte" an der von Landshut transferierten Universität, als er 1829 darüber reflektiert, was an der Zeit „gut und nicht gut ist", in einem Brief an seinen märkischen Freund Achim von Arnim zu dem Schluß, „daß Kirchliches, Wissenschaft, Kunst und Gesinnung nur darum seither besser geworden, daß sie sich dem Katholischen, d.i. dem Universalen mehr genähert, daß aber Politik und öffentliches Leben darum fortdauernd im Argen liegen, weil sie in ihrem Protestantism, das ist im Abgerissenen, Zerrissenen und Partikularen beharrt, und damit fortdauernd Willkühr und Despotism in der frevelhaftesten Lizenz festzuhalten wissen"[30].

Wie weit damals bereits die Verketzerung katholischer Bemühungen um eine Aussöhnung von Glauben und Wissen gediehen ist, geht aus dem öffentlichen Protest von Ringseis 1830 hervor, es sei eine „Lüge, daß Görres die Wissenschaft als den Widerspruch der Hölle gegen die Religion und die freye Forschung als fluchwürdige Ketzerei" erklärt habe.[31] Entschieden wie Görres, dessen „scharfmarkiertes Kirchentum" er voll und ganz teilt, dessen „Mengerei der Religion und Politik" er jedoch nicht billigt, macht Johann Adam Möhler Front gegen die These von der Befreiung der Wissenschaft und Kultur durch die Reformation; er sieht, wie Görres, den Konflikt zwischen Glauben und Wissen im Luthertum abgrundtief, den Glauben zerstörend aufbrechen: „So lange Luther's und Calvin's Lehre treu geglaubt wurde", schreibt er 1839, „gab es in der protestantischen Kirche keine Poesie, keine Historie, keine Philosophie usw. Ja gewiß ist es: so lange die protestantische Gemeinde noch lutherisch war, hatte sie keine Philosophie, und als sie eine Philosophie hatte, war sie nicht mehr lutherisch. So flieht ihr Glaube die Philosophie und

---

[30] *Joseph Görres* an *Achim von Arnim* (undatiert, aber 1829). *Reinhold Steig*, Joseph von Görres' Briefe an Achim von Arnim. In: Neue Heidelberger Jahrbücher 19 (1916), S. 151.

[31] *Johann Nepomuk Ringseis*, Erwiderung auf den in Nr. 217, 218 und 219 der „Blätter für literarische Unterhaltung" gedruckten Aufsatz: „Über das öffentliche Leben in Bayern". In: Inland Nr. 234 u. 235. Zit. *Raab*, Görres im Urteil (wie Anm.), S. 404.

ihre Philosophie den Glauben."[32] Luthers Äußerungen zu dem Verhältnis von Vernunft und Glauben werden, wie ein Blick etwa in den Mainzer „Katholik" zeigt, zur Waffe, mit der Apologeten die Konstruktion von der Befreiung der Wissenschaft durch die Reformation und die These von der wissenschaftlich-kulturellen Überlegenheit des Protestantismus bekämpfen. Aber es bleibt ein mühsames, in jeder Hinsicht undankbares Geschäft, der Meinung zu widersprechen, deutsche Wissenschaft, deutsche Sprache und Dichtung seien protestantisch nach Leistung sowohl als Rezeption. An der Linie, die von Luther zu Lessing, Schiller, Goethe gezogen ist, wird unbeirrt festgehalten von dem Historiker Gervinus (1805–1871), dem Pädagogen Diesterweg (1790–1866), die im Katholizismus den Feind des deutschen Geistes sehen, bis hin zu Heinrich von Treitschke (1834–1896), dem „subjektivsten" aller Historiker, dem nach Fritz Hartungs Urteil an einer „verstehenden Objektivität" gar nichts gelegen ist, oder dem Germanisten und Sprachwissenschaftler Friedrich Kluge (gest. 1926).

Für den aus katholischem Milieu kommenden Kunsthistoriker Anton Springer (1825–1891), der in Bonn im Hause Dahlmanns „eine zweite Heimat" findet und dort „in die beste deutsche Welt eingeführt wird"[33] – der Altkatholik Reusch nennt ihn 1871 in einem Brief an Johannes Janssen einen „religiösen Nihilisten, der, seitdem seine Frau protestantisch geworden, mit der protestantischen Partei geht, wie früher mit der katholischen, obschon er persönlich früher wie jetzt nichts war"[34] –, für diesen Bonner Kunsthistoriker sind „die gebildeten Katholiken in Deutschland, von den kirchlichen Fanatikern abgesehen, Halbprotestanten"[35]. Und noch 1908 muß der Münchner Mediävist Hermann Grauert, dem es nie um das Aufreißen konfessioneller Gräben in der Geschichtswissenschaft zu tun war, Front machen gegen den Ausspruch, daß die Wissenschaft längst protestantisch geworden sei. Hermann Hefele, der spätere Historiker an der Akademie in Braunsberg, sieht das Problem in aller Schärfe, wenn er 1919 schreibt: „Immer neigte der deutsche Katholizismus dazu, sich als einen auf halbem Wege stehengebliebenen Protestantismus zu betrachten und betrachten zu lassen ... Anstatt die scharfe innere Gegensätzlichkeit von Religion und Kultur zu betonen, die doch der Sinn alles großen und auf große Werte gerichteten Geschehens ist, trat der deutsche Katholi-

---

32 *Johann Adam Möhler*, Gesammelte Schriften und Aufsätze (Regensburg 1839), I, S. 260.

33 *Anton Springer*, Aus meinem Leben (Berlin 1892), S. 238.

34 *Franz Heinrich Reusch* an *Johannes Janssen*, Bonn 9. IV. 1871. *Heribert Raab*, Johannes Janssen und Bayern. Beiträge und Funde zur Geschichte des katholischen Deutschland aus dem seither unbekannten Nachlaß des „ultramontanen" Historikers. In: Festschrift für *Andreas Kraus*, hg. von *Pankraz Fried* und *Walter Ziegler* (Kallmünz 1982), S. 391, Anm. 69.

35 *Springer*, (wie Anm. 33), S. 239.

zismus gerade in seinen begabtesten Verfechtern für die Verbindung, ja für die Identität beider Werte ein"[36].

Die Bemühungen der katholischen Romantik um eine Versöhnung von Glauben und Wissen und eine „katholische Wissenschaft" sind gescheitert, nicht etwa weil die Katholiken, wie Hans Maier meint, „auf den indifferenten oder glaubensfeindlichen Geist der Schulen und Universitäten und die antikatholische Personalpolitik der Unterrichtsverwaltungen mit dem Rückzug aus Wissenschaft und Bildung geantwortet" hätten[37], sondern deshalb, weil sie aus den wenigen, mühsam errungenen Positionen im Verlaufe der 48er Revolution und der folgenden Reaktion verdrängt und an weiterem Aufstieg gehindert wurden – man denke nur an die Maßnahmen Ludwigs I. gegenüber katholischen Professoren der Münchener Universität während der Lola-Montez-Affäre. Die Bemühungen um eine katholische Wissenschaft sind gescheitert, weil sie mit dem politischen Gegensatz zwischen Großdeutsch und Kleindeutsch verquickt waren. Sie sind schließlich auch daran gescheitert, daß die katholische Romantik sich von einem Mystizismus, der in ihr mächtig angelegt war, nicht zu befreien vermochte, daß dieser Mystizismus und die damit verbundene Vernunftfeindschaft auf die Dauer nicht befriedigen konnten.

Die Geschichte zeigt, daß große Ideen geschichtlichen Gegebenheiten folgen, als Forderung neuer Verhältnisse, als Reaktion oder Fortwirkung. Die Wissenschaft folgt dem Sieger. Erfolg und Niederlage sind auch für die meisten Wissenschaftler peremptorische Argumente. Die maßgebenden deutschen Politker des 19. Jahrhunderts sind fast ausnahmslos Protestanten oder bestenfalls religiös liberale Katholiken. „Viele deutsche Gelehrte gewöhnten sich, in dem Staate, in welchem sie die Erfüllung ihrer eigenen Zukunft zu finden hofften, auch die Zukunft der deutschen Nation zu sehen."[38] Die antipreußische, weitgehend großdeutsche Ausrichtung katholischer Wissenschaftsbemühungen seit der Romantik wird diesen zum Schicksal.[39] „Überflutet, gleichsam aufgerollt zu werden von

---

[36] *Hermann Hefele,* Der Katholizismus in Deutschland. 1919.

[37] *Hans Maier,* Zum Standort des deutschen Katholizismus in Gesellschaft, Staat und Kultur. In: *A. Rauscher* (Hg.), Entwicklungslinien des deutschen Katholizismus (Paderborn 1973), S. 48.

[38] *Onno Klopp,* Die gothaische Auffassung der deutschen Geschichte und der Nationalverein. Mit Beziehung auf die Schrift des Herrn von Sybel: Die deutsche Nation und das Kaiserthum (Hannover 1862), S. 14. *Georg May,* Mit Katholiken zu besetzende Professuren an der Universität Tübingen von 1817 bis 1945. Ein Beitrag zur Ausbildung der Studierenden katholischer Theologie, zur Verwirklichung der Parität an der württembergischen Landesuniversität und zur katholischen Bewegung (Amsterdam 1975), S. 363.

[39] Vgl. hierzu, statt vieler anderer Belege den Artikel „Die Katholikenhetze in Preußen während des deutschen Krieges." In: Hist. pol. Bll. 58 (1866), S. 654–680; bes. 680: „Wir hörten weniger als sonst gegen ‚katholischen Pfaffen', ‚Finsterlinge', ‚Ultramontane' und ‚Römlinge' losziehen ... Dagegen erfand man für alle Katholiken, Priester wie Laien die

dem protestantischen Norden", ist nach Ignaz Döllingers Meinung vom August 1866, da die „weltgeschichtlich entscheidende Schlacht von Königgrätz" geschlagen und der Präliminarfriede Preußens mit Österreich geschlossen war, „das Schicksal, das uns sichtlich bevorsteht. Die wechselseitige Mischung und Durchdringung wird mit beschleunigtem Schritte fortgehen und was soll nun werden, wenn wir der geistigen Vormundschaft der Jesuiten unterstellt, auf *allen* Gebieten von der unaufhaltsam vordringenden *protestantischen Wissenschaft* überflügelt, *nicht mit ihr* und auch nicht ohne sie leben, uns ihrer nicht erwehren und ihr auch nicht Raum geben können"[40].

Das Recht und die Pflicht, für den Besiegten einzutreten und es offen auszusprechen, wenn das bessere Recht auf der Seite des Besiegten sich findet – ein Postulat des welfisch-großdeutschen Historikers und Konvertiten Onno Klopp –, wird nicht erst nach 1866, sondern lange vorher in der deutschen Wissenschaft nicht geübt. Der Mainzer Bischof Ketteler weist 1854 darauf hin, daß es schwer halte, an vielen Universitäten „noch den einen oder andern gläubigen Christen unter den Professoren zu finden"[41]. Die Wissenschaft sei fast ein Monopol des Unglaubens geworden durch „die Theorie von dem Rechte des Staates allein die Wahrheit zu lehren, obwohl dieser Staat nicht wisse, was Wahrheit ist"[42]. In den jetzigen Bildungsanstalten sieht Ketteler „monopolisierte Staatsschulen des Unglaubens". „Zerfallen mit der geistigen Bildung unseres Volkes, die in der Reformation ihre tiefgreifendsten und nachhaltigsten Impulse empfangen hat", trage sich der Bischof, wie die Denkschrift des Evangelischen Oberkirchenrats zu Berlin vom 20. Dezember 1864 ausführt[43], nachdem

---

sofort allgemein adoptierte Bezeichnung: ‚Österreicher'! Man identificierte uns also mit den Bekriegten, man schob uns deren Gesinnungen gegen Preußen unter, man stellte uns als die natürlichen Verbündeten des Feindes dar."

40 *Döllinger* an *Charlotte Leyden*, München August 1866. *Victor Conzemius* (Hg.), Ignaz von Döllinger, Briefwechsel IV (München 1981).

41 *Wilhelm Emmanuel Frh. v. Ketteler*, Das Recht und der Rechtsschutz der katholischen Kirche in Deutschland (Mainz 1854; zit. nach der 3. Auflage 1854), S. 15f. Auch in: *W. E. Freih. v. Ketteler*, Schriften, Aufsätze und Reden 1848–1866. Bearbeitet von *E. Iserloh, Ch. Stoll, E. Valasey, N. Jäger*, Abt I, Bd. 1 (Mainz 1977), S. 133–192. Zu dieser Schrift *Kettelers: A. M. Birke*, Bischof Ketteler und der deutsche Liberalismus (Mainz 1971), S. 19; 24–25. *E. Fastenrath*, Bischof Ketteler und die Kirche (Essen 1971), S. 109ff.

42 *Ketteler*, Das Recht (wie Anm. 41), S. 15f.: „Wie unter Kaiser Julian den christlichen Rhetoren und Grammatikern ... das Lehren der freien Künste verboten war, so ist auch jetzt die katholische Kirche als solche von den Lehrstühlen ausgeschlossen, während das moderne Heidenthum sie in der ausgedehnten Weise in Besitz genommen hat ... O, hätte auch die katholische Kirche ihre Anstalten, um eine Wissenschaft zu bekämpfen, die sich jetzt des Sieges über das Christenthum rühmt, weil dem Christenthum der Mund geschlossen, weil die *Wissenschaft fast ein Monopol des Unglaubens* geworden ist ..."

43 *Herbert Lepper*, „Zerfallen mit der geistigen Bildung unseres Volkes". Eine unpublizierte Denkschrift des Evangelischen Oberkirchenrates zu Berlin zur Person und Wirksam-

er die katholisch-theologische Fakultät in Gießen, „eine der gesuchtesten und wissenschaftlich bedeutendsten“ zerstört habe, mit der Idee einer staatsunabhängigen, „rein katholischen Universität, und als ob es auch eine katholische Medizin, katholische Iurisprudenz, Philosophie, Mathematik und Naturwissenschaft geben könnte oder müßte, verkennt er damit auch die letzten Bande eines gemeinsamen geistigen Lebens deutscher Nation trotz den confessionellen Differenzen. Er untersützt diese Forderung nach einer katholischen Wissenschaft, als ob nicht der katholischen Kirche an unseren paritätischen Universitäten die Schranken ebenso weit, als den Bekennern der evangelischen Lehre aufgethan wären.“[44]

Schon vor Ketteler hatte der Mainzer Theologe Heinrich, dem wir noch als Mitbegründer der Görres-Gesellschaft begegnen werden, festgestellt, „der an den meisten Universitäten herrschende Geist stehe mit den Grundprinzipien des Christentums im Widerspruch“. Viele christliche Eltern, die ihre Söhne auf die Hochschule schickten, erhielten sie als „völlig Ungläubige oder als flache Indifferentisten“ zurück.[45]

Seit Beginn der 1860er Jahre sind fast alle Professuren der Geschichte und der verwandten Disziplinen an den deutschen Universitäten (mit Ausnahme der kleinen) in den Händen der sogenannten „Gothaer oder kleindeutschen Patei“. Für die 60er und 70er Jahre und weit über den Kulturkampf hinaus drängt sich der Eindruck der Unterrepräsentation der Katholiken unter den Hochschullehrern, ihrer Mißerfolge in der akademischen Laufbahn auf. Die Entschlossenheit des militanten Protestantismus und weltanschaulichen Liberalismus ist offenkundig, Katholizismus mit Unwissenheit zu identifizieren, das Eindringen gläubiger Katholiken in die akademische Laufbahn auf diesem Wege zu verhindern und ihre Aktivitäten, wo immer möglich, zu lähmen.

In einer Atmosphäre, gemischt aus protestantischer Aggressivität gegen die katholische Kirche, rationalistischer Wissenschaftsgläubigkeit, Bildungsdünkel, Irrtümern und Ressentiments, bleibt die Absicht herrschend, die Universitäten „katholikenrein“ zu halten. Im deutschen Professorentum dominiert, auch im „heiligen evangelischen Reich deutscher Nation“[46], die 1838 von dem Jenaer Professor Karl Hermann Scheidler

---

keit Wilhelm Emmanuels Freiherrn von Ketteler anläßlich der Kölner Sedisvakanz vom 20. Dezember 1864. In: AHVNrh. 188 (1985) S. 137–149.

[44] *Lepper* (wie Anm. 43), S. 146.

[45] (*Johann Baptist Heinrich*), Der paritätische Staat und die Forschungen der Bischöfe der oberrheinischen Kirchenprovinz (Mainz 1852), S. 72.

[46] *K. Kupisch*, Zwischen Idealismus und Massendemokratie. Eine Geschichte der evangelischen Kirche in Deutschland von 1815–1945 (Berlin 1955), S. 85.

vorgetragene Meinung, „wahre Universitäten sind ewig mit dem römischen Katholizismus unverträglich“[47].

An vielen deutschen Universitäten war das Verbot einer Berufung katholischer Gelehrter durch Tradition oder gar rechtlich festgeschrieben. Darüber hinaus gab es Mittel und Wege, die Universitäten „katholikenrein“ zu halten. Das zeigen Untersuchungen über Besetzung von Lehrstühlen, über das dabei praktizierte Anlegen von ganz verschiedenen amtsbezogenen und amtsfremden Kriterien, über die Bildung von Schulen und Cliquen, die Durchführung von Habilitationen usw. Einen Hinweis auf die für Katholiken zum vornherein ungünstige Ausgangssituation bei der Selbstergänzung der Fakultäten gibt der Staatsrechtler Robert von Mohl in den 60er Jahren, wenn er feststellt, daß es „in der That auf den Universitäten an Parteiungen und somit an der Lust, die Zahl der Freunde zu vermehren und die der Gegner zu mindern nicht fehlt“[48]. Neben Cliquenwirtschaft und Nepotismus spielen politische und weltanschauliche Gesichtspunkte eine entscheidende Rolle. „Es war Gesinnungsschnüffelei und Geistesterror“ – so das Urtel von Georg May –, „wenn bei der Besetzung von Lehrstühlen sorgsam erforscht wurde, ob ein Gelehrter treu zur Kirche hielt, und bei einem positiven Ergebnis der unglückliche Mann triumphierend unter die Ultramontanen eingereiht wurde, über die die Fakultät eine Art großen Bannes verhängt hatte. Wenn ein überzeugter Katholik für die Besetzung des Lehrstuhles nicht in Frage kam, blieben nur die liberalen, mehr oder weniger mit ihrer Kirche zerfallenen Katholiken übrig.“[49]

Was aber stand gläubigen katholischen Wissenschaftlern bei dem Versuch zur Verfügung, den rationalistisch-protestantischen Monopolanspruch im Bereich der Wissenschaft, der Lehre und Forschung zu durchbrechen, den doppelten Ring von konfessionell-weltanschaulichen und politischen Abwehrmechanismen, die sich hinter der Tarnung der Wissenschaftlichkeit, der Voraussetzungslosigkeit, der Nationalstaatsidee verbargen? Geht man dieser Frage nach, dann wird man eine Ahnung davon bekommen, welche Schwierigkeiten Katholiken in der akademischen Laufbahn erwarteten, wie es zu einem katholischen Defizit im Bereich der Wissenschaft gekommen ist und zu der Forderung nach „katholischer Wissenschaft“ und Parität.

---

47 *May* (wie Anm. 38), S. 242, 356; vgl. auch *Norbert Andernach*, Der Einfluß der Parteien auf das Hochschulwesen in Preußen (1848–1918) (Göttingen 1972), S. 41 zu dem Antrag des Historikers *Sybel* von 1862: Leitmotiv des nationalen Liberalismus ist die Befreiung der Wissenschaft als integrierendes Moment der Entwicklung der geistigen Substanz der Nationen aus der Umklammerung von Hierarchie und Orthodoxie.

48 *Mohl*, Staatsrecht, Völkerrecht und Politik III (1860–68), S. 168.

49 *May* (wie Anm. 38), S. 464.

Zu der Marginalisierung von Katholiken, die auf die Dauer für wissenschaftliche Aktivitäten nicht ohne nachteilige Folgen bleiben konnte, den Eindruck der Ungleichwertigkeit verstärken mußte, hier nur ein paar Belege. An den preußischen Universitäten haben sich nach dem Urteil des irenischen Johann Friedrich Böhmer aus dem Jahre 1852 keine jüngeren katholischen Historiker herangebildet, „weil sie doch nicht wären angestellt worden". Von den Monumenta Germaniae historica werden Katholiken systematisch ferngehalten.[50] Der Plan junger katholischer Historiker um Junkmann und Ficker, in Münster eine Art historische Schule zu gründen, scheitert. Ficker geht nach Innsbruck, Janssen an die Selektenschule der Reichsstadt Frankfurt und wird, wie Georg May eindrücklich gezeigt hat, als Ultramontaner und Reaktionär bei den Verhandlungen um die Besetzung des Lehrstuhls für Geschichte in Tübingen, aber auch später für andere Universitäten, regelrecht abgeschossen. Das Scheinargument „ultramontan" muß dabei vor allem herhalten. Onno Klopp hat die Dinge richtig gesehen, wenn er sagt, daß die Worte „reaktionär" und „ultramontan" gerade wegen ihrer Unklarheit und des Schreckens, den sie einflößten, Beweise und Gründe absolut überflüssig machten. Immer wieder werden bei Habilitationen Äußerungen laut, die einem Katholiken die Befähigung zu wissenschaftlicher Arbeit absprechen.

Als Heinrich Finke in den Archivdienst treten will, bedarf es einer schriftlichen Erklärung über die „Reichweite" seines „Ultramontanismus", damit ihn Weizsäcker an Sybel empfehlen kann. Hermann Cardauns (1847–1925)[51], der spätere Redakteur der „Kölnischen Volkszeitung" stößt, als er sich im Winter 1872/73 in Bonn habilitiert, auf erhebliche Schwierigkeiten, da in der Fakultät das Bedenken erhoben wird, er sei „ultramontan". Cardauns muß, da er ein Fortkommen an der Universität nicht sieht, sein Privatdozentendasein in Bonn mit der Journalistik vertauschen. Georg von Hertling kommt auch nicht an der rheinischen Universität voran, trotz ausgezeichneter Lehr- und schriftstellerischer Tätigkeit. Der preußische Minister von Puttkamer „äußerte unverhohlen sein Erstaunen, daß ein solcher Mann es nicht zum Ordinarius auf einer preußischen Hochschule habe bringen können". Und als Hertling dann 1882 vom bayrischen Kultusministerium als Ordinarius nach München berufen wird, begrüßt ihn der Dekan der Philosophischen Fakultät mit einem Protest.[52] Aloys Schulte[53], der schon 1888 zum ersten Male hatte erfahren müssen, wie schwer einem Katholiken die akademische Laufbahn ge-

---

[50] *Julius Jung*, Julius Ficker (Innsbruck 1907) S. 230.

[51] *Hermann Cardauns*, Aus dem Leben eines deutschen Redakteurs (Köln 1912). Vgl. auch *Hans Rost*, Die Parität und die deutschen Katholiken (Köln 1914), S. 46–59.

[52] *Winfried Becker*, Georg von Hertling, 1843–1919, Bd. 1 (Mainz 1981), S. 175–180; 247–256.

macht würde, sei er auch noch so tüchtig und nur um die Erforschung der Wahrheit bemüht, der dann 1892 von dem Historiker Böthlingk als Römling attackiert worden war, muß noch 1903 dem preußischen Hochschulreferenten Althoff die bitteren Sätze schreiben: „Dieselben Gelehrten, die in Heidelberg eben für die ‚Voraussetzungslosigkeit' eingetreten sind, haben es fertig gebracht, Finke und mich leichthin zu übergehen. Nehme ich hinzu, daß man mich in Leipzig, allerdings zum Bedauern eines Teils der Professoren, wegen meiner Konfession ausschließen mußte, so kann ich nur sagen, daß die Oktroyierung seitens der Regierung die einzige Möglichkeit ist, zu einer tatsächlichen Gerechtigkeit zu kommen. Diese Fakultäten, die wie die Heidelberger den Mund von Voraussetzungslosigkeit voll nehmen, sind in der Praxis weit davon entfernt, sie auszuüben. Ohne die ausgleichende Gerechtigkeit der Regierung würden die Universitäten dem Terrorismus der Gruppen anheimfallen."[54]

Wie aber stand es um diese ausgleichende Gerechtigkeit der Regierungen? Bei dem Selbstergänzungsrecht der Fakultäten war, wie der Präsident der Görres-Gesellschaft, Georg von Hertling, noch 1897 in seiner aufsehenerregenden Konstanzer Rede feststellen mußte, so schnell keine Änderung zu erwarten, da „die Facultäten bei ihren Vorschlägen begreiflicherweise zunächst immer ihre Confessionsverwandten berücksichtigen werden"[55]. Solange bei den meist protestantischen oder liberalen Regierungen ein kulturkämpferischer Geist herrschte, dem katholischen Volksteil in fast allen deutschen Einzelstaaten die Parität vorenthalten und seine politische Interessenvertretung schwach blieb, konnte auf eine ausgleichende Gerechtigkeit im Hochschulbereich von seiten der Regierung schwerlich gehofft werden. Später änderte sich unter dem Einfluß der Zentrumspartei einiges. Aber der Einfluß des Zentrums blieb von allen Ministerien in den Kultusministerien der Länder am schwächsten. Es gehörte gewöhnlich zu den Koalitionsvereinbarungen der Parteien, dieses

---

[53] *Max Braubach*, Aloys Schulte (1857–1941). In: 150 Jahre Rheinische Friederich Wilhelms Universität zu Bonn 1818–1968. Bonner Gelehrte. Beiträge zur Geschichte der Wissenschaften in Bonn. Geschichtswissenschaften (Bonn 1968), S. 299–310.

[54] *Max Braubach*, Aloys Schulte. In: HJb 61 (1941), S. 193–207; 78 (1969), S. 82–109. – *Schultes* Ernennung zum Direktor des Preußischen Historischen Instituts in Rom löste neue Attacken *Böthlingks* aus: er sah darin eine Verletzung der Voraussetzungslosigkeit der Wissenschaft. – Bei seinem Aufenthalt in Rom während der Winter- und Frühjahrsmonate fand *Schulte* im Vatikanischen Archiv Quellen zu den engen Beziehungen zwischen dem Hohenzollern Albrecht von Mainz und den Fuggern im Zusammenhang mit dem Ablaßhandel. Diese Funde ließen bei *Schulte* den Plan eines Werkes „Die Fugger in Rom 1495–1513" entstehen. Eine Weisung aus Berlin, von einer Veröffentlichung abzusehen, löste neue, völlig unberechtigte Angriffe auf den Katholiken *Schulte* aus, der sich angeblich scheue, unerquickliche römische Praktiken aufzudecken.

[55] *Georg Frh. v. Hertling*, Der deutsche Katholizismus und die Wissenschaft. In: JbGG 1896 (Köln 1897), S. 16–21; dazu Nachtrag S. 21–23; das Zitat S. 17.

Ressort dem Zentrum vorzuenthalten, und außerdem richteten sich die Unterrichtsverwaltungen bei den Berufungen im allgemeinen nach den Listen der Fakultäten.[56] Bezeichnend will es scheinen, daß in den Paritätsdebatten der Abgeordnetenkammern den katholischen Forderungen und Klagen entgegengehalten wird, daß man „trotz aller aufgewandten Mühe einen geeigneten katholischen Kandidaten nicht habe finden können"[57]. Wie sich die Situation in den letzten beiden Jahrzehnten des 19. Jahrhunderts darstellte, beleuchten schlaglichtartig zwei Zeugnisse: das von Julius Bachem für den Anfang der neunziger Jahre überlieferte Wort ein „Königreich für einen katholischen Privatdozenten"[58] und ein Brief von Theodor Lindner an Aloys Schulte aus dem Jahre 1888. „Sie wissen, wie durch Schuld der ultramontanen Partei die sogenannten katholischen Professoren ihren wissenschaftlichen Wert so gut wie ganz eingebüßt haben. Der Minister muß, wenn er nicht fortwährend Skandal haben will, nur danach fragen, ist der Mann ein sogenannter guter Katholik; alles andere tritt dagegen zurück. Da Sie immerhin für das Zentrum unanfechtbar waren und ich verhindern wollte, daß nicht absolut Unfähige die Stelle bekämen und zur Auswahl überhaupt nur Katholiken standen, konnte ich unter diesen Umständen mit aller Entschiedenheit für Sie eintreten."[59]

Im Vorwort zum ersten Heft der „Historischen Zeitschrift" München 1859 hatte Heinrich von Sybel „den Ultramontanismus, welcher die nationale und geistige Entwicklung der Autorität einer äußeren Kirche unterwirft" (S. III), ausgeschlossen. Denn die Geschichtswissenschaft hat „in der Gegenwart eine solche Stellung gewonnen, daß ihr Bestand und ihr Fortschritt ein Stück unseres Nationallebens geworden ist" (S. IV). Dabei sollte nicht übersehen werden, daß Sybel, von dessen „stark rationalistisch gefärbtem Ingrimm gegen den Ultramontanismus selbst Friedrich Meinecke spricht, in Bonn Inhaber einer konfessionellen (evangelischen) Professur war. Sybel, von Noorden, der in einer anonymen Flugschrift die Unvereinbarkeit von Wissenschaft und Ultramontanismus behauptet, Häusser und andere arbeiteten als akademische Lehrer, Schriftsteller, Parlamentsredner der Entscheidung von 1866 vor und profitierten von ihr. Sie herrschten über eine derartig rührige und einflußreiche Partei, daß man sich fragen kann, ob Naivität oder Hohn dem Historiker Waitz die Feder geführt haben, wenn er in der „Historischen Zeitschrift" den Satz schreibt: „Ist die Geschichtsschreibung lange meist in den Händen der Protestanten gewesen, so ist es nicht ihre Schuld"[60], in jener Zeitschrift,

---

[56] *May* (wie Anm. 38), S. 653f.
[57] *Hertling* (wie Anm. 55), S. 18.
[58] JbGG 1902 (Köln 1903), S. 5.
[59] *Max Braubach*, Aloys Schulte – Kämpfe und Ziele. In: HJb 78 (1959), S. 93f.
[60] *Georg Waitz*, Falsche Richtungen. HZ 1 (1859), S. 27.

die kaum eine Gelegenheit ausließ, die katholische Kirche als Feindin der Wissenschaft und der Kultur zu attackieren und Werke katholischer Historiker erbarmungslos und keineswegs immer gerecht rezensierte.

In der neuen, durch Sybel und seinesgleichen repräsentierten Richtung der Geschichtsschreibung sieht der westfälische Historiker Wilhelm Junkmann, den „Veranlagung und Lebensschicksal zu einer tiefinnerlichen, mystischen Religiosität führten“[61], die “neue Religion an die Stelle des Christentums treten, es ist der Kultus der Hohenzollern, Friedrichs d. Gr., Schillers, Lessings“[62]. Aber Junkmann ist davon überzeugt, daß die Kirche nicht den Schutz des Staates brauche gegen die Auswirkungen des protestantischen, aufklärerischen-kirchenfeindlichen oder religiös-indifferenten Geistes in der Wissenschaft, nicht ausgleichende staatliche Gerechtigkeit in der Wissenschaftspolitik. Die Kirche „bedarf nur der freien Kampfbahn und ist gern gewillt, mit ihren Gegnern ehrlich Wind und Sonne zu teilen. Sie hegt das feste Vertrauen, nicht allein den Sieg zu erringen, sondern auch in den Besiegten die treuesten Freunde und Waffengefährten zu gewinnen.“[63] Freie Kampfbahn für eine Wissenschaft vom gläubigen Standpunkt aus, für katholische Gelehrte, das war ein Postulat, das verwirklicht werden sollte nicht zuletzt auch gegenüber dem Anspruch einer mehr und mehr als neuscholastisch empfundenen Theologie im eigenen Lager, im Streit vor allem um eine „voraussetzungslose“ Wissenschaft, ein Postulat, das verwirklicht werden konnte nur mit Hilfe einer politischen Partei, nur durch jene Gruppe innerhalb der Kirche, die in der Vorstellung des Kierkegaardismus die ‚professionellen Arbeiter‘, d.h. vorwiegend die Laien, darstellten.

Die Schwierigkeiten, auf welche die Bemühungen um eine „katholische Wissenschaft“ treffen mußten, werden besonders deutlich, wenn man sich die Auseinandersetzungen im engeren katholischen Bereich, etwa zwischen der semirationalistischen Theologie (Hermes, Günther) und der aufkommenden Neuscholastik, die Diskussion um den Syllabus und das Unfehlbarkeitsdogma und ihre Folgen einen Moment nur vor Augen

---

[61] *Bernd Mütter*, Die Geschichtswissenschaft in Münster zwischen Aufklärung und Historismus (Münster i.W. 1980), S. 153. – *Wilhelm Junkmann* war der Schwager des Philosophen *Christoph Bernhard Schlüter*, der das Erbe der Familia sacra in Münster, der *Schlegel, Schelling* und *Görres* pflegte und sich bemühte „die Gedankenwelt Hegels und Schellings zu einer neuen christlichen Philosophie umzuschaffen. Für besonders wichtig hielt er die ‚Aufstellung einer richtigen Konstruktion der Geschichte‘ vom gläubigen Standpunkt aus“. *Mütter* S. 154. *Junkmann* war der Onkel des Historikers *Aloys Schulte*. *Cornelius, Ficker* und *Janssen* wurden von ihm gefördert.

[62] *Junkmann* an *Ficker*, 25. I. 1860. *Julius Jung*, Julius Ficker (wie Anm.) S. 347.

[63] *Josephine Nettesheim*, Wilhelm Junkmann, Dichter, Lehrer, Politiker, Historiker (1811–1866) (Münster 1969), S. 87.

hält. Der Versuch von Anton Günther (1783–1863), den Görres noch in seinen letzten Lebensjahren, für einige seiner katholischen Mitstreiter völlig unverständlich, recht positiv beurteilt hatte, eine Versöhnung der modernen Philosophie mit der katholischen Theologie[64], den wissenschaftlichen Sieg der Kirche über alles Neuheidentum zu erreichen, scheitert, da er die geoffenbarte Wahrheit der menschlichen Vernunft unterwirft und ihres absoluten Charakters entkleidet. Aber die Verurteilung des Güntherianismus 1857 und 1860 in zwei Briefen an den Erzbischof von Köln und an den Fürstbischof von Breslau führt, wie Paul Wenzel betont, zum Sieg der Neuscholastik und zu einer „Neueinschärfung der Grenzlinie zwischen Glauben und Wissen". „Wo kommen wir hin", fragt der Breslauer Fürstbischof in einem Brief an Eichendorff vom 2. Februar 1857, „bei solcher Mißachtung der Wissenschaft? Wir stehen in Gefahr, ihr Feld, welches eben von neuem zu ergrünen begann, in die kaum überwundene Sterilität zurücksinken zu sehen."[65] Und einer der letzten Güntherianer klagt sieben Jahre später: „Ich denke an den Jammer der deutschen kirchlichen Wissenschaft, die sich nicht regen, nicht freiatmen darf, ohne daß eine jesuitisch geschulte und beherrschte Kurie wegen dieses freien deutschen Atems von einem Asthma befallen wird."[66]

Die Versammlung katholischer Gelehrter in St. Bonifaz-München vom 28. September bis 1. Oktober 1863 unter dem Vorsitz von Haneberg und Döllinger will „Gläubigkeit und echte Wissenschaft", den Zusammenschluß der katholischen deutschen Wissenschaftler im Kampf gegen die unchristliche und antikatholische Wissenschaft der Zeit, und entscheidet, wie Haneberg nach Rom telegraphiert, „die neuerhobene Streitfrage über das Verhältnis der Wissenschaft zur Kirche im Sinn der Unterordnung jener unter die Autorität der Kirche"[67]. Angenommen wird die These:

---

[64] Der Abtbischof *Simplicio Pappalettere* von St. Paul vor den Mauern in Rom hofft dabei vor allem auf die Deutschen, „weil sie eine starke Theologie, eine hohe Philosophie und eine tiefgründige philologische und historische Bildung besitzen, um die starken Keine, die in den unermeßlichen Dokumenten dieser Ewigen Stadt liegen, zu befruchten und sich selber an der lebendigen Tradition der katholischen Wissenschaft zu inspirieren". *Pappalettere* an *Anselmo (Johann Peter) Nickes*, Rom 13. VIII. 1854. Zit. nach *Paul Wenzel*, Der Freundeskreis um Anton Günther und die Gründung Beurons. Ein Beitrag zur Geschichte des deutschen Katholizismus im 19. Jahrhundert (Essen 1965), S. 237f.

[65] Zit. nach *Wilhelm Kosch*, Aus dem Nachlaß des Freiherrn Joseph von Eichendorff. Briefe und Dichtungen (= Vereinsschrift der Görres-Gesellschaft 1906) (Köln 1906), S. 78.

[66] *Wenzel* (wie Anm. 64), S. 92.

[67] *H. Lang*, Die Versammlung katholischer Gelehrter in München-St. Bonifaz vom 28. IX. bis 1. X. 1863. In: HJb 71 (1952), S. 249. Vgl. ferner: *Alex Dru*, Lord Acton, Döllinger und der Münchner Kongreß. In: Hochland 56 (1962), S. 49–58; *Georg Schwaiger*, Die Münchner Gelehrtenversammlung von 1863 in den Strömungen der kathol. Theologie des 19. Jahrhunderts. In: *G. Schwaiger* (Hg.), Kirche und Theologie im 19. Jahrhundert (Göttingen 1975), S. 125–134.

„Für jeden, der auf dem Standpunkt des katholischen Glaubens steht, ist es Gewissenspflicht, in allen seinen wissenschaftlichen Untersuchungen sich den dogmatischen Aussprüchen der unfehlbaren Autorität der Kirche zu unterwerfen. Diese Unterwerfung unter die Autorität steht mit der der Wissenschaft naturgemäßen und notwendigen Freiheit in keinem Widerspruch.“[68]

Als Reaktion ist die Warnung des Breves Pius IX. „Tuas libenter“ (21. 12. 1863) zu verstehen: Warnung vor einem falschen Begriff von Freiheit und Wissenschaft. Künftige Fronten zeichnen sich verhängnisvoll ab. Die Forderung von Alois Flir, Rom müsse sich an „deutscher Wissenschaft“ auffrischen, wurde nicht verwirklicht, wohl aber ging seine Voraussage in Erfüllung: „Wir werden zwei Feldlager von Scholastikern bekommen: Archaistische und moderne – zelotische und freiere. Das wird die neue Epoche der Philosophie innerhalb der katholischen Kirche sein.“[69]

Von der Möglichkeit der Harmonie von Glauben und Wissen ist um 1866 noch der Görres-Schüler Martin Deutinger überzeugt. Die Religion, so fordert er, „darf ebensowenig die Wissenschaft von sich ausschließen, wie die Wissenschaft der Religion entsagen darf, wenn sie nicht sich selbst aufgeben will. Wenn die Wissenschaft der Religion widerspricht, so tut sie es nicht aus wissenschaftlicher Gründlichkeit, sondern aus Mangel derselben. Nicht die Wissenschaft ist im Kampfe mit der Religion, sondern die Unwissenheit und Unwissenschaftlichkeit.“[70] Mittelpunkt der spezifisch protestantischen Lehre ebenso wie der neueren Philosophie überhaupt ist der Kampf gegen jegliche Autorität, außer der eigenen Vernunft.[71] Die katholische Lehre dagegen hält an dem Prinzip der Autorität fest. Auch der Wissenschaftler wird „die Autorität der kirchlichen Entscheidungen anerkennen müssen, wenn er nicht die sittliche Ordnung der Kirche umkehren will. Durch eine solche Unterwerfung verliert er nichts an seiner Wissenschaftlichkeit.“[72]

---

68 *P. Gams*, Verhandlungen der Versammlung katholischer Gelehrter in München vom 28. September bis 1. Oktober 1863 (Regensburg 1863), S. 25–59. *F. H. Reusch* (Hg.), Kleinere Schriften, gedruckte und ungedruckte von J. J. I. Döllinger (Stuttgart 1890), S. 161–190.

69 *Alois Flir*, Briefe aus Rom, hg. v. *Ludwig Rapp* (Innsbruck ²1864), S. 29, 69 (Brief vom 19. 1. 1857).

70 *Heinrich Fels*, Martin Deutinger (München 1938) S. 213.

71 Albert Stöckl, Das Christenthum und die großen Fragen der Gegenwart auf dem Gebiete des geistigen, sittlichen und socialen Lebens (Mainz 1880) S. 65f. ist der Meinung, daß der „Hochmuth“ die „moderne Wissenschaft“ bereits dahin geführt habe, „daß sie alle ideale Wahrheit verloren hat und in der Leugnung Gottes, in der Entgeistigung und Verthierung des Menschen, die höchste Errungenschaft des menschlichen Fortschritts erblickt“.

72 *Fels*, Deutinger S. 160.

Als ein „merkwürdiges", warnendes Zeichen der Zeit betrachtet es Deutinger, daß die „tätigsten und strebsamsten Geister" die vorherrschende Neigung haben, „sich mit politischen Fragen zu beschäftigen". Die Politik, so zitiert er eine bereits stereotyp gewordene Redensart zeitgenössischer Journalisten: „Die Politik ist die Religion der Gegenwart."[73]

An dem „bejammernswerten Zustand der Wissenschaft im katholischen Deutschland" sind nach der Meinung des Historikers Cornelius Will in Briefen an den Prälaten Friedrich Schneider in Mainz, der eine gelehrte Korrespondenz mit fast allen führte, die im katholischen Deutschland Rang und Namen hatten, darunter, um die Spannweite dieser Korrespondenz anzudeuten, Janssen, F. X. Kraus, der Indologe und Religionswissenschaftler Edmund Hardy, Martin Spahn, „die Katholiken selbst zu großem Teil schuld". „In der Münchner Universität stehen keine drei Katholiken zusammen, von einem Mittelpunkt kann also gar keine Rede sein".[74] Und in Bayern: „Welch ein beklagenswertes Bild träger Dummheit gewährt der höhere Klerus! Das sage nicht ich, sondern das ist das Urtheil der besten Katholiken, hochangesehener Leuchten der Theologie und jüngerer Kleriker, die etwas über die blau weißen Grenzpfähle hinausgekommen sind."[75]

Untergründige Zusammenhänge zwischen der dominierenden jesuitisch-neuscholastischen Lehre der katholischen Kirche, ihrem Prinzip und katholischer Rückständigkeit im Bereich der Wissenschaft, bisher befürchtet oder erahnt, von den Gegnern immer wieder behauptet, werden seit dem Syllabus[76], vor allem aber nach der Verkündigung des Unfehlbarkeitsdogmas von immer mehr gebildeten und arrivierten deutschen

---

[73] *Martin Deutinger*, Der gegenwärtige Zustand der deutschen Philosophie (München 1866).

[74] *Will* an *Schneider*, Nürnberg 24. VIII. 1865. *Anton Philipp Brück*, Briefe des Historikers Will (1831–1905) nach Mainz. In: Archiv f. mrh. Kirchengeschichte 22 (1970) S. 283–325. Über den „ultramontanen" *Will*, als dieser noch Archivsekretär am Germanischen Museum in Nürnberg war, urteilt *Th. v. Kern* in einem Brief an *Friedrich v. Weech*, Nürnberg 4. V. 1862: „Er hat meist die Ansichten seiner Partei, ist aber nicht gerade unduldsam und besitzt wissenschaftlichen Sinn genug, um mir, wenigstens in der hiesigen wissenschaftlichen Vereinsamung ein ganz willkommener Umgang zu sein". Zit. nach *Hermann Baier*, Aus der geistigen Umwelt eines jungen deutschen Historikers von 1856 bis 1870. In: ZGORh. N.F. 51 (1938) S. 409.

[75] *Brück* (wie Anm. 74), S. 320.

[76] Die Encyclica S.H. des Papstes *Pius IX.* vom 8. December 1864 und der Syllabus (2. Aufl. Köln 1865), S. 28ff. Wichtig in diesem Zusammenhang sind vor allem die beiden folgenden Sätze: 3.) „Die menschliche Vernunft ist ohne alle Rücksicht auf Gott der einzige Schiedsrichter über Wahr und Falsch, Gut und Böse; sie ist sich selbst Gesetz und reicht mit ihren natürlichen Kräften hin, für das Wohl der Menschen und Völker zu sorgen." 8.) „Da die menschliche Vernunft der Religion selbst gleichzustellen ist, darum sind die theologischen Disziplinen gerade ebenso wie die philosophischen zu behandeln."

Katholiken gesehen und geglaubt. Nicht wenige unter ihnen empfinden das übermächtige Bedürfnis, mit dem Zeitgeist konform zu gehen, Ultramontanismus, Papalismus, Vaticanismus nicht nur aus wissenschaftlich-historischen Gründen, sondern auch aus vaterländischen, „ghibellinisch"-deutsch-patriotischen Motiven abzulehnen. Mit dem wissenschaftlichen Protest gegen Syllabus und Unfehlbarkeitsdogma verbindet sich ein Nationalbewußtsein, das Anlaß zu dem Verdacht zu haben glaubt, der Heilige Stuhl werde von romanischem, undeutschem Geist beherrscht. Eine Tendenz im deutschen Katholizismus zeichnet sich ab, sich nicht mehr den vom kulturkämpferischen Liberalismus und militanten Protestantismus gepflegten Gedankengängen von der Wissenschaftsfeindlichkeit der römischen Kirche, von der Deutung des Papsttums als einer gegen die germanische, deutsche Welt gerichteten Macht zu verschließen. Ein Prozeß kommt in Gang, der die katholische deutsche Wissenschaft nicht nur mit der Absplitterung der Schicht elitärer Altkatholiken schwer getroffen hat.[77]

Die Verluste durch den Altkatholizismus in diesem Bereich aufzurechnen, etwa von Adolf Cornelius bis Johann Friedrich von Schulte, kann nicht unsere Aufgabe sein. Nur auf einiges sei hingewiesen. Die altkatholische Mehrheit der Bonner Theologischen Fakultät erklärt 1881, daß sie keinen Theologen zur Berufung vorschlagen könne, der die vatikanischen Dekrete bei der Darstellung der Kirchengeschichte maßgebend sein läßt. Historiker wie August von Druffel, Adolf Cornelius, Felix Stieve, Moriz Ritter, Max Lossen, Albert Stauffer, alle aus katholischem Elternhaus und streng katholischer Umwelt, lassen sich in München von altkatholischen Strömungen ergreifen und setzen sich schließlich mit Entschiedenheit für die altkatholische Sache ein.[78] Felix Stieve, der einmal die katholisch-großdeutsche Lösung durch Österreich gewünscht hatte, dann ab 1871 mit Leidenschaft das Bismarckreich bejaht, für das

---

[77] „Wie schwer der Aderlaß war, den die katholische Wissenschaft Deutschlands durch die Absonderung zahlreicher, auf historischem Gebiet arbeitenden Geistlichen und Laien zum Altkatholizismus erlitt, lehrt die Tatsache, daß drei historische Standardwerke, die während des letzten Drittels des 19. Jahrhunderts in Bonn entstanden, sämtlich von Altkatholiken verfaßt sind: ‚Der Index der verbotenen Bücher' (2 Bde. 1883) ... von Reusch, dem besten Kopf und lautersten Charakter in der altkatholischen Mehrheit der Fakultät. ... von Friedrich von Schulte ... die ‚Geschichte der Quellen und Literatur des canonischen Rechts', und Moritz Ritter, der Inhaber der katholischen Geschichtsprofessur, kam 1889 mit dem ersten Bande seiner ‚Deutschen Geschichte im Zeitalter der Gegenreformation' heraus." *Hubert Jedin*, Die Vertretung der Kirchengeschichte in der katholisch-Theologischen Fakultät Bonn 1823–1929. In: AHVNrh 155/156 (1954), S. 434–435.

[78] Hierzu *Walter Goetz*, Historiker meiner Zeit. Gesammelte Aufsätze, hsg. von *H. Grundmann* (Köln-Granz 1957); *Heribert Raab*, Aus der Studienzeit des Münchner Historikers Albert Stauffer. In: Zeitschr. f. bay. Landesgeschichte 48 (1985), S. 429–447. – Eine erschöpfende Darstellung dieses Münchner Gelehrtenzirkels fehlt.

sein Bruder gefallen ist, geht noch weiter: Enttäuscht bezeichnet er den Altkatholizismus als eine elende Sache und bereitet den Übertritt seiner Familie zum Protestantismus vor.[79] Johann Friedrich von Schulte (1827–1914)[80], der als 27jähriger mit dem jetzt als „ultramontan" verschrienen Historiker Johannes Janssen und anderen „eine päpstliche Freiwilligenarmee zur Verteidigung des Patrimonium Petri" ins Leben rufen wollte, den preußischen Staat als harte, fremde Potenz empfand, bekämpft seit 1871 mit Entschiedenheit die römisch-jesuitische Richtung. Albert Stauffer aus Frankfurt, der als Schüler Johannes Janssens nach München gekommen war – von Walter Goetz wird er, wohl nicht ganz zu Recht, zu den „Lieblingsschülern" des „ultramontanen" Historikers gerechnet –, versteht sich nach wenigen Jahren als Schüler von Felix Stieve, mehr noch von Adolf Cornelius, unter dessen Einfluß er schließlich Protestant geworden ist.

Diese von der Kirche durch den Altkatholizismus abgesplitterten Historiker – ähnliches wäre für andere Fächer und auch für Wien, Prag, Breslau und Bonn zu bemerken – stellen in München ein nicht zu übersehendes Element an der Universität, der Technischen Hochschule, am Reichsarchiv und in der Akademie der Wissenschaften dar. Sie tragen nicht wenig dazu bei, daß München damals als ein Vorort der historischen Studien in Deutschland, als die „Hochburg des freien Katholizismus" gilt. Wo mit der katholischen Kirche gebrochen wird, ist eine umso leidenschaftlichere Hinwendung zum nationalen Gedanken, zum hohenzollernschen Kaiserreich, zur „deutschen Wissenschaft" die Regel, wobei nachzutragen ist, daß, soweit Stellen von Belang in Preußen zu vergeben sind, nach Beendigung des Kulturkampfs „Altkatholiken" sich keines Vorzugs vor „Staatskatholiken" zu erfreuen haben, da man unangenehme Konflikte mit Rom vermeiden will.

Nicht nur eine Absplitterung altkatholisch gewordener Wissenschaftler hat die Entscheidung des Ersten Vaticanums zur Folge. Die Zukunft der

---

[79] Zu *Felix Stieve* sollen hier einige bezeichnende Sätze zitiert werden aus der Rezension seiner „Abhandlungen, Vorträge und Reden (Leipzig 1900) durch *Walter Struck* in der Deutschen Literaturzeitung 21. Jg. (1900), Sp. 2414: „Ein langes, tiefes Ringen, eine stille Qual und ein ehrlicher stolzer Trotz, diese Stimmungen, die ihn einst aus träumerischer Frömmigkeit zur Klarheit geführt, klingen auch in den Aufsätzen: ‚Zur Bedeutung des Altkatholizismus', ‚Ignaz von Döllinger', ‚Zur Charakteristik der katholischen Abtheilung' und ‚Max Lossen und der Kölnische Krieg' wieder. Diese Bewegung (Altkatholizismus, von mir ergänzt) hat einen guten Theil seines(!) Lebenskraft absorbiert. Aber sie führte ihn doch zum Heil. Denn ohne sie wäre er kaum zu jener frischen, freudigen Erkenntnis der Größe unserer Geschichte und unserer Zeit gelangt, wie sie uns in so patriotischer und geistvoller Weise in den Reden entgegentritt, die er zur hundertjährigen Gedenkfeier der Geburt Kaiser Wilhelms I. und zu Ehren seines großen Kanzlers gehalten."

[80] *Johann Friedrich Schulte*, Der Altkatholizismus. Geschichte seiner Entwicklung, inneren Gestaltung und rechtlichen Stellung in Deutschland (Gießen 1887).

deutschen Katholiken sieht Bischof Hefele, der lange mit der Verkündigung der Konzilsbeschlüsse gezögert hatte, düster: Durch das Unfehlbarkeitsdogma hätten sie viel von ihrer Stellung eingebüßt, politisch würden sie nur „mehr zu Heloten"[81]. Reichsfeindlichkeit und Staatsgefährlichkeit werden den Katholiken vorgeworfen. Es wird offen ausgesprochen, daß ein Katholik wegen seiner dogmatischen Bindung nicht objektiv forschen könne.

Während des Kulturkampfes erreicht im kleindeutschen Bismarckreich die Ghettoisierung der Katholiken ihren Höhepunkt. Die Hinordnung ihrer Energien auf kirchenpolitische Kampfziele hemmt das Freiwerden von Kräften in Hinsicht auf die Befreiung aus dem Abseits gegenüber Wissenschaft, Bildung und Kultur. Sicher, es gibt katholische Wissenschaftler, die sich von der Kirche nicht trennen, aber es vorziehen, von ihrer Konfessionszugehörigkeit möglichst wenig erkennen zu lassen und vor allem mit „katholischer Wissenschaft" nichts zu tun haben wollen – wie etwa der nur noch Taufschein-Katholik Scheffer-Boichorst, einer der angesehensten Mediävisten, der nur deshalb nicht nach Göttingen gekommen ist, „weil man dorthin nach dem offenen Geständnis des preußischen Kultusministers keinen Gelehrten schicken könne, der auch nur katholisch getauft sei"[82]; wie die liberalen Kulturkatholiken Wegele, Lorenz, Chroust, Brandi. Andere, zunächst durchaus von dem Willen zur Vermittlung und Versöhnung von Glauben und Wissenschaft erfüllte Gelehrte sehen sich abgedrängt, wie etwa der von Eitelkeit und Widerspruchsgeist keineswegs freie Franz Xaver Kraus. Ihm, der sich bereits im Trierer Priesterseminar wegen seiner Forderung nach Vereinigung von Glauben und wissenschaftlichem Fortschritt verdächtigt und befehdet fühlte, dem der Syllabus dann als ein Sieg der reaktionären neuscholastischen Partei erscheinen wollte, der aber damals bereits für sich den Grundsatz aufstellte: „Ewig treu der Kirche, meinem Glauben, aber auch treu der Wissenschaft, treu der Einheit und der Ehre", führen persönliche Enttäuschung und Bitterkeit die Feder. Das Unheil des „zeitgenössischen

---

[81] *Hefele* an *F. X. Kraus*, 4. 11. 1871; *Hubert Schiel*, Franz Xaver Kraus und die katholische Tübinger Schule (Ellwangen 1958), S. 55.

[82] Zit. nach *M. Braubach*, Aloys Schulte – Kämpfe und Ziele. HJB (1959) S. 94. Aufschlußreich die Klage von *Scheffer-Boichorst* aus dem Jahre 1874: „Daß bei uns in Preußen auf das dogmatische Bekenntnis soviel Wert gelegt wird. Obwohl die protestantischen Professoren ja wissen, daß ich innerlich auf die dogmatischen Unterscheidungen nicht den geringsten Wert lege, so rufen sie doch, wenn mein Name einmal genannt wird, ich sei ja als Katholik unmöglich. Die Katholiken aber, gleichviel ob Alt oder Neu, mögen mich erst recht nicht; denn nach meiner Geburt sollte ich mich der einen oder andern Partei zuwenden, mit meinen Überzeugungen stehe ich beiden gleich fern, ebenso fern als den dogmatischen Protestanten." *F. Güterbock*, Aus Scheffer-Boichorsts Leben. In: Gesammelte Schriften von Paul Scheffer-Boichorst I (Berlin 1903), S. 36.

Katholizismus", darin gipfeln seine Anklagen, bestehe darin, „daß er die leidige Politik mit der Wissenschaft und Religion verquickt wissen will". Martin Spahn will in Kraus den Mann sehen, der fast alleine eine Brücke zwischen der älteren Generation wissenschaftlicher Katholiken, die 1870 vernichtet worden war, und der jüngeren Schar von reformwilligen Gelehrten bildete: „Und keiner unter den Vorkämpfern der Versöhnung von Kirche und Kultur, von Glauben und Wissen hat seit 1870 so innig, so ununterbrochen, so kundig, so beredt und so viel beachtet wie er seine Stimme erhoben."[83]

Glauben und Wissenschaft zu verbinden versucht auch – um neben F. X. Kraus einen zweiten Namen zu nennen – der Priestergelehrte Edmund Hardy in seinem Leben und Wirken. Hardy, dessen Lehrerfolg auf dem Gebiet der Religionswissenschaft und Indologie an den Universitäten der zähringischen Schwesterstädte Freiburg im Breisgau und Freiburg im Uechtland Freunde und Schüler außerordentlich nennen, sah in Antoine-Frédéric Ozanam sein Vorbild. Zur Zeit des Kulturkampfes setzte er seine Hoffnung auf die Zukunft, in der es wieder selbstverständlich sein werde, daß ein „christlicher Denker auch ein Christ durch die Tat und sein Leben sein müsse", daß es wieder Zeiten geben werde, „wo die größten Forscher auch sämtlich die gläubigsten und tugendhaftesten Menschen, Heilige waren". Gedankenlose Trägheit, klägliche Unwissenheit, jeder Versuch einer staatlichen oder kirchlichen Bevormundung von Forschung und Lehre waren Hardy verhaßt. „Das Bleigewicht an den Füßen der mater ecclesia ist zu schwer", schreibt er, vom Tode gezeichnet am 1. Januar 1904 dem Prälaten Friedrich Schneider nach Mainz. „Sie kann sich, was sie früher doch wenigstens langsam und mühsam immer noch konnte, nicht mehr voran bewegen auf der Bahn, die sie nach des Herrn Wille gehen sollte ... ohne Freiheit kein Leben. Jede Dogmatisierung und dogmatische Festlegung wissenschaftlicher Resultate, wie es die Tendenz aller Dekrete der römischen Congregationen des Index und dergleichen ist, ist gewaltsame Tötung."[84]

Aus den bitteren Erfahrungen katholischer Wissenschaftler – es sei hier nur an die Bonner Dozenten Hertling und Cardauns erinnert – und aus dem Bestreben, die Wissenschaft unter den deutschen Katholiken und die wissenschaftliche Betätigung der Katholiken zu fördern, entsteht 1876 die Görres-Gesellschaft[85], sicher nicht im luftleeren Raum und ohne den

---

[83] *Chr. Weber* (Hg.), Liberaler Katholizismus. Biographische und kirchenhistorische Essays von Franz Xaver Kraus (Tübingen 1983), S. 441 f.

[84] Über *Edmund Hardy* erscheint demnächst von mir ein ausführlicher Beitrag. Er ist entstanden aus Vorarbeiten für eine Geschichte der Universität Fribourg, die zu deren Säkularfeier 1989 erscheinen soll.

[85] *Wilhelm Spael*, Die Görres-Gesellschaft. Grundlegung, Chronik, Leistungen (Paderborn 1957).

Nährboden der katholischen Romantik und der Katholikentage. Der Grundgedanke hierzu wird im Herbst 1874/Frühjahr 1875 gelegt von dem Mainzer Domdekan und Generalvikar Heinrich im Gespräch mit dem Philosophieprofessor und späteren Mainzer Bischof Paul Leopold Haffner und dem Bonner Dozenten Georg von Hertling, eine von katholischen Grundsätzen geleitete Vereinigung ins Leben zu rufen, welche „völlig auf dem Boden der Freiheit erwachsen, sich die Förderung wissenschaftlicher Bestrebungen zum Ziele setze“[86]. Hertling gewinnt bald nach dem Mainzer Gespräch seinen Bonner Kollegen Cardauns, die Rechtsanwälte Julius Bachem aus Köln und Eduard Müller aus Koblenz, sowie den Arzt Karl Hopmann für die Idee, eine solche Vereinigung nach Joseph Görres zu benennen, der als Verteidiger nationaler Unabhängigkeit, kirchlicher Freiheit und christlicher Wissenschaft, als politischer Schriftsteller und einer der größten Deutschen durch August Reichensperger und Johannes Janssen ihm nahegebracht worden war. „Die Görres-Gesellschaft zur Pflege der Wissenschaft im katholischen Deutschland“, so heißt es in einem programmatischen Aufruf vom März 1876, „will auf katholischem Standpunkt und in katholischem Sinne wissenschaftliches Leben nach allen Richtungen hin wecken und fördern. Der Verein will namentlich jüngeren katholischen Gelehrten Anregung geben und zugleich die nötige materielle Unterstützung gewähren zur Bearbeitung wichtiger Fragen aus dem Gebiete der Philosophie, der Naturwissenschaft, der Geschichte, der Rechts- und Sozialwissenschaft.“[87] Die Theologie ist aus diesem Programm mit Absicht ausgeschlossen, und sie bleibt es auch für die spätere Arbeit der Gesellschaft. „Die Theologie ist die Wissenschaft der katholischen Kirche. Das katholische Lehramt wacht eifersüchtig über seinen Schatz. Wir sind Laien, wir maßen uns nicht an, in die theologischen Lehren der Kirche hineinzureden. Wir stehen aber fest auf dem Boden der katholischen Kirche.“[88]

Bei der ersten Generalversammlung der Görres-Gesellschaft in Frankfurt a. M. (6. VI. 1876) formuliert der Mainzer Domdekan Heinrich, der schon in Koblenz am 26. 1. 1876 die Festrede auf Görres gehalten hatte, nun durch Zuruf zum Vorsitzenden bestimmt, das Programm: Vergangenheit und Aufgabe der katholischen Wissenschaft. Heinrich, der den Bestrebungen, die auf eine bloß schulmäßige Repristination der Scholastik abzielte, mit Schärfe entgegentreten konnte, sieht die Blüte der katholi-

[86] JbGG 1891 (Köln 1892), S. 4ff.

[87] *Spael* (Wie Anm. 85), S. 13f.

[88] So *Georg von Hertling*, der Präsident der Görres-Gesellschaft, 1910, auf dem Höhepunkt der Modernismuskrise. *Spael* (wie Anm. 85), S. 14f; *Norbert Trippen*, „Zwischen Zuversicht und Mutlosigkeit“. Die Görres-Gesellschaft in der Modernismuskrise 1907–1914. In: Saeculum 30 (1970), S. 281.

schen Wissenschaft in der Scholastik. Ihre Aufgabe sei heute: „Alles was seit dem Mittelalter die exacte Naturforschung und die historische Kritik an Wahrheitsgehalt zu Tage gefördert, stark im Glauben und frei und klar im Geiste zu ergreifen und zum Fort- und Ausbau jener Einen großen, echt katholischen Wissenschaft zu verwenden, deren rechtmäßige Entwicklung nie hätte unterbrochen werden sollen ..." Die Görres-Gesellschaft, so wird bei den Generalversammlungen immer wieder betont, will keine Kampforganisation sein, wie etwa der Gustav-Adolf Verein oder der Monistenbund. Sie distanziert sich von Forderungen eines Anton Günther und der Katholikentage, daß die „katholische Wissenschaft mit dem Schwert der Wahrheit dreinschlage und das Lügennetz zerhaue"[89]. Die Görres-Gesellschaft will nicht der Wissenschaft den Fehdehandschuh hinwerfen, sie will Wissenschaft um ihrer selbst willen treiben, überzeugt davon, daß es zwischen der Lehre der Kirche und „echter Wissenschaft" keinen wahren Widerspruch geben kann, sondern daß, wie Hertling in seinem Vortrag bei der Bamberger Generalversammlung „Über die Aufgaben der katholischen Wissenschaft und die Stellung der katholischen Gelehrten in der Gegenwart" (1893); Köln 1894) sagt, beide dazu bestimmt sind, einander in inniger Harmonie zu durchdringen: „Niemals brauchen wir zu fürchten, daß von wirklicher Bereicherung des Wissens auf dem Gebiete der Natur der christlichen Wahrheit eine Gefahr entstehen könnte."[90]

Die Görres-Gesellschaft besteht auf der freien, ungehinderten Pflege der weltlichen Wissenschaft. Sie beansprucht als „privates Unternehmen" völlige Autonomie. In religiösen Fragen hat sie nach ihrem Selbstverständnis „keine Mission", ordnet sich der Autorität der Kirche unter, betont aber in allem übrigen ihre völlige Unabhängigkeit. „Die Kirche kann und darf nicht auf die Wissenschaft verzichten", so die Forderung von Hertling auf der Konstanzer Generalversammlung 1896, „am wenigsten in unserer Zeit, wo dieselbe so oft zu einer Waffe in der Hand des Unglaubens mißbraucht wird." Von den theologischen Auseinandersetzungen hält sich die Görres-Gesellschaft durch den Ausschluß der Theologie weitgehend verschont. Mit dem Modernismusstreit im eigentlichen Sinne hat sie nichts zu tun, obwohl sie bzw. ihr Präsident Hertling durch Mißverständnisse und Unvorsichtigkeiten im Zusammenhang mit der Anti-Index-Bewegung von Adolf ten Hompel und dem Fall Schnitzer in kuriale Verdächtigungen hineingezogen wird.[91]

[89] *Johannes Horstmann*, Katholizismus und moderne Welt. Katholikentage, Wirtschaft, Wissenschaft – 1848–1914 (Paderborn 1976), S. 105.

[90] Hierzu auch *Georg Frh. v. Hertling*, Das Princip des Katholicismus und die Wissenschaft. Grundsätzliche Erörterungen aus Anlaß einer Tagesfrage (Freiburg i. Brg. [4]1899).

[91] *Norbert Trippen*, „Zwischen Zuversicht und Mutlosigkeit". Die Görres-Gesellschaft in der Modernismuskrise 1907–1914. In Saeculum 30 (1979), S. 280–291.

Hertling, der über 40 Jahre hindurch Haupt und Herz der Görres-Gesellschaft gewesen ist, definiert 1897 auf dem Internationalen Katholiken-Kongreß in Freiburg/Schweiz, wo es seit fast einem Jahrzehnt eine „katholische Universität" gab, die „im allgemeinen nach deutschem Muster" und mit tatkräftiger Unterstützung des katholischen Deutschland eingerichtet worden war, offiziell jedoch den Status einer liberalen Staatsuniversität hatte[92], das Wesen katholischer Wissenschaft: „als Wissenschaft katholischer Gelehrten, welche in allen rein wissenschaftlichen Fragen keine anderen Regeln kennen, als die des allgemein wissenschaftlichen Verfahrens, welche aber überall da, wo unbeschadet dieser Regeln der Standpunkt des Forschers seinen Ausdruck finden kann oder finden muß, ungescheut die Fahne ihrer aus übernatürlichem Grund stammenden Glaubensüberzeugung aufpflanzen, fest durchdrungen von dem Satze, daß zwischen Glauben und Wissen kein Widerspruch möglich ist, solange der Glaube wirklicher, auf göttlicher Offenbarung ruhender Glaube und das Wissen wirkliches, vor keiner kritischen Prüfung zurückschrekkendes, aber auch keiner grundlosen Behauptung Raum verstattendes Wissen ist"[93].

Ihre Aufgaben erfüllt die Görres-Gesellschaft, da der Gegensatz der Weltanschauungen, der Vorwurf katholischer Unwissenschaftlichkeit und Inferiorität kaum anders abzubauen, die Anerkennung gläubiger Katholiken als Wissenschaftler anders schwerlich zu erreichen ist, mit wissenschaftlicher Leistung, mit dem Concilium Tridentinum, dem Staatslexikon, dem Historischen Jahrbuch[94], um nur an drei ihrer ältesten und bedeutendsten Leistungen zu erinnern. „Bekunden wir unsere (wissenschaftliche) Ebenbürtigkeit mehr noch als bisher durch die Tat", rät Hertling auf der Generalversammlung 1903 und 1908. Im erfolgreichen Wettstreit mit Andersdenkenden, nicht in Polemik, sondern in einer Art indirekter Apologetik, auf das Eigengewicht ihrer wissenschaftlichen Lei-

---

[92] *Heribert Raab*, Freiburg i. Ue. und das deutsche Geistesleben. In: JbGG 1983 (Köln 1984), S. 24f.

[93] *Adolf Dyroff* (Hg.), Reden, Ansprachen und Vorträge des Grafen von Hertling. Mit einigen Erinnerungen an ihn (Köln 1929), S. 25f.

[94] Das Programm der von der historischen Section der Görres-Gesellschaft zu gründenden „Zeitschrift für Geschichte", des „Historischen Jahrbuchs", lädt zur Mitarbeit ein alle „Historiker, welchen Christus der Mittelpunkt der Geschichte und die katholische Kirche die gottgewollte Erziehungsanstalt des Menschengeschlechts ist". Gefordert wird „streng wissenschaftlicher Charakter" aller Beiträge; populäre Darstellungen sind ausgeschlossen. Es ist das Verdienst *Georg Hüffers*, mit dem ‚Historischen Jahrbuch' die „Görres-Gesellschaft recht eigentlich erst in die große Öffentlichkeit des wissenschaftlichen Lebens" eingeführt zu haben. *Heinrich Finke*, Die Anfänge des Historischen Jahrbuches. In: HJb 45 (1925), S. 479. – Bisher unbekannte Briefe von *Georg Hüffer* an *Johannes Janssen* und an *Gustav Schnürer*, die weitere Aufschlüsse über die Anfänge des „Jahrbuchs" geben, werde ich demnächst an anderer Stelle veröffentlichen.

stung gestützt, will die Görres-Gesellschaft noch 1893 nur aus der benachteiligten Situation der Minderheit die katholischen Wissenschaftler hinausführen und ihre Gleichberechtigung erkämpfen. „In die Reihen derer, welche die Unsterblichen sich nenen, wird ein katholischer Gelehrter niemals eindringen.“[95] In unserer Minoritätsstellung, fährt Hertling mahnend fort, „können wir uns in der That nicht erlauben, uns noch in so und so viele Schulen oder Richtungen oder Cliquen zu spalten. Wir müssen fest zusammenstehen. Jeder eintreten für den Andern und für alle“.

Nach der Jahrhundertwende ist das Ziel weiter gesteckt: die Überlegenheit des Katholizismus als Hort höchster und letzter Wahrheit zu beweisen. Auf der Generalversammlung der Görres-Gesellschaft in Koblenz wirft der Trierer Bischof Michael Felix Korum die Frage auf: „Wer gibt eigentlich das Diplom der Wissenschaft? Meistens stellen unsere Feinde es aus. Aber wer hat sie dazu befugt? Können wir nicht auch eins ausstellen?“[96]. Nicht mehr nur Überwindung der Inferiorität, sondern Superiorität der Katholiken lautet die Antwort des Präsidenten von Hertling. „Diese Superiorität bestehe in der Klarheit und Festigkeit der Prinzipien. Darin seien wir der ganzen ungläubigen Wissenschaft über.“[97] In dem berühmten, langwierigen, durch die Besetzung eines Lehrstuhls für Neuere Geschichte an der Universität Straßburg mit Martin Spahn ausgelösten Streit um die „Voraussetzungslosigkeit“ und Objektivität der Wissenschaft geht es, wie Ernst Rudolf Huber richtig sieht, zum erheblichen Teil darum, den protestantischen Charakter der Universitäten, die „protestantische Voraussetzungslosigkeit“ zu erhalten[98]. Gegen Theodor Mommsen und andere stellt Hertling fest: „Es ist der große fundamentale Irrtum der Gegner (katholischer Wissenschaftsfähigkeit), daß sie von der Unterwerfung unter die Autorität der Kirche reden, als handele es sich dabei um eine erdrückende Fessel, um einen feindlichen Gegensatz gegen das individuelle Gewissen, um Heteronomie und Sklaventum. In Wahrheit ist der Glaube das innerste, eigenste Eigentum jedes einzelnen; aus diesem Glauben folgt die Unterwerfung, und sie wird geübt um des Gewissens willen.“[99]

Indem dann in der Görres-Gesellschaft zunehmend Wissenschaft mit Methode gleichgesetzt und zwischen „Feststellung des Thatsächlichen“

---

[95] JbGG 1893 (Köln 1894), S. 23.
[96] JbGG 1900 (Köln 1901), S. 12.
[97] JbGG 1901 (Köln 1902), S. 14.
[98] *Ernst Rudolf Huber*, Deutsche Verfassungsgeschichte IV (Stuttgart 1963), S. 963.
[99] *Dyroff*, Hertling, Reden S. 112.

(so Hertling)[100] und Sinndeutung des Gefundenen unterschieden wird, kommt der Dialog mit Andersdenkenden in Gang. Katholische Wissenschaftler, etwa Historiker wie Heinrich Finke, Hermann Grauert, Aloys Schulte und Aloys Meister geben Kulturkampfpositionen auf und suchen ein positives Verhältnis über konfessionelle und wissenschaftliche Gegensätze zu gewinnen. Parallel zu den Erfolgen auf dem Gebiet des „positiven Wissens" zeichnet sich jedoch „eine fortschreitende Abschwächung oder wenigstens Zurückdrängung katholischer Prinzipien" ab. Heinrich Schrörs will diese Entwicklung bei einem Vergleich der drei Auflagen des Staatslexikons erkennen.[101] Aber mit ihrem positivistischen Wissenschaftsverständnis und der Forderung nach Trennung zwischen „Feststellung des Thatsächlichen" und Sinnbedeutung tut die Görres-Gesellschaft einen Schritt auf das moderne Wissenschaftsverständnis hin. Aus der Feststellung des Tatsächlichen wurden „Denkmöglichkeiten der Wirklichkeit", wie J. Meurers, der Naturwissenschaftler, auf der Jahresversammlung der Görres-Gesellschaft 1972 erklärte.

---

[100] Vgl. hierzu auch die kritischen Bemerkungen von *Christoph Weber*, Heinrich Finke zwischen akademischer Imparität und kirchlichem Antiliberalismus. In: AHVNrh 186 (1983), S. 139f. zu den Positionen *Finkes*, vor allem an seinem „etwas naiv erscheinenden Tatsachenbegriff, der es ... erlaubt ... einmal *Verzicht auf moralische Beurteilung* zu üben, dann aber auch *das Verhältnis von historisch individuellem und katholisch-normativem Denken* wenigstens vorläufig zu entschärfen".

[101] *Heinrich Schrörs*, Das alte und neue Staatslexikon der Görres-Gesellschaft. Hpol Bll. 117 (1923), S. 627. – Der von *K. Hoeber* verfaßte Artikel „Universitäten" wird z.B. von der ersten zur dritten Auflage des „Staatslexikons" in entscheidenden Passagen erheblich abgeschwächt. So fehlt z.B. in der dritten Auflage der Satz aus der ersten Auflage Bd. 5 (1897), Sp. 821: „Ein offener, häufig beklagter und bekämpfter Mangel und Schaden der Universitäten ist die *grenzenlose Lehrfreiheit*, die geradezu als Lebensprinzip der höchsten Bildungsanstalten hingestellt wird." – Es wäre aufschlußreich, angeregt durch *Schrörs*, die verschiedenen Auflagen des „Staatslexikons" auf die Frage „katholische Wissenschaft – Wissenschaftsverständnis im katholischen Deutschland" zu vergleichen.

Michael Schmolke

KATHOLISCHES VERLAGS-, BÜCHEREI- UND ZEITSCHRIFTENWESEN

I. Zur Thematik und Forschungslage

Zwei Gefahren umgeben das thematisch wie historisch sehr weit gespannte Thema:

a) die Versuchung, nur die „großen Linien“ zu zeichnen und dabei ins Subjektiv-Feuilletonistische abzugleiten, sowie

b) in differenzierten Einzelkapiteln ins Lexikographische zu geraten, was für ein kundiges Publikum ebenso eine Zumutung sein dürfte wie das Feuilleton.

Das Zweite will ich vermeiden, das Erste, die Zeichnung der großen Linien, dennoch versuchen: Für den historisch orientierten Publizistikwissenschaftler beginnt der „deutsche Katholizismus“ im Jahre 1821 mit der Gründung der Mainzer Zeitschrift „Der Katholik“. Mit und in ihrer ersten Nummer wird die Kernfrage aufgeworfen, die seither diskutiert wird und bis heute nicht erschöpfend beantwortet wurde, nämlich: Wie „öffentlich“ im säkularen Sinne, wie „gesellschaftlich“ darf, soll, kann die Kirche sein, und was bedeutet das für das öffentliche und gesellschaftliche Engagement ihrer Mitglieder?

Die jeweilige Einstellung zu dieser Frage hat katholische und „katholizistische“ Aktivitäten auf dem Felde der Publizistik zu Erfolgen, Halb-Erfolgen oder Mißerfolgen werden lassen. Denn wer – als gläubiger Sohn oder Tochter der Kirche – tätig wurde „auf diesem Gebiete, das ursprünglich nicht unser ist“[1], sah sich hin- und hergerissen: Die Päpste waren – bis zu Leo XIII., wenn nicht länger – immer „dagegen“, die Bischöfe mehrheitlich und auch sehr lange, und erst die Pastoralinstruktion „Communio et Progressio“ (CeP) ist so sehr „dafür“, daß das publizistische Rest-Fußvolk nicht recht weiß, ob es sich trauen darf. Die Folge für viele

[1] Der Satz „Wir können nicht wahrhaft heimisch werden auf diesem Gebiete, das ursprünglich nicht unser ist“ findet sich in dem *E. Jörg* zugeschriebenen Beitrag „Die katholische Presse Deutschlands“; „Historisch-politische Blätter“ (HPB) 48. Bd (1861/II), 84–88, hier S. 85.

praktisch publizistische Aktivitäten war, daß der Typ des Halb-Erfolgs oder Kümmer-Erfolgs zu überwiegen scheint. Als „Ausreißer" gibt es große Erfolge und spektakuläre Mißerfolge. Erfolge verstehe ich wirkungsgeschichtlich und/oder ökonomisch, und wenn ich hier die Beispiele Athanasius, „Historisch-politische Blätter" (HPB), Herder, „Hochland", andererseits „Rheinische Volkshalle" und „Publik" nenne, so wird man diese leicht richtig zuordnen können. Aber echte „Tycoone", wie man in der Presse-Branche sagt, gab es nie. Weder Scherl noch Ullstein noch Hugenberg noch Axel Springer waren katholisch.

Das Problem, mit staatlichen Öffentlichkeitsreglementierungen einigermaßen, und zwar prinzipiell loyal, aber doch auch katholizistisch fertig zu werden, führte zu Wellenbewegungen[2] in Intensität und Extensität katholischer Publizistik. Druck und Herausforderungen von außen ließen wachsen und festwerden, „ruhige Zeigen" ließen so manchen Plan in der Planungsphase bleiben; Chancen plötzlich eintretender Freiheit wurden nur zögernd genutzt. Die Beispielperioden liegen auf der Hand: Trotz oder wegen der Karlsbader Beschlüsse blühte im Vormärz das Zeitschriftenwesen auf, entstand der Borromäus-Verein. Im Kulturkampf gab es so viele Zeitungsgründungen wie nie vor- oder nachher, und im Dritten Reich erstarkte die katholische Zeitschriftenpresse so sehr, daß man heute der damals erstellten Statistik nicht trauen mag. Die Chancen von 1848 oder 1949 aber wurden nur halbherzig genutzt, und auch die Resultate ruhiger Zeiten, in denen man einen großen Wurf sorgfältig planen konnte, waren niemals so, wie ein großer Wurf ausfallen müßte. Das hing und hängt m.E. mit dem vielbeschworenen „gebrochenen Verhältnis" der Kirche/Katholiken zur Publizistik zusammen, also mit im weitesten Sinne ideologischen Implikationen, wahrscheinlich aber auch mit einem wenig herzhaften Verhältnis zur kapitalistischen Ökonomie.

Die Sachentwicklung läßt sich in folgenden Punkten, notgedrungen holzschnittartig, zusammenfassen:

(1) Katholische Bücher gab es, seit es Bücher gab, aber das mit dem Stichwort Index bezeichnete Problem schlug auch auf sie zurück.
(2) Seit dem Vormärz entfaltete sich eine seither nie ganz unterbrochene, vielfältige Zeitschriftentradition.
(3) Die 1848er Zeitungsgründungen hatten nur in der Provinz Bestand.
(4) Obwohl wesentliche Säulen der katholischen Tagespresse vor 1870 errichtet wurden, ist die Entstehung der zahlreichen, meist kleinen Zeitungen eine Folge von Kulturkampf und Zentrumspartei-Gründung. Das Jahr 1933 markierte den Anfang ihres Endes.

---

[2] Vgl. *M. Schmolke*, Zur Gliederung der katholischen Pressegeschichte Deutschlands, in „Communicatio Socialis"(CS), 3. Jg. (1970), 311–327.

(5) Von der noch im Dritten Reich starken Zeitschriftenpresse überlebt ihr bischofsfrommster Sektor als stärkster: die heutige Bistumspresse, ohne daß die Vielfalt der übrigen Zeitschriftenpresse zu sehr eingeengt wäre.

(6) Film und Kino werden schon vor dem Ersten Weltkrieg Thema für den Volksverein (1909: „Lichtbilderei", Zeitschrift „Bild und Film": 1912) und katholische Generalversammlungen (1912, 1913).

(7) Das Radio wird von Anfang an aufmerksam beobachtet, freilich weniger mit seelsorglichem als vielmehr reaktivem Interesse, wobei verbandliche (Zentralbildungsausschuß der katholischen Verbände Deutschlands) und kirchliche (Generalvikariat Köln, Fuldaer Bischofskonferenz, Herbst 1916) Aufmerksamkeit früh zusammenfinden. Der kirchlichen Rundfunkarbeit wird in den Nachkriegsrundfunkanstalten ein institutionalisierter Platz eingeräumt.

(8) Das Buchverlagswesen blüht, wenn ich das richtig sehe, in der zweiten Hälfte des 19. Jahrhunderts auf, übersteht mutig das Dritte Reich und hält nach dem Zweiten Weltkrieg immer dann und dort seine Position, wo es sich dem Markt und dessen Gesetzen stellt.

Die drei Teil-Themen Verlags-, Bücherei- und Zeitschriftenwesen sind Ausschnitte aus dem Universum öffentlicher Kommunikationseinrichtungen, die wir heute ein wenig salopp „die Medien" nennen. Nur auf den ersten Blick scheinen Verlags-, Bücherei- und Zeitschriftenwesen den Zentralbegriffen ‚Bildung' und ‚Wissenschaft' näher zu stehen als vielleicht die Presse insgesamt oder Hörfunk und Fernsehen. In Wirklichkeit sind die Institutionen Verlag, Bücherei und Zeitschrift auf je ihren Sektoren an der Produktion des Gesamtangebotes öffentlicher Kommunikation genau so – und auch in allen Produkt-Schichten – beteiligt wie etwa Film, Fernsehen oder Tageszeitung.

Mit dem Terminus *Verlagswesen* sind im Rahmen des Symposions „Katholizismus, Bildung und Wissenschaft im 19. und 20. Jahrhundert" (Augsburg 1985) in erster Linie Buchverlage gemeint. Viele von ihnen haben sich während des 19. Jahrhunderts an Zeitschriften versucht, und nicht wenige auch an Zeitungen. Mit fast allen Verlagen waren Druckereien verbunden, die für das Innovationspotential auch kleinerer Städte im 19. Jahrhundert eine wichtige Rolle gespielt haben.

Für das katholische Lager assoziieren wir mit dem *Büchereiwesen* sofort Borromäus-Verein und St. Michaelsbund. Daneben hat es im deutschen Sprachgebiet einige bemerkenswerte lokale Gründungen gegeben. Aber der Erfolg des Prinzips Association ist gerade durch deren älteste katholische, eben den Borromäus-Verein, nachdrücklich belegt worden.

Bei der Erörterung des Phänomens *Zeitschrift* könnten sich am leichtesten Mißverständnisse anbahnen. Denn zu „Bildung und Wissenschaft" passen wissenschaftliche Fachzeitschriften, Literatur- und Kunstzeitschriften, allenfalls noch seriöse politische Blätter. Im Universum der katholischen Zeitschriftenpresse des 19. und 20. Jahrhunderts halten jedoch ganz andere Titel die Mehrheit: Erbauungs-, Sonntags- und Unterhaltungsblätter recht populären Zuschnitts, aufs einfache Volk gezielt und dennoch nicht selten weit an ihm vorbeigeschrieben. Diese Realität behalte im Sinn, wer beim Stichwort ‚Zeitschriften' sofort an „Historisch-politische Blätter" und „Hochland" denkt.

* * *

Für den Bereich der Sozial- und Kulturgeschichte des Verlagswesens fühle ich mich wegen meiner z. Zt. anders orientierten Forschungsinteressen nicht recht kompetent. Der 1967 vorgelegte Sammelband „Der katholische Buchhandel Deutschlands" ist eine Art Verbandschronik (Vereinigung des katholischen Buchhandels e. V.), ergänzt um Oskar Köhlers schönen Aufsatz von den „Büchern als Wegmarken des deutschen Katholizismus"; er kann lediglich als erste Information herangezogen werden. Über Verlage und Druckereien als Kultur- und Sozialmarken des deutschen Katholizismus wäre aus kommunikationswissenschaftlicher Sicht noch zu arbeiten. Verlagsgeschichten, meist aus Jubiläumsanlaß, gibt es reichlich, und der Zugang zu ihnen wird dem Nicht-Experten durch einschlägige Hinweise bei Vinz/Olzog[3] erleichtert.

Die Forschungen zum katholischen Büchereiwesen haben mit Karl Bachem[4] früh eingesetzt, gefördert durch den Umstand, daß sich das Interesse auf den Borromäus-Verein und den Katholischen Preßverein für Bayern konzentrieren konnte. Wilhelm Spaels ein wenig verspätete Jubiläumsschrift „Das Buch im Geisteskampf"[5] wurde durch den gründlichen Überblick von Leo Koep und Alfons Vodermayer im Handbuch des Büchereiwesens[6] sowie durch einen offiziösen Beitrag des Generalsekretariats des Vereins in Hedwig Bachs Buch „Karl Borromäus"[7] 1965 bzw. 1984 ergänzt.

Zur Geschichte und Funktion der katholischen Zeitschriften sind in den letzten 20 Jahren einige sehr gute Arbeiten vorgelegt worden. Dadurch daß es sie gibt, erkennen wir, wie sehr sie insular sind: Die

---

[3] *C. Vinz* u. *G. Olzog* (Hg.), Dokumentation deutschsprachiger Verlage. 8. Ausgabe, München 1983. (Vgl. auch die Ausgaben 1–7, seit 1962).

[4] *K. Bachem*, Josef Bachem und die Entwicklung der katholischen Presse in Deutschland, Bd. 1, Köln 1912, 7. Kapitel.

[5] *W. Spael*, Das Buch im Geisteskampf. 100 Jahre Borromäusverein, Bonn 1950.

[6] *L. Koep* u. *A. Vodermayer*, Die katholischen Volksbüchereien in Deutschland. Borromäusverein und St. Michaelsbund, in: *J. Langfeldt* (Hg.), Handbuch des Büchereiwesens, Halbbd. 2, Wiesbaden 1965, 387–420.

[7] Generalsekretariat des Borromäusvereins: Der Borromäusverein und seine Geschichte, in: *H. Bach*, Karl Borromäus, Köln 1984, 159–175.

Ausdehnung des noch nicht verkarteten Forschungsmeeres „Katholische Zeitschriften" wird jetzt erst richtig wahrnehmbar. Klemens Löffler konnte uns in seiner „Geschichte der katholischen Presse Deutschlands" (1924) dadurch imponieren, daß er jeden Zeitabschnitt lapidar mit zwei Standardkapiteln ausstattete: ‚1. Die Zeitungen', ‚2. Die Zeitschriften'. Sie enthalten viel Richtiges, viel Falsches und noch mehr Anregungen. Manchen sehr knapp gehaltenen Hinweisen Löfflers wird man heute – der Zweite Weltkrieg hat die Quellenlage verschlechtert – nur noch mit großer Mühe nachgehen können.

Präzise Absicherungen aber finden wir nur für mehr oder weniger enge Teilbereiche. Gut versorgt ist dabei die Zeit bis 1848 durch die in ihrer Auswahl beispielhafte Arbeit von Rudolf Pesch.[8] Dem billigen Volksblatt-Typ und dem Lesekalender bin ich selbst in der Studie über Kolping[9] nachgegangen. Die Dasbach-Zeit hat Fohrmann penibel beschrieben.[10] Für die Endphase der freien Publizistik und die Unterdrückung durch den Nationalsozialismus gibt es die sehr guten Untersuchungen von Gotto[11] (Junge Front) und Hüsgen[12] (Bistumsblätter in Niedersachsen). Der Typ Bistumsblatt, entstanden unter nationalsozialistischem Druck, ruft z. Zt. eine Reihe interessanter 50-Jahr-Jubiläums-Artikel in den betroffenen Blättern hervor. Angemessene Beachtung hat auch die katholische Rundfunkarbeit vor und nach 1945 durch Bauer[13] und Glässgen[14] sowie die kirchliche Filmarbeit durch Schmitt[15] gefunden. Die Episode „Publik" kann man dank der sofortigen Offenlegung der Quellen durch die Deut-

---

[8] *R. Pesch*, Die kirchlich-politische Presse der Katholiken in der Rheinprovinz vor 1848, Mainz 1966.

[9] *M. Schmolke*, Adolph Kolping als Publizist. Ein Beitrag zur Publizistik und zur Verbandsgeschichte des deutschen Katholizismus im 19. Jahrhundert, Münster/W. 1966, Kap. 1, B,4 und 1,B,5.

[10] *U. Fohrmann*, Trierer Kulturkampfpublizistik im Bismarckreich. Leben und Werk des Preßkaplans Georg Friedrich Dasbach, Trier 1977.

[11] *K. Gotto*, Die Wochenzeitung Junge Front/Michael. Eine Studie zum katholischen Selbstverständnis und zum Verhalten der jungen Kirche gegenüber dem Nationalsozialismus, Mainz 1970.

[12] *M. Hüsgen*, Die Bistumsblätter in Niedersachsen während der nationalsozialistischen Zeit. Ein Beitrag zur Geschichte der Publizistik im Dritten Reich, Hildesheim 1975. Dazu auch *K. A. Altmeyer*, Katholische Presse unter NS-Diktatur. Die katholischen Zeitungen und Zeitschriften Deutschlands in den Jahren 1933 bis 1945, Berlin 1962. – Für die ersten Jahre nach dem II. Weltkrieg: *D. von der Brelie-Lewien*, Katholische Zeitschriften in den Westzonen 1945–1949, Göttingen 1986.

[13] *G. Bauer*, Kirchliche Rundfunkarbeit 1924–1939, Mainz 1966.

[14] *H. Glässgen*, Katholische Kirche und Rundfunk in der Bundesrepublik Deutschland 1945–1962, Berlin 1983.

[15] *H. Schmitt*, Kirche und Film. Kirchliche Filmarbeit in Deutschland von den Anfängen bis 1945, Boppard 1979.

sche Bischofskonferenz als hinlänglich beschrieben betrachten[16], und schließlich hat der Niedergang der in vieler Hinsicht maßstabsetzenden katholischen Jugendpresse durch Hoeren[17] eine erste Analyse erfahren. Vieles Wichtige fehlt freilich. So weiß heute z. B. kaum noch jemand, daß es im ausgehenden 19. Jahrhundert eine relativ weit verbreitete katholische Unterhaltungspresse im Stil der „Gartenlaube" gegeben hat. Lediglich die „Stadt Gottes" ist knapp, aber präzise von Eilers[18] erfaßt worden.

Resümee: Katholizismusforschung ohne Beachtung der zeitschriftlichen „Niederungen" des ausgehenden 19. und der ehrgeizigen Höhen des anfangenden 20. Jahrhunderts kann niemals die ganze Wirklichkeit katholischen Lebens notieren. Hier bleibt noch viel zu tun. Von der reich entfalteten wissenschaftlichen und kulturellen Zeitschriftenpresse ganz zu schweigen.

II. Schwerpunkte aus publizistikwissenschaftlicher Sicht

Die prinzipielle Fragerichtung der jüngeren Publizistikwissenschaft ist auch dort, wo sie sich historischen Themen zuwendet, eine *andere* als die klassisch historische – am ehesten noch ist sie sozialgeschichtlich, aber in jedem Falle konzentriert auf gesellschaftliche Kommunikation, deren Faktoren, Bedingungen und Begleitumstände. Im Zentrum des Interesses steht immer das Phänomen der öffentlichen gesellschaftlichen Kommunikation. Öffentliche gesellschaftliche Kommunikation manifestiert sich auf einer historischen Achse in der Grundannahme, daß bisher jede menschliche Gesellschaft, soweit sie uns in bestimmter historischer Form überliefert und erkennbar geworden ist und wird, sich in wesentlicher Interdependenz mit ihren jeweiligen Kommunikationsstrukturen entwickelt hat. Das läßt sich an kommunikativ „liberalen" Gesellschaften ebenso gut beobachten wie an reglementierten, an „Zensur-Gesellschaften".

Gesellschaftliche Ordnungen, in denen religiöse Vorstellungen einen hohen Rang auf der Grundwerte-Skala einnehmen, sind so gut wie immer reglementierte Kommunikationsgesellschaften mit einer, wie Habermas[19]

---

[16] Vgl. *M. Schmolke* (Hg.), „Publik" – Episode oder Lehrstück? Auskünfte über eine katholische Wochenzeitung, Paderborn 1974; *O. B. Roegele*, „Publik" – ein Lehrstück, in: *D. Albrecht* u. a. (Hg.), Politik und Konfession. Festschrift für *Konrad Repgen*, Berlin 1983, 535–564.

[17] *J. Hoeren*, Die katholische Jugendpresse 1945–1970. Daten und Fakten zur Entwicklung, Münster/W. 1974.

[18] *F. J. Eilers*, Arnold Janssen als Publizist: ein Beitrag zur Geschichte der deutschsprachigen Missionspublizistik, in: CS 8. Jg. (1975), 301–323; *ders.*, 100 Jahre Familienzeitschrift „Stadt Gottes", in: CS 11. Jg. (1978), 130–133.

[19] Vgl. *J. Habermas*, Strukturwandel der Öffentlichkeit, Neuwied ^{4}1969, §§ 2 und 3.

aufgezeigt hat, reduzierten Öffentlichkeit und mit einem deutlichen Hang zur Zensur des geschriebenen und/oder gedruckten Wortes, wie das jüngst von W. Speyer[20] für Spätantike und frühes Christentum in überzeugender Weise anschaulich gemacht wurde. Christlich geprägte Gesellschaften gehören dazu. Der uns geläufige moderne Öffentlichkeitsbegriff ist typisch für *säkularisierte* Gesellschafts- und Kommunikationssysteme.

1. Katholische Medien – katholisches Verhältnis zu den Medien

Katholische Medien im Sinne eines bewußt bekennenden Auftretens in der allgemeinen Öffentlichkeit brauchte es erst zu geben, als es kein konfessionelles Territorialprinzip mehr gab. Eine im alten Kurfürstentum Mainz erscheinende Zeitung hätte als katholisch gegolten, ohne daß sie sich so hätte benennen oder bekennen müssen, etwa vergleichbar dem „Osservatore Romano", der automatisch als katholisch erwartet und gewertet wird, weil er im Vatikan erscheint und als „giornale del Papa" gilt. Eben deshalb war die Gründung des „Katholik" im nun nicht mehr kurfürsterzbischöflichen Mainz schon durch die Titelgebung bedeutsam, und seine Gründer wußten das und betonten es durch das unter den Titel gesetzte Motto „Christianus mihi nomen, Catholicus cognomen". Es war dies in bezug auf die Öffentlichkeit der Ansatz einer potentiellen „Versäulung".[21] Der Unterschied zwischen vorher und nachher wird deutlicher, wenn wir den inzwischen gesetzten dritten Schritt einbeziehen: Vor 1803 konnte man sagen: cuius regio, eius religio *eiusque communicatio publica*; nach der Säkularisation und erst recht mit Nr. 1 des „Katholik" (und natürlich in dessen Interpretation!) gilt Augustinus (De vera religione, cap. VII[22]): „... et Catholica (sc. christiana religio) nominatur non solum a suis, verum etiam ab omnibus *inimicis*"; seit dem Zweiten Vaticanum aber soll wieder gelten das „Forum ... publicum, ... ubi homines ultro citroque habeant sermones" (Communio et progressio 24). „Publik" schrieb 1968 in seiner Null-Nummer: „Diese Zeitung wird sich bemühen, eine katholische Zeitung zu sein auf eine so *ursprüngliche* Weise, wie es kaum jemand mehr ins Bewußtsein kommt, wenn von katholisch die Rede ist." Der „Katholik" hätte 1821 geschrieben: „... auf eine so *katholische* Weise, wie es bisher noch niemandem ins Bewußtsein gekommen ist, wenn von katholisch die Rede war."

---

20 *W. Speyer*, Büchervernichtung und Zensur des Geistes bei Heiden, Juden und Christen, Stuttgart 1981.

21 Zur (niederländischen) „Versäulung" speziell im publizistischen Bereich vgl. *G. W. Marsman*, Die Katholieke Dagbladpers in sociologisch perspectief, Assen 1967.

22 Genaueres bei *M. Schmolke*, Die schlechte Presse. Katholiken und Publizistik zwischen „Katholik" und „Publik" 1821–1968, Münster/W. 1971, 15.

Dieses damals neue und m.E. für die Entstehung des Katholizismus *notwendige* Konzept war leichter entworfen als realisiert. Die Einwohner früherer Cuius-regio-Territorien – ich denke jetzt an die katholischen – waren nicht gewohnt, unmittelbar von quasi „feindlicher" Publizistik behelligt zu werden. Jetzt aber wurde vieles als a- und antikatholisch empfunden, was da ringsum publiziert wurde: staatsfromme Blätter, bald auch – cum grano salis – liberale, die ebenso wie protestantische mit der Zensur des Karlsbader Typs[23] besser zurechtkamen als die katholischen. Das Gefühl, von publizistisch übermächtigen Feinden umstellt zu sein: aus dieser kommunikationspsychologischen Situation heraus ist auch die wie ein Blitz im wörtlichen Sinne erhellende Wirkung des Görres'schen „Athanasius" (1837) zu verstehen. Man mußte sich jetzt entlich entschlossen auf dem Felde zu wehren beginnen, „das ursprünglich nicht unser" war. Die alte Kommunikationspolitik von Index und Zensur griff nicht mehr.

Von Rom aus, wo man diese Veränderung erst viel, viel später begriff, verurteilt Gregor XVI. 1832 (in „Mirari vos") die „höchst verderbliche, niemals genug verfluchte und verabscheuenswerte Pressefreiheit" (libertas artis librariae ad scripta quaelibet edenda in vulgus)[24], während die Katholiken nördlich der Alpen auf eben diese Freiheit zu setzen beginnen, auf sie setzen müssen, wenn sie mithalten wollen.

Hier aber hat auch das „gebrochene Verhältnis", von dem die Rede war, einen seiner Ursprünge: Man mußte in der aktuellen Publizistik eben jene Mittel verwenden, die es all den „anderen" erlaubten, Kirche und Katholiken anzugreifen, – im Grunde also „schlechte" Mittel. Der Kampf gegen die „schlechte Presse" (d.h. die Presse der „anderen") begann im gleichen Moment, als das neue und ungewohnte Instrument auch von Katholiken benutzt werden mußte; alles was sie fortan auf diesem Felde taten, war von mehr oder weniger deutlichem Selbstzweifel gebremst und der Kritik aus dem eigenen Lager ausgesetzt. Das kritische bis feindliche Verhältnis der Katholiken zu den Medien schlug auf die katholischen Medien zurück: „Die Presse, wie sie sich heute ausgewachsen hat, ist ein großes Übel; unsere katholische Presse ist etwas Gutes, weil sie das kleinere Übel ist."[25]

2. Buch und Leser

Im Verlauf der fruchtbaren Entwicklung der Buchmarktforschung nach dem Zweiten Weltkrieg haben die Fragen nach Buch und Leser einen neuen, höheren Stellenwert bekommen. Dabei zeigte es sich, daß die

---

[23] Vgl. dazu *F. T. Hoefer*, Pressepolitik und Polizeistaat Metternichs, München 1983.
[24] *G. Deussen*, Ethik der Massenkommunikation bei Papst Paul VI., Paderborn 1973, 26.
[25] *J. Lukas*, Die Presse, ein Stück moderner Versimpelung, Regensburg 1867, 116.

Kommunikationswissenschaft wichtige Beiträge leisten konnte[26], obwohl sie das Buch lange Zeit um der klassischen Massenmedien willen vernachlässigt hatte. Auf der anderen Seite hat die katholische oder aus katholischen Interessen inspirierte Buch- und Leserforschung, oft verbunden mit dem Verlag Herder, Hervorragendes geleistet.[27] Aus meiner Sicht bedürfte es einer Synthese für unseren spezifischen Zweck: historische Buchmarktforschung, die den konfessionellen Aspekt gesellschaftlicher Kommunikation berücksichtigt. Ich kann sie hier nicht leisten, sondern nur mitteilen, daß, wer da arbeiten wollte, nicht bei Null zu beginnen bräuchte. (Was ich selbst sagen kann, hat immer eine Asymmetrie zugunsten der publizistischen Medien im engeren Sinne.)

3. Ein Exkurs zu wenig ausgeschöpften Quellen

Wer immer sich kommunikationshistorisch und -soziologisch mit dem katholischen Verlags-, Bücherei- und Zeitschriftenwesen befassen will, begegnet (jedenfalls für die Zeit ab 1862) Franz Hülskamps (1833–1911) „Literarischem Handweiser zunächst für das katholische Deutschland" (Münster 1862–1931). Auch unser Thema ließe sich im Sinne einer streng sachbezogenen empirischen Sozialforschung am korrektesten und inhaltsreichsten beantworten durch eine quantitative Analyse der vielen Bände des „Handweisers". Sein ehrgeiziges Ziel war ja, so zu informieren, „daß alle katholischen Bücherfreunde auf *rasche, leichte, verständige* und *zuverläßige* Weise von dem Erscheinen, dem Standpunkte, dem Zwecke, Inhalte und Werthe der sie interessirenden Literatur Kunde erhalten"; er hat es über viele Jahre hin (fast) erreicht. Die periodische Literatur (einschließlich der Volkskalender) wurde als besonderes Interessengebiet Hülskamps vom ersten Jahrgang an eingeschlossen – wenn auch nicht gerade erschlossen –, und so ist der „Handweiser" eine wichtige Quelle auch der Pressegeschichte geworden. Die Analyse könnte ähnliche Periodika wie z. B. die ältere Wiener „Katholische Literatur-Zeitung" und den jüngeren „Wiener Literarischen Handweiser für die katholische Welt" (ab 1884; ab 1887 u. d. T. „Österreichisches literarisches Centralblatt") einbeziehen und auf diese Weise ein ziemlich umfassendes Bild des katho-

---

26 Vgl. die ‚Bibliographie Buch und Lesen', hg. von *H. Steinberg* und *K. Teckentrup*, Gütersloh 1979, danach noch *P. Dorsch* u. *K. Teckentrup* (Hg.), Buch und Lesen international, Gütersloh 1981.

27 Vgl. die zahlreichen Arbeiten von *L. Muth* sowie die empirische Studie von *E. Noelle-Neumann/G. Schmidtchen*, Religiöses Buch und christlicher Buchhandel, Hamburg 1969, sowie: Religiöses Buch und christlicher Buchhandel. Untersuchung des katholischen Buchmarktes 1979, München/Kevelaer 1980. (Durchgeführt von Infratest Medienforschung München im Auftrag des Verbandes katholischer Verleger und Buchhändler und der Medien-Dienstleistung GmbH.)

lischen Verlagswesens und der Gesamtproduktion geben, darüber hinaus aber auch mannigfache Spezialfragen zu den Inhalten und den Trends der Produktion beantworten – dies umso genauer, als die Herausgeber in gelegentlichen Einleitungen Stoff für zeitbezogene Hypothesen liefern, dazu Material über sich selbst, so in der Notiz Nr. 1 des 4. Heftes 1862 (in Verbindung mit Heft 14, 1863, Sp. 163f.) eine der ersten quantitativen Abonnements-Annalysen der deutschen Pressegeschichte. Mitarbeiterverzeichnisse eröffnen den Blick auf die aktiven katholischen Publizisten der Zeit, Novitäten-Verzeichnisse sowie Verlags- und Buchhandelsinserate würden die Erstellung von Verlagsprofilen ermöglichen. Um es in der „Handweiser"-Sprache zu sagen: „pia desideria" der Katholizismus-Forschung, denen mit Hilfe von geläufigen inhaltsanalytischen Verfahren und EDV-Einsatz durchaus beizukommen wäre.

III. Das Verlagswesen

Wird die Frage nach Verlagen in historischer Absicht gestellt, so zielt sie in der Regel auf Buchverlage. Presseverlage als solche, gewissermaßen als Monokulturen neuen Typs, werden für die Wissenschaft erst mit dem Aufkommen der Massenpresse interessant. Es waren oft die klassischen Buchverlage, aus denen die Periodik des 19., d.h. des Modernisierungsjahrhunderts, erwuchs (Beispiel Bachem), und andererseits legten sich damals neu entstehende Presseverlage später nicht selten Buchproduktionen zu (Beispiel Ullstein). Dies wäre bei einer sozial- und kommunikationsgeschichtlichen Untersuchung unseres Feldes zu berücksichtigen.

Von den 89 Verlagen, die 1967 Mitglieder der Verlegerkammer der Vereinigung des katholischen Buchhandels waren[28], sind 19 als Nachkriegsgründungen einzustufen; weitere 31 von ihnen – und damit die relativ stärkste Gruppe – stammen aus unserem Jahrhundert (1901–1944). Sechs von den 89 erlebten schon das Erscheinen des „Katholik" im Jahre 1821, unter ihnen vier alte Traditionshäuser, nämlich Regensberg (Münster 1591), Kösel (Kempten/München 1593), Junfermann (Paderborn 1659) und Aschendorf (Münster, vor 1720). Auch Herder (Freiburg 1801) und Bachem (Köln 1818) gehören noch in diese Gruppe aus der Vor-Moderne, und die Gründung des Hauses Schwann (Düsseldorf, ursprünglich Neuß, 1821) fällt genau in unser Stichjahr. Aus dem Vormärz, d.h. aus der „Katholik"-„Athanasius"-Periode, bestanden 1967 noch zehn Verlage, z.B. Pattloch (Aschaffenburg 1827), Manz (München

[28] Vereinigung des katholischen Buchhandels (Hg.): Der katholische Buchhandel Deutschlands. Seine Geschichte bis zum Jahre 1967, Frankfurt/M. 1967, 175–181; Auszählungen des Verf.

1830), Pustet (München/Regensburg 1826) und Schöningh (Paderborn 1847), aber auch der Borromäusverein (Bonn) als Verlag (1844). Die eigentliche Gründerzeit (1851–1900) brachte wahrscheinlich viel mehr katholische Verlage als jene 23 hervor, die 1967 noch als Mitglieder der Vereinigung gezählt wurden, unter ihnen z.B. Habbel in Regensburg (1870), Butzon und Bercker in Kevelaer (1870), Fredebeul & Koenen in Essen (1866) oder Ludwig Auer/Cassianeum in Donauwörth (1875).

Manche der erwähnten Namen sind, mit mehr oder weniger Berechtigung, von einem gewissen Glanz umgeben. Ihr cognomen Catholicus scheint uns so ausgewiesen, daß wir rückwärts gewandt vermuten möchten, sie seien Pioniere des Katholizismus im Vormärz oder mindestens Helden im Kulturkampf gewesen. Aber die Pionier- und Heldentitel hätten sich am ehesten mit der Tagespublizistik erwerben lassen. Hier finden wir uns enttäuscht. Außer Bachem übernahm niemand von den Etablierten eine Vorreiter-Rolle. Das ursprünglich gar nicht unkatholische Haus Dumont-Schauberg in Köln steuerte seine „Kölnische Zeitung" auf einen erfolgreichen, aber längst nicht mehr katholischen Kurs.[29] Auch die Bachems zögerten. Obwohl sie in den 1840er Jahren um eine Zeitungskonzession gekämpft und sogar einen Teilerfolg errungen hatten[30], wurden sie 1848 nicht sofort verlegerisch aktiv, sondern überließen die Gründung der „Rheinischen Volkshalle" einem Komitee, wodurch der Mißerfolg dieses ersten katholischen Blatts im „großen Stil" vorprogrammiert war.[31] Erst ein Jahr später stellte sich, nach dem Scheitern der „Rheinischen Volkshalle", der Verlag voll hinter die Nachfolgerin „Deutsche Volkshalle". Nach deren staatlicher Unterdrückung 1855 brauchte Josef Bachem, seit 1834 Chef des Hauses, eine fünfjährige Atempause, ehe er 1860 mit den sehr bescheidenen „Kölnischen Blättern" den Grundstein für die „Kölnische Volkszeitung" und damit für die moderne katholische Tagespresse legte.

Benjamin Herder druckte und verlegte wohl auch 1841–1845 das „Südteutsche katholische Kirchenblatt", gab aber im Juni 1845, nachdem diese Zeitschrift im April 1845 [?] in die „Südteutsche Zeitung für Kirche und Staat" umgewandelt worden war, diese Funktion an die Freiburger Firma F. Wangler weiter. Gegen diese von Karl Bachem und nach ihm auch von Klemens Löffler überlieferte Version spricht freilich ein Brief Benjamin Herders, in dem er noch am 24. April 1846 klagt, die „Süddeutsche Zeitung" laste „drückend" auf ihm.[32] Bei Weiß/Krebs heißt es: „Auch 1846 nach der Änderung des bisherigen Quartformats in Folio

[29] Vgl. *K. Bachem*, Josef Bachem . . ., a.a.O., Bd. 1, 298ff.
[30] Ebenda, Kap. 12.
[31] Zusammenfassend *Schmolke*, Schlechte Presse, a.a.O., 75–81.
[32] *A. M. Weiß* u. *E. Krebs*, Im Dienst am Buch, Freiburg/Br. 1951, 63, Anm. 9.

und von wöchentlich dreimaligem zu häufigerem Erscheinen blieben die Klagen. Im wiederholten Briefaustausch mit Mone deckte Herder die Schwächen der Zeitung und ihre Schwierigkeiten auf. Als Buß nach der Kammerauflösung im April 1846 in den Landtag gewählt wurde, fiel er für die Redaktion plötzlich aus, und wie beim Kirchenlexikon hatte Benjamin Herder die Hauptlast zu tragen. Ebenfalls über den Zensor klagte er (24. April 1846 an Mone), der nicht nur streiche, sondern auch die Artikel willkürlich abändere, wie z.B. den Bericht über die Feierlichkeiten bei Anwesenheit des Herrn Erzbischofs in Karlsruhe. Der wendige Verleger weiß sich aber zu helfen: Streicht die ... Zensur den Artikel, so schickte ich ihn nach Augsburg. Wieder mußten Redakteure gewechselt werden, der Druck ging an Wangler über, schließlich wurde die Zeitung 1848 mit dem Deutschen Volksblatt in Stuttgart vereinigt."[33]

Nun kann man selbst bei wohlmeinender Interpretation nicht sagen, diese Dulder-Rolle Benjamin Herders sei schon mannhaftes Eintreten für die Entwicklung der katholischen Presse im Vormärz gewesen. Und Ähnliches gilt für vergleichbare (etablierte) katholische Verlage. These für eine spezielle Untersuchung des Gesamtkomplexes mangelnder Risikobereitschaft könnte also sein: Die größeren katholischen Buchverlage haben im 19. Jahrhundert – mit Ausnahme von Bachem – riskanten Boden zu betreten vermieden, und das hat sich ausgezahlt, im Sinne der Bestandssicherung und der Ausweitung des soliden Geschäfts. Dieses aber blühte eher im klassischen Buchhandel und allenfalls noch bei den nichtpolitischen Zeitschriften: Hier ist – in der zweiten Jahrhunderthälfte – so mancher groß und einige wenige wohl auch reich geworden.

Ein einhelliges Urteil über die Frage, welche katholischen Verlage wir zu den großen Namen der deutschen Verlagsgeschichte zählen können, dürfte schwer zu gewinnen sein. Die Entwicklung des Hauses Herder zum modernen Multimedienbetrieb mit internationalem Anspruch steht außer Frage.[34] Aber hier stock' ich schon. Ist eine Reihung nach dem Umsatz empfehlenswert? Oder sind – unter kulturgeschichtlichem Aspekt – Werte der Tradition im weitesten Sinne höher zu bewerten, wie sie etwa mit Kösel oder Regensberg immer noch verbunden zu sein scheinen? Häuser, die die beiden großen Kriege in ungebrochener Tradition und zugleich wirtschaftlich stabil bis wohlhabend überdauert haben, gibt es gar nicht so viele. Aschendorff und Schöningh mögen genannt sein, weil an ihnen beispielhaft deutlich wird, daß das Schulbuchgeschäft eine solide Säule der wirtschaftlichen Absicherung sein kann. Von den Traditionsträgern hat Pattloch nach dem Zweiten Weltkrieg Neues unternommen, von

---

33 Ebda., 62f.

34 Davon kann auch die prätentiös-bescheidene Jubiläumsschrift „175 Jahre Herder. Kleines Alphabet einer Verlagsarbeit", Freiburg/Br. 1976, nicht ablenken.

den jüngeren Gründungen des Matthias Grünewald-Verlag (gegr. 1918) ein starkes eigenes Profil gewonnen. (Es ist mir bewußt, wie riskant, weil möglicherweise ungerecht, es ist, hier mit vielleicht zufälligen Nennungen zu operieren; ihr Sinn ist keinesfalls Wertung, sondern der Wunsch nach einem Minimum an Anschaulichkeit.)

Nehmen wir das deutschsprachige Ausland hinzu, dessen renommierte katholische Verlage mit dem deutschen Verlagswesen vielfach vernetzt waren oder sind, so finden wir Benziger (Einsiedeln) und Styria (Graz) in voller Aktivität, aber bei der Innsbrucker Tyrolia, die immerhin für Johannes Messners Naturrecht und das Katholische Soziallexikon steht, zögern wir schon. Was heute noch existierende Namen wie Pustet, Habbel, Manz u.a. für das profilierte katholische Verlagswesen der Gegenwart aussagen, vermag ich nicht zu beurteilen. Vor hundert Jahren hatten sie einen eindeutig bestimmbaren Platz im Gesamtfeld des katholischen Verlagswesens.

Diese kritische Rundschau will nicht sagen, daß es heute keine starken katholischen Verlagsunternehmen gebe, aber sie sind, wenn ich z.B. an die Verleger der Bistumspresse denke, mit einer anderen Produktpalette stark geworden. Nun ist ein solches Kommen und Gehen, Erstarken und Schwächer-Werden, in vielen Branchen der Wirtschaft gang und gäbe. Deshalb ist gelegentlich versucht worden, statt der Wege der Büchermacher die Bücher selbst als „Wegmarken des deutschen Katholizismus" heranzuziehen und zu deuten.[35] „Bücher haben ihre Schicksale, sagt ein altes Wort. Aber dieser Satz läßt sich auch umkehren: Schicksale haben ihre Bücher."[36]

Es ist sicher eine verlockende Möglichkeit, Verlagsgeschichte oder genauer: Buchproduktionsgeschichte und damit Geistesgeschichte anhand der Spuren wichtiger Bücher zu erforschen und darzustellen; für unsere Fragestellung nach dem Verlagswesen würde das bedeuten, Rezeptionsgeschichte, wie sie die Literaturwissenschaftler betreiben, nicht beim Autor bzw. dessen Umfeld enden zu lassen, sondern weiter zurückzufragen zum Verlag und dessen Autorenpolitik, wenn und sobald eine solche erkennbar wird. Mit literatursoziologischen und kommunikationswissenschaftlichen Verfahren ließe sich eine Art Verortung der Verlage in den Feldern eines Koordinaten-Systems gewinnen, aus der wir, sofern mehrere Zeitschnitte angelegt würden, historische Verlagsprofile nachzeichnen könnten. Ich kann mir vorstellen, daß das Rohdatenmaterial des

---

[35] Vgl. etwa *O. Köhler*, Bücher als Wegmarken des deutschen Katholizismus, in: Vereinigung des katholischen Buchhandels (s. Anm. 28), a.a.O., 90, oder *Cl. Bauer*, Staatslexikon der Görres-Gesellschaft – Spiegel der Entwicklung des deutschen Katholizismus, in: Deutscher Katholizismus, Frankfurt/M. 1964.

[36] 175 Jahre Herder, a.a.O., 62.

„Literarischen Handweisers“ eine quantitativ ausreichende Quelle für eine solche Untersuchung abgeben könnte, die sich freilich nur im Rahmen eines relativ aufwendigen Projekts realisieren ließe. Ziehen wir die von Oskar Köhler als „Wegmarken“ der Jahre 1825–1965, also von Johann Adam Möhler bis Heinrich Böll, zusammengetragenen Bücher für ein kleines Experiment heran, so stellen wir fest, daß die Konzentration wichtiger Bücher – „wichtig“ aus der subjektiven Sicht Köhlers – auf einige wenige Verlage verhältnismäßig früh einsetzt. Er erwähnt 268 Titel mit mehr oder weniger Betonung und Kommentierung. 262 davon stammen aus insgesamt 78 Verlagen, die restlichen 6 lassen sich nicht ohne weiteres zuordnen, jedenfalls nicht zu buchhändlerisch tätigen Verlagen. Die größte Teilmenge der Publikationen mit Wegmarken-Rang, nämlich 78 Titel (29%), sind bei Herder erschienen. An zweiter Stelle steht der Verlag Kösel mit 31 erwähnten Titeln (11,6%), gefolgt vom Jakob-Hegner-Verlag (12 Titel; 4,5%) mit seiner variantenreichen sächsisch-österreichisch-schweizerisch-kölnischen Verlagsgeschichte[37], Schöningh (9 Titel; 3,6%) und den addierten Titeln von Knecht plus Carolus-Druckerei (6 Titel; 2,2%). Die Vormacht aus Freiburg wird noch stärker, wenn man die erwähnten Alber- und Christophorus-Titel hinzuzählt: Herder hält dann über 30 Prozent, darunter die große Mehrheit der wesentlichen Nachschlagewerke und Handbücher, also der aufwendigen Großproduktionen. Gar nicht wenige als katholische Wegmarken notierte Bücher sind in Verlagen erschienen, die sich der Vereinigung des katholischen Buchhandels schwerlich zuordnen ließen, etwa bei Oldenbourg, Kiepenheuer & Witsch oder Claassen.

Voll aussagekräftig würde die hier versuchte Skizze freilich erst dann, wenn wir die wirtschaftlichen Karrieren der einzelnen Verlage und ihre geographischen Zuordnungen, Veränderungen, Vernetzungen und Verästelungen einbeziehen würden, die Einstellungen, Fusionen und manchmal auch Wiederbelebungen alter Namen. Für manche Häuser ließe sich – im Gefolge der Kriege, der politischen Unterdrückung und auch wirtschaftlicher Krisen – so etwas wie Itinerare schreiben, die man auf der wirtschaftlichen wie der geographischen Landkarte verfolgen könnte.

Historische Verlagsprofile ließen sich verfeinern, wenn man es nicht bei der ebenso subjektiven wie pauschalen Erhebung von Büchern zu „Wegmarken“ beließe, sondern einmal versuchen würde, das Verfahren der qualitativen Analyse, wie es Siegfried Kracauer[38] auf die deutschen Spiel-

[37] Diese Wege sind wohl noch nachzuzeichnen. Hinweise bei *Vinz/Olzog*, a.a.O., 2. Ausgabe 1965, 234f. (mit Literatur) sowie bei *M. G. Hall*, Österreichische Verlagsgeschichte 1918–1938, Wien 1985, Bd. II, 437–440.

[38] *S. Kracauer*, Von Caligari zu Hitler. Eine psychologische Geschichte des deutschen Films; deutsch: Frankfurt/M. 1979. Kracauer beabsichtigte, mittels der Analyse von Filmen

filme der Weimarer Zeit angewendet hat, auf wichtige katholische Bücher zu übertragen, was sicher nur unter Einbeziehung der Fiction-Literatur möglich wäre. Bücher-Inhalte wären auf ihre zeitanalytische und prognostische Qualität zu untersuchen, was ich mir bei Reinhold Schneiders „Winter in Wien“ ebenso vorstellen kann wie in Bölls frühen Romanen; „Und sagte kein einziges Wort“ (1953), „Haus ohne Hüter“ (1954) und selbst noch „Ansichten eines Clowns“ (1963) haben vorwegnehmend den Zustand von Religiosität, aber auch formaler Kirchlichkeit (bzw. Entkirchlichung) in einigen Zügen so karikiert, wie wir ihn heute auf der Basis religionssoziologischer Erhebungen als real anzuerkennen bereit sind. Und auch die Schriften Rahners wären eine Prüfung wert, von woher sie wohin führen – es muß ja nicht immer „von Caligari zu Hitler“ gehen, wie Kracauer seine Studie betitelt hat.

IV. Das Büchereiwesen

Die allgemeine und hier sehr knapp zu haltende Information über diesen Teilbereich stammt notgedrungen aus sekundären Quellen. Nur zwei Akzente könnte ich originär setzen, nämlich die Entstehung der beiden wesentlichen katholischen Bücherei-Organisationen im engen Zusammenhang mit der tagesaktuellen Diskussion um die katholische Presse sowie das auf die lesende Gesamtöffentlichkeit bezogene Ringen um die Ent-Gettoisierung der Büchereiarbeit als Volksbildungsarbeit.

1. Der Borromäus-Verein

Wie uns Koep und Vodermayer informieren[39], ist die Idee, mit kirchlicher Hilfe „gute Bücher“ unter das Volk zu bringen, wesentlich älter als der Borromäus-Verein, und schon dieser ist alt, nämlich der älteste katholische Verein neuen, d. h. gesellschaftlichen und *nicht* bruderschaftlichen, Typs. Die Bücher-Idee stammt von Jesuiten, und zwar aus dem Anfang des 17. Jahrhunderts; der Borromäus-Verein ging 1844 aus einem Köln-Bonner Klüngel hervor, einem Kreis um August und Peter Reichensperger, Franz X. Dieringer und Max von Loe, in dem wir so manchen Teilnehmer antreffen, der vorher oder gleichzeitig oder wenig später die Idee der katholischen Tagespresse voranzutreiben bemüht war, so auch Lambert Bachem II und seinen Sohn Josef. Karl Bachem urteilt, daß bei der Vereinsgründung „von vornherein der Gedanke lebendig“ gewesen

„Dispositionen“ aufzudecken, „die den Lauf der Ereignisse zu jener Zeit beeinflußten“ (vgl. S. 7).

[39] *Koep/Vodermayer*, a.a.O., 387.

sei, „durch Verbreitung guter Bücher dem Volke wenigstens einigermaßen einen Ersatz dafür zu bieten, daß katholische Zeitungen nicht möglich waren, wenn möglich auch zur Schaffung katholischer Zeitungen beizutragen".[40] Zur Beurteilung der weiteren Entwicklung ist folgende Bemerkung Karl Bachems aufschlußreich: „Unter Dieringers und des ganzen Vereins Einfluß nahm der Buchverlag von J. P. Bachem fortan eine ausgesprochene katholische Richtung an . . ."[41]. Ab 1847 (19. Oktober) befaßte sich der Vereinsvorstand konkret mit dem Thema ‚katholische Zeitung'. Die Gründung durch den Verein selbst wurde öffentlich diskutiert, und im „Monatsblatt des Vereins vom heiligen Karl Borromäus", der ersten Vereinszeitschrift, erschien im Februar 1848 ein Beitrag mit dem Vorschlag: „Das Monatsblatt des Vereins vom hl. Karl Borromäus als Vorläufer einer katholischen Zeitung". Die Diskussion wird fortgesetzt, und aus der siebten Vorstandssitzung am 11. April 1848 – Spael schreibt (mit Recht): „Die Elite des rheinischen Katholizismus ist versammelt"[42] – geht der Vorbereitungs- und Gründungsbeschluß für die „Rheinische Volkshalle" hervor, wobei der Verein zwar Gründervater und Pate, nicht aber Rechtsträger des Blattes wird. Die Geschichte verlief, wie wir wissen, unglücklich.[43] Der Verein als solcher hingegen entwickelte sich günstig, überstand beide Kriege und zählte 1982 386 000 Mitglieder, 3718 Büchereien mit einem Bestand von 10 689 373 Büchern bzw. Medienstücken bei gut 13 Millionen Entleihungen jährlich.[44] Während er am Anfang etwas war, was wir heute Buchgemeinschaft oder Lesering nennen, mit Jahresgabe, Versandkatalog und verbilligten Angeboten, wurde er bald nach der Gründung auch eine Bücherei-Organisation; die Idee der Gründung von „Vereinsbibliotheken" auf Ortsvereinsbasis geht bis auf das Jahr 1846 zurück: die „Geburtsstunde einer organisierten katholischen Büchereiarbeit".[45]

2. Der St. Michaelsbund

Der bayerisch-restdeutsche Dualismus hat sich im katholischen Büchereiwesen erhalten: Der „St. Michaelsbund", so das Resultat der 1934 erfolgten Umbenennung des 1901 gegründeten Katholischen Preßvereins für Bayern[46], kann dem Borromäus-Verein beachtliche Hilfskontigente

---

[40] *K. Bachem*, Josef Bachem . . ., a.a.O., Bd. 1, 113.
[41] Ebda.
[42] *Spael*, a.a.O., 81.
[43] *Schmolke*, Schlechte Presse, a.a.O., 79f.
[44] *Bach*, a.a.O., 174.
[45] Ebda., 163.
[46] Dazu *K. Nüßler*, Geschichte des Katholischen Preßvereins für Bayern, Diss. München 1954.

zuführen: Mehr als 1000 Büchereien, gut vier Millionen Bücher/Medienstücke und sieben Millionen Entleihungen.[47] Der im Verhältnis zum Borromäus-Verein wesentlich jüngere bayerische Preßverein stand in noch deutlicher formuliertem Zusammenhang mit der gesamtkatholischen Publizistik-Diskussion. Vereinszweck war, „die katholische Presse im weitesten Umfang zu fördern und das Volk gegen die Gefahren zu schützen, die ihm durch die glaubensfeindliche und unsittliche Presse bereitet werden, durch Verbreitung der katholischen Zeitungen, gute Zeitschriften in Lesezirkeln, durch Gründung von Volksbibliotheken und Einrichtungen von öffentlichen Lesehallen“[48]. Der Preßverein entwickelte sich im Unterschied zum Borromäus-Verein zu einem aktiven Zeitungsverlagsträger von jenem Preßvereinstyp, wie wir ihn heute noch in Österreich kennen. Dem bayerischen Verein gehörten lt. Jahresbericht 1930 acht Zeitungen mit Druckereien sowie zehn Verlagsbeteiligungen, die 24 bayerische Zeitungen betrafen.[49] Erst die nationalsozialistische Presspolitik erzwang 1934 die Abwendung vom Tagesgeschäft und die Veränderung in Richtung Borromäus-Verein, mit dem man seit 1957 kooperiert. Ein Presseobjekt blieb: die noch heute vom Michaelsbund verlegte „Münchener Katholische Kirchenzeitung“.

3. Die Öffnung der Büchereien

Mit der Öffnung seiner Büchereien und der – niederländisch gesprochen – Entsäulung seiner Volksbildungsarbeit hat sich der Borromäus-Verein ziemlich schwer getan. Ein Vorstandssitzungsprotokoll vom 3. Juni 1897 vermerkt, „daß nichts dagegen zu erinnern sei, wenn die Vereine gelegentlich Bücher gegen einen geringen Preis oder auch gratis auch an Nichtmitglieder oder Nichtteilnehmer ausgeben“.[50] Die Öffnungsproblematik bezog sich aber auch auf die Inhalte des vom Borromäus-Verein angebotenen Buchgutes, die Diskussion der Qualität, zunächst einmal binnenkatholisch, dann auch darüber hinaus. Der Konflikt zwischen katholischer und akatholischer Volksbibliotheks- und Volksbildungsarbeit war unausbleiblich und verlief nach meinem Eindruck zum Teil nach den gleichen Mustern, die sich im Kampf gegen die „schlechte Presse“ herausgebildet hatten. In sich waren beide katholischen Vereine aber schließlich so gefestigt, daß sie das Dritte Reich mit Hilfe taktischer Maßnahmen überdauern konnten, unbeschädigt, wenngleich von erheblichen materiellen Schäden betroffen.

---

47 Errechnet aus den Angaben bei *Bach*, a.a.O., 173, für 1982.
48 Zit. n. *Koep/Vodermayer*, a.a.O., 397.
49 Ebda., Anm. 4.
50 Ebda., 393.

V. *Das Zeitschriftenwesen*

Die Begriffe Zeitung und Zeitschrift sind im allgemeinen Sprachgebrauch weder heute, noch waren sie im 19. Jahrhundert präzise unterschieden. Deshalb ist eine Begriffsklärung notwendig. Die Definition der Zeitung ist einleuchtend und in wesentlichen Teilen innerfachlich unbestritten: Die Zeitung ist „eine Druckschrift, die periodisch (in der Regel täglich oder werktäglich) hergestellt und vertrieben wird mit dem Zweck der Veröffentlichung aktueller und (potentiell) universeller Aussagen, die Texte oder Bilder sein können“[51]. Für die Zeitschrift muß man sich, wenn man präzise sein will, mit einer Negativ-Definition behelfen: Alle mindestens zweimal jährlich erscheinenden periodischen Druckschriften, die keine Zeitungen sind, sollen Zeitschriften heißen.

Das Definitionsproblem ergibt sich aus dem allgemeinen Forschungsproblem, das die Zeitschriftenforschung belastet: Es gibt a) zu viele Zeitschriften, b) zu viele Themenbereiche, denen sich Zeitschriften zuwenden können, und c) eine große Vielfalt von Gestaltungsweisen (Stilen), die sich auf die Herstellung von Zeitschriften anwenden lassen. Dabei bedeutet Punkt b, daß die der Zeitung zugestandene *potentielle* Universalität zwar auch im Typ Zeitschrift realisiert werden kann, aber nur je sektorial in einer Vielzahl entsprechend sektorial thematisierender Zeitschriften. Gelegentlich geäußerte Unzufriedenheit mit dem Stand der Zeitschriftenforschung[52] ist berechtigt, wobei wahrscheinlich wieder einmal der Mangel an gesellschaftlicher Relevanz die mögliche Lösung durch ausreichend dotierte Projekte verhindert.

Dies betrifft auch die Erforschung der katholischen Zeitschriftenlandschaft. Wir wissen viel und in manchen Fällen auch Genaues über einzelne Zeitschriften und ihr Umfeld, aber wir haben z. B. keinen Überblick über den Gesamtbestand, soweit er vor 1933 liegt. Paradoxerweise hat der Druck der nationalsozialistischen Presselenkung als Nebenprodukt eine leidlich genaue Statistik katholischer Zeitschriften hervorgebracht. Für die Zeit davor aber wird man von vielen Übersichten und Katalogen enttäuscht, am meisten eigentlich vom wissenschaftlich ehrgeizigsten Unternehmen, nämlich Joachim Kirchners (Hrsg.) Bibliographie der Zeitschriften des deutschen Sprachgebietes bis 1900[53]. Catholica finden wir dort unvollständig, unzutreffend systematisiert und gelegentlich mit falschen Daten und mangelhaften Fundorthinweisen ausgestattet. Eine vollständige katholische Zeitschriftengeschichte mit wissenschaftlichem Anspruch

---

[51] Artikel ‚Zeitung' im Handlexikon zur Literaturwissenschaft, hg. v. *D. Krywalski*, München ^{2}1976, 525–530, hier: 525.

[52] Vgl. *H. Bohrmann* u. *P. Schneider*, Zeitschriftenforschung, Berlin 1975, 30f.

[53] Stuttgart 1969, 1977.

wäre also z. Zt. unmöglich, und wer einen flüchtigen, aber titelreichen Überblick über das ganze 19. Jahrhundert gewinnen will, ist mit Klemens Löffler immer noch ganz gut bedient.

1. Gründungsprobleme im 19. Jahrhundert

Denken wir an das Jahr 1821 zurück, so wird sofort klar, daß jeglichem katholischem Emanzipationsstreben im Bereich der Tagespresse die Hände gebunden waren. Erst zwei Jahre vorher war als einer der „Karlsbader Beschlüsse" auch jener über die Presse entstanden, eine Art „Bundes-Zensur-Rahmengesetz"[54]. Einzelne deutsche Staaten verfuhren strenger, als der Beschluß es vorschrieb, und zumal in Preußen und Österreich waren Zeitungsgründungen so gut wie unmöglich, es sei denn, die Regierungen wollten sie. So wich man allenthalben auf Zeitschriften aus, die zwar auch nicht zensurfrei waren, aber keine langen Vorfeld-Kämpfe um Konzessionen auszutragen brauchten, wenn sie auf den Charakter des Politischen verzichteten und den Eindruck der Enthaltsamkeit bei der beobachtenden Behörde aufrechterhalten konnten. Man darf sagen, daß, wo immer ein einzelner oder eine Gruppe mittels Presse an die Öffentlichkeit treten wollte, die Zeitschriftengründung – im Unterschied zu großen Zeitungsplänen – die Kunst des Möglichen war. Jungdeutsche nutzten das ebenso aus wie Katholiken, einzeln oder zu Herausgeberschaften verbündet.

Zur frühen Entwicklung des katholischen Zeitschriftenwesens vor 1848 haben wir Rudolf Peschs vorzügliche Fallstudie über die „kirchlich-politische Presse der Katholiken in der Rheinprovinz", die darüber hinaus einen Gesamtüberblick über das gibt, was er mit Recht die „Kirchenblattbewegung", für die Zeit ab 1841 sogar „Hochflut der Kirchenblattbewegung" nennt[55]. Dabei wird erkennbar, daß die zahlreichen Blätter und Blättchen – Pesch erfaßt 50 Gründungen zwischen 1821 und 1847 – zwar mehrheitlich „fromm" waren und etwa „Religionsfreund" oder „Gotteskästlein" heißen mochten, daß sie zugleich aber auch, und zwar verstärkt nach 1837, politisch wirksam wurden. Dabei hat der überregional verbreitete „Katholik", der ab 1844 fast wie ein Tageblatt erschien, anspornend und vorbildgebend gewirkt, während die 1838 gegründeten „Historisch-politischen Blätter" (HPB) in den Funktionen Orientierung und Vergewisserung nicht nur „Hauptorgan der sich sammelnden politischen Freiheitsbewegung der deutschen Katholiken" (K. Buchheim)[56], sondern schlechthin das Rückgrat des katholischen Selbstbewußtseins waren. Die überwachenden Regierungen haben diesen politischen Ansatz selbst from-

[54] Vgl. *Hoefer* (s. o. Anm. 23).
[55] *Pesch*, a.a.O., 173.
[56] Zit. n. *Pesch*, a.a.O., 166, Anm. 174.

mer Kirchenblätter durchaus erkannt, aber nicht mehr umfassend einzudämmen vermocht. Die nach 1848 folgenden, z. T. wieder restriktiven Preßgesetze taugten zum Schikanieren der Redakteure, nicht aber zur Verhinderung von Zeitschriftengründungen. Und so entfaltete sich mit der Zeit ein bemerkenswert breites katholisches Zeitschriftenspektrum, von der binnenkatholischen Kritik viel weniger beobachtet und viel weniger mit Mißtrauen betrachtet als alle Bewegungen auf dem Feld der Tagespresse. Die Zeitschriften-Neulinge waren begünstigt durch einen Umstand, der heute nicht mehr gegeben ist: Gründungen erforderten nur geringe Erst-Investitionen (im Vergleich zu Zeitungen), die Technik war bescheiden, Illustrationen gab es nur bei den im Gefolge der „Gartenlaube“ aufkommenden Unterhaltungs- bzw. Familienblättern, und wenn ein Herausgeber selbst eines billigen Blattes, wie etwa Adolph Kolping mit seinen „Rheinischen Volksblättern“, eine Auflage von 5000 erreichte, so war er damit schon in einer recht ersprießlichen Gewinnzone.

Die herausgeberische und journalistische, übrigens auch verlegerische Tätigkeit Kolpings[57] markiert den Anfang einer später weit verbreiteten Spezialität katholischer Presse-Publizistik: der Verbandspresse. Im schon erwähnten Monatsblatt des Borromäusvereins begegnen wir ihr zum ersten Mal; aber erst mit der massenhaften Gewinnung und Erschließung der bisher nicht im modernen verbandlichen Sinne organisierten Volksschichten durch den Gesellenverein, die kirchlichen Arbeitervereine und schließlich den Volksverein ergaben sich Chance und Notwendigkeit eines ergänzenden Kommunikationssystems „Verbandspresse“. Es ist in diesem Zusammenhang eine Erinnerung wert, daß Kolpings „Rheinische Volksblätter für Haus, Familie und Handwerk“ (gegr. 1854) die Rolle eines „Vereinsorgans“ (so der Titel des Vorläuferblatts) nur als Nebenfunktion übernahmen; in der Hauptsache waren sie eine volkspädagogische Unterhaltungszeitschrift, die mit ihren Erträgen – sie war kein Mitgliederblatt, sondern mußte abonniert werden – die Verbandsarbeit des Gesellenvereins finanzieren half. Kolping, der 1850 bis 1854 das Instrument „Vereinsorgan“ erprobt hatte, kehrte erst 1863 mit der Gründung der „Mittheilungen für die Vorsteher der katholischen Gesellenvereine“ zur Verbandspresse im engeren Sinne zurück, für die dann später Titel wie „Kolpingblatt“, „Westdeutsche Arbeiterzeitung“, „Wacht“, „Ketteler-Wacht“ und schließlich auch noch „Mann in der Zeit“ repräsentativ wurden. (Eine zusammenfassende Erforschung und Darstellung der katholischen Verbandspresse wäre übrigens eine lohnende Aufgabe künftiger Katholizismus-Forschung.)

[57] Vgl. *Schmolke*, Kolping, a.a.O.

2. Zeitschriften als Zeitzeichen

Wilmont Haacke hat einem seiner Bücher den griffigen Titel „Zeitschrift – Schrift der Zeit“[58] gegeben, und das ist mehr als ein Wortspiel. Für den deutschen Katholizismus im 19. Jahrhundert waren „Katholik“ und HPB nachweislich Zeitzeichen, während von der „Rheinischen Volkshalle“ heute nur noch Historiker wissen. Die 1865 bzw. 1871 einsetzenden „Stimmen aus Maria Laach“, die wir seit 1915 als „Stimmen der Zeit“ kennen, haben sich zu einem anders akzentuierten, aber ähnlich stetigen Begleitorgan entwickelt, wie es die im 20. Jahrhundert verblassenden HPB einmal waren. Zeitzeichen der ersten Hälfte des 20. Jahrhunderts aber wurde nicht jene reformkatholische Zeitschrift, die sich selbst „Das zwanzigste Jahrhundert“ nannte, sondern Carl Muths 1903 gegründetes „Hochland“, und für die zweite Hälfte des Jahrhunderts werden wir mit dem Urteil warten. Ich schließe nicht aus, daß wir auch für das 19. Jahrhundert, wenn wir „Katholik“ und HPB nennen, insofern ein Fehlurteil tradieren, als wir uns auf die Fülle der Erwähnungen dieser Titel und Studien über sie als quantitativen Indikator verlassen, ohne empirisch abgesichertes Wissen zu der Frage, ob nicht die „Stadt Gottes“ der Steyler Missionare (gegründet 1878) oder die Familienillustrierte „Alte und neue Welt“ von Benziger in Einsiedeln (gegr. 1867, Auflage bis 100000) funktional wichtiger waren als die vielzitierten Zeitschriften.

Nicht selten in der Pressegeschichte signalisieren Zeitschriftengründungen – und zusätzlich (jedenfalls manchmal) die zugehörigen Titelprägungen – einen Einschnitt, den eine spätere Generation „historisch“ zu nennen geneigt ist, – platt ausgedrückt: den Beginn einer neuen Zeit. Für unser Beobachtungsfeld gilt dies zweifelsfrei für „Katholik“ und „Hochland“. Mit ihnen begann, wie wir aus heutiger Sicht urteilen dürfen, Neues, und die Titel selbst setzten die Schlaglichter. Es ist etwas anderes und die Veränderung einer Welt Signalisierendes, wenn man eine Zeitschrift „Der Katholik“ nennt statt, wie 37 Jahre vorher geschehen, „Mainzer Monatsschrift von geistlichen Sachen“. Auch „Hochland“ placierte sich nicht zufällig ins Gebirge: Dort stieg man wenig später, zeitgeistlich beflügelt, zum „Gral“ (1906) auf, und ab 1910 flog „Der Aar“ über Regensburg, während es auf evangelischer Seite schon seit 1898 einen „Türmer“ gab. Die Metaphern der hohen Warte wichen nach dem Ersten Weltkrieg politischen Akzentsetzungen, die sich als Reaktionen auf die Veränderungen von 1918/19 interpretieren lassen: Joseph Eberle übernimmt 1918 die im gleichen Jahr noch unter dem Titel „Die Monarchie“ gegründete Zeitschrift „Das neue Reich“, verläßt aber die Reichs-Terminologie 1925 mit der Gründung der ganz nach seinem Konzept ge-

[58] Essen 1961.

schneiderten Wochenschrift „Schönere Zukunft". Die nach wie vor interpretationsbedürftige Rolle Eberles[59] und seiner Publizistik mag vielleicht überschätzt werden – die nachhaltige Erinnerung gerade an die „Schönere Zukunft" mag jedoch damit zusammenhängen, daß sie, ernster genommen als Felix Hardts „Pressekunde" (1927–1933), die Plattform für die hochkarätige katholische Publizistikdiskussion war; die einschlägige Autorenliste macht das deutlich: Adalbert Bangha, Anton Böhm, Walter Dirks, Emil Dovifat, Karl d'Ester, Otto Forst de Battaglia, Friedrich Funder, Waldemar Gurian, Hans Kapfinger, Eugen Kogon, Viktor Kolb, Richard von Kralik, Johannes Meßner, Friedrich Muckermann, Momme Nissen, Max Pribilla, Hans Rost, Robert Svoboda.[60]

Neben solch eher elitären Zielvorgaben zeigte freilich auch die Sprache kämpferischer „Bewegungen" Wirkung: Die katholischen Sturmscharler von 1932 konnten wohl wissen, daß sie mit der Titelgebung für ihre neue Wochenzeitung „Junge Front. Wochenzeitung ins [sic] deutsche Jungvolk" in die sprachliche Nachbarschaft von Rotfront und Hitler-Jugend gerieten[61], nicht aber ahnen, daß ihre Front bald eine Leidensfront werden sollte, in der sie sich auf den Erzengel „Michael"[62] zurückziehen mußten.

Das II. Vaticanum ließ den Dialog-Gedanken in einigen Zeitschriftentiteln anklingen, so direkt bei Karl Rahners „Internationaler Dialog-Zeitschrift" (bei Herder, 1968) und im (inzwischen längst verschwundenen) Untertitel des Wiener „Neuen Forums" („Internationale Zeitschrift für den Dialog")[63] oder auch in der Verwendung des Forum-Begriffs („Publik-Forum", gegr. 1972)[64].

Aber Namen allein sind noch nicht Zeichen neuer Zeit, und im übrigen ist zu bedenken, daß das Gründen von Zeitschriften heute ungleich schwerer ist als im 19. Jahrhundert; nur wer den Markt kennt und über ein gehöriges Startkapital verfügt, hat Chancen.

3. Die Zeitschrift als Massenmedium

Das Zeitalter der Massenpresse im wörtlichen Sinne wurde nicht durch das Medium Zeitung, sondern durch die Zeitschrift eröffnet. Im deut-

---

59 Vgl. *P. Eppel,* Zwischen Kreuz und Hakenkreuz. Die Haltung der Zeitschrift „Schönere Zukunft" zum Nationalsozialismus in Deutschland 1934–1938, Wien 1980.

60 *Schmolke,* Schlechte Presse, a.a.O., 216.

61 „Jungvolk" war die Untergliederung der Hitler-Jugend (HJ) für 10- bis 14jährige Knaben.

62 Vgl. *Gotto* (s.o. Anm. 11). Die markige Sprache der „Bewegungen" der Zeit hatte es übrigens auch einigen Führern des Volksvereins angetan; vgl. dazu den Beitrag von *H. Heitzer* auf dem Augsburger Symposion.

63 *D. Grieser,* Dialog-Zeitschriften 1968, in: CS 1. Jg. (1968) 238–242.

64 *H. W. Brockmann,* Leserinitiative Publik: der „Weg von unten", in: CS 6. Jg. (1973), 134–143.

schen Sprachraum geschah dies, ziemlich genau festlegbar, durch das 1833 nach englischem Vorbild gegründete Leipziger „Pfennig-Magazin der Gesellschaft zur Verbreitung gemeinnütziger Kenntnisse". Es kostete wenig Geld, war illustriert und erreichte innerhalb eines Jahres eine Auflage von 35000. Der erste Höhepunkt der Massenpresse im quantitativen wie soziologischen Sinne war Ernst Keils 1853 gegründete „Gartenlaube". Als sie in den 1870er Jahren eine Auflage von 400000 druckte, hätte ein Prognostiker schon ziemlich genaue Anhaltspunkte für die Skizzierung künftiger Zeitschriften-Erfolge vorliegen gehabt.

Auch die katholische Zeitschriftenpresse hat sich in jenen Jahren, aufs ganze gesehen, zur Massenpresse entwickelt. Die bisher angeführten Titel beziehen sich meist auf Elite-Blätter. Die Geschichtsschreibung überliefert sie, und zwar *uns*, den Wissenschaftlern und Intellektuellen. Das Volk las weder die „Historisch-politischen Blätter" noch das „Hochland", sondern die sehr zahlreichen kleinen Sonntags- und Volksblättchen, meist wöchentlich erscheinend, erschwinglich und verständlich. Der „Volksblatt"-Begriff wäre für eine bestimmte pressehistorische Zeit, vielleicht für die Spanne von 1848 bis zum Ende des Jahrhunderts, zur Bennenung einer spezifischen Gattung weitverbreiteter Billig-Presse geeignet: Sonntagsblatt und zugleich Zeitungsersatz, Aggiornamento des alten und immer noch sehr beliebten Volkskalenders an die moderne Zeit. Erst die in Deutschland ziemlich spät eintretende Verbilligung des Tageszeitungs-Abonnements in Verbindung mit der sich zuspitzenden parteipolitischen Auseinandersetzung verdrängte die „Blättchen" zugunsten der Zeitung.

Sollte man über die für die Gesellschaft im ganzen wichtigsten Leistungen der katholischen Publizistik bis zum Beginn des Ersten Weltkrieges urteilen, so verdienen m. E. weniger die erwähnten Setzer von Zeitzeichen Berücksichtigung als zwei andere Sektoren, die in der konventionellen politischen Geschichtsschreibung wenig Beachtung finden: die theologischen Fachzeitschriften auf der einen und eben die Blättchen fürs Volk auf der anderen Seite.

VI. Ausblick

Es könnte sein, daß die katholische Presse Deutschlands nach dem Zweiten Weltkrieg, wo sie, von wenigen Ausnahmen abgesehen, überhaupt nur noch als Zeitschriften-Presse fortexistierte, den Höhepunkt ihrer quantitativen Ausbreitung und auch ihrer journalistischen Professionalität erreicht hat. Aber ungeachtet der hohen Qualität wissenschaftlicher Zeitschriften, ungeachtet der Stabilität der hervorragend organisierten Bistumspresse – paradoxerweise hervorgegangen aus Sonntagsblatt-

Tradition unter dem Druck nationalsozialistischer Presselenkung[65] – ist etwa seit der Zeit des II. Vaticanums eine sanfte, in manchen Bereichen fast unmerkliche Talfahrt zu beobachten.[66] Ihre Ursachen liegen zum Teil im wirtschaftlichen Bereich, zum anderen Teil in Veränderungen beim Publikum, die in verschiedenen religionssoziologischen Erhebungen dingfest gemacht wurden[67]. Der Rückgang der „Kirchlichkeit" ist ein Phänomen, das einige klassische Sektoren des katholischen Zeitschriftenwesens bis zur Auszehrung geschwächt, andere immerhin deutlich berührt hat. Gottesdienstbesucherzahl und Bistumsblattauflagen sanken jahrelang in parallelen Kurven ähnlichen Neigungswinkels.[68] In der jüngsten Analyse der Auflagenentwicklung faßt Wolfgang Walter resümierend acht Gründe zusammen, die zum Auflagenschwund geführt haben und „die wohl bis zum heutigen Tage noch weitgehend gelten":

(1.) Liberalisierung beim „Kirchenvolk" als Folge des Konzils, (2.) Inhalt und Aufmachung der katholischen Presse nicht konkurrenzfähig, (3.) kirchliche Information durch die Konkurrenz Hörfunk, Fernsehen und liberale Presse, (4.) zu wenig gezielte Werbung, (5.) Rückzug der Geistlichkeit aus der Werbung für die kirchliche Presse, (6.) Abwanderung der katholischen Intellektuellen, (7.) Mangel an qualifizierten Redakteuren und Verlegern und schließlich (8.) zu schwach besetzte Redaktionen.[69]

Obwohl nicht nur die Verlage und Redaktionen selbst sowie die einschlägigen Verbände, sondern auch die Deutsche Bischofskonferenz seit etwas mehr als zehn Jahren mit bemerkenswerter Entschlossenheit gegensteuern und obwohl einige der gesetzten Maßnahmen erkennbaren Erfolg zeigen, bleibt der Eindruck des zwar unspektakulären, aber anscheinend nicht aufhaltbaren *fading* bestehen.

Diese Situation, die sich in Fakten und Zahlen, aber auch in einem gewissen Meinungsklima manifestiert, ist eine Herausforderung an die historische Katholizismus-Forschung. Denn wie Entstehung, Entfaltung und schließlich Erstarken der katholischen Publizistik in den hier skizzierten Bereichen eine Funktion des sich entwickelnden Katholizismus wa-

---

65 Vgl. *Hüsgen*, a.a.O., *Altmeyer*, a.a.O., u. *Schmolke*, Schlechte Presse, a.a.O., 251–266 u. 274–276.

66 *M. Schmolke*, Mut zur Zukunft oder: Haben wir eine Publizistik der Ängstlichkeit?, in: *R. Brehm* (Hg.), Mut zur Zukunft durch den Glauben: Perspektiven katholischer Publizistik, o.O. (München), o.J. (1985), 91–108, hier 92.

67 Vgl. besonders die Studien von *G. Schmidtchen*, *E. Noelle-Neumann* und (für Österreich) *P. Zulehner*.

68 Vgl. *M. P. Becker*, Die Bistumspresse in der Bundesrepublik Deutschland, in: CS 3. Jg. (1970), 299–310, 391–396; 4. Jg. (1971), 86–92, 182–195 und 281–291.

69 *W. Walter*, Die Auflagenentwicklung der Kirchenpresse, in: Anlage Nr. 1 zu den „Mitteilungen" III/7. 10. 1985 der Arbeitsgemeinschaft Katholische Presse, 3f.

ren, so ist ihr Verblassen möglicherweise ein Indikator dafür, daß wir in eine „Zeit nach dem Katholizismus“ einzutreten beginnen – oder vielleicht schon eingetreten sind.

Horstwalter Heitzer

DIE SOZIALE UND STAATSBÜRGERLICHE BILDUNGS- UND SCHULUNGSARBEIT DES VOLKSVEREINS FÜR DAS KATHOLISCHE DEUTSCHLAND 1890–1933

Zustimmung und Kritik im sozialen und politischen Katholizismus

I. Einleitung

Am 13. Juli 1948 schrieb der Bonner Rechtsanwalt Johannes Henry[1] an den Vorsitzenden der CDU in der britischen Zone: „Mein lieber Adenauer! ... Der Volksverein wird ja überdies von Tag zu Tag notwendiger. Kannst Du nicht eingreifen?“[2] Eingreifen meinte hier nicht nur Vermittlung in einer strittigen Frage, sondern zielte auf eine persönliche Intervention des CDU-Vorsitzenden. Henry wußte vermutlich nicht, daß sich Adenauer bereits seit 1946 engagiert mit der Frage der Wiedergründung der vor 1933 größten katholischen Laienorganisation beschäftigte. Fast drei Jahre, vom 24. Februar 1946, als im Dominikanerkloster Walberberg bei Köln die erste Sitzung ehemaliger Mitglieder und Freunde des Volksvereins stattfand[3], bis zum Spätsommer des Jahres 1948 sollte das Ringen um die Frage der Wiedergründung dauern – dann hatten sich die Gegner dieses Vorhabens endgültig durchgesetzt.

Es ist nicht Gegenstand dieser Untersuchung, die Gründe und Hintergründe des Scheiterns darzulegen oder gar über den Erfolg einer Wiedergründung zu spekulieren. Soviel sei nur gesagt: Der Kölner Domkapitular Wilhelm Böhler[4], einflußreicher Berater des Vorsitzenden der Fuldaer Bischofskonferenz, lehnte nicht nur die Vorschläge der Gründungsinitia-

---

[1] *Henry* (1876–1958), Rechtsanwalt und Kommunalpolitiker, war bis 1933 Vorsitzender der Zentrumsfraktion in Bonn. 1945 Mitbegründer der dortigen Union und langjähriger Kreisparteivorsitzender der CDU-Bonn (Stadt).

[2] NL Adenauer, Nr. 07.20, Stiftung Bundeskanzler-Adenauer-Haus (= StBKAH).

[3] Vgl. *Albers* an *Kaiser* vom 25. 2. 46. NL Kaiser, Nr. 164, Bundesarchiv Koblenz (= BAK).

[4] Vgl. *B. van Schewick*, Wilhelm Böhler (1891–1958), in: Zeitgeschichte in Lebensbildern (Bd. 1 und Bd. 2 hg. v. *R. Morsey*, ab Bd. 3 hg. v. *J. Aretz, R. Morsey, A. Rauscher*), Bd. 4, Mainz 1980, S. 197–207.

toren entschieden ab[5], sondern gab auch dem Drängen Adenauers nicht nach.[6]

Festzuhalten bleibt, daß nach dem Zweiten Weltkrieg, fast 15 Jahre nach der gewaltsamen Auflösung des Volksvereins[6a] durch die Nationalsozialisten, die Erinnerung an diese große katholische Organisation lebendig geblieben war. Zwei Sätze des Volksverein-Befürworters Adenauer von 1948 sind hier sehr aufschlußreich, weil sie das zentrale Problem des Volksvereins bis zur Eingliederung in die ‚Katholische Aktion' Ende 1928 deutlich machen: „Die Laien müssen dazu erzogen werden, in gefährlichen Zeiten auch ohne die Leitung der Bischöfe und Geistlichen fertig zu werden. Die katholische Aktion wird eine solche Erziehung der Laien in ihrem heutigen Zustande in Deutschland m.E. nicht erreichen."[7]

Ähnliche Erklärungen der führenden Volksvereinspersönlichkeiten, die die Mündigkeit und Selbstverantwortung der katholischen Laien bereits vor der Jahrhundertwende forderten, stießen in weiten Kreisen der Geistlichkeit auf Unverständnis und Ablehnung.

II. Katholikenverein oder Bildungs- und Schulungsverein?

Die Notwendigkeit, eine Massenorganisation ins Leben zu rufen, war 1890 im katholischen Deutschland unbestritten. Der seit 1878 abflauende Kulturkampf[8] und die durch das Pontifikat Leos XIII. eingeleitete Wende in den Beziehungen zum preußischen Staat führten auch zu veränderten innenpolitischen Konstellationen. Das Zentrum demonstrierte unter der

---

[5] Einer der Hauptinitiatoren für eine Wiedergründung des Volksvereins nach 1945 war der ehemalige Dezernent für landwirtschaftliche Fragen von 1907–1918 an der Zentralstelle in M. Gladbach, *Emil Gerhard Zitzen.* Nach 1945 war *Zitzen* Leiter der Abt. Agrarwirtschaft und Fachpresse bei der Landwirtschaftskammer Rheinland in Bonn und korrespondierte intensiv mit *Adenauer* und *Böhler.* Am 28. 5. 48 teilte er *Adenauer* mit, daß ihm Prälat *B(öhler)* einige Briefe geschrieben habe, „worin er mich unter Druck und Drohung bewegen will, meine Bemühungen um einen Zusammenschluß der Katholiken einzustellen. Das kann ich nicht und werde ich auch nicht tun ...". NL Adenauer, Nr. 07.25, StBKAH. Vgl. auch *Adenauer* an *Böhler* vom 7. 6. 48. Druck: *H. P. Mensing* (Bearb.), Adenauer. Briefe 1947–1949, hg. v. *R. Morsey, H. P. Schwarz,* Berlin 1984. S. 254f.

[6] Vgl. die Materialien im NL Adenauer, Nr. 07.17, StBKAH.

[6a] Zur Literatur über den Volksverein vgl. *G. Schoelen,* Bibliographisch-Historisches Handbuch des Volksvereins für das katholische Deutschland (Veröffentlichungen der Kommission für Zeitgeschichte, Reihe B: Forschungen, Bd. 36), Mainz 1982, S. 69–103.

[7] *Adenauer* an *Böhler* vom 21. 8. 48. Druck: *H. P. Mensing,* Adenauer. Briefe 1947–1949, S. 297–299; hier: 298.

[8] Vgl. zuletzt *W. Becker,* Religiös-politische Aspekte des Kulturkampfes im 19. Jahrhundert: Kontroversen um die staatliche Ordnung, in: *A. Rauscher* (Hg.), Probleme des Konfessionalismus in Deutschland seit 1800, Paderborn 1984, S. 49ff. mit Literaturhinweisen.

Führung Ludwig Windthorsts[8a] seine Bereitschaft, die Bismarck-Politik parlamentarisch zu stützen. Als langfristiges Ziel strebte der Zentrumspolitiker einen Ausgleich mit dem protestantischen preußischen Staat an, um den Katholiken die gleichberechtigte Mitarbeit in Staat und Gesellschaft zu sichern. Trotz scharfer Kritik am Sozialismus lehnte die politische Vertretung der Katholiken aus grundsätzlichen, rechtsstaatlichen Erwägungen und wohl auch durch die Erfahrungen des Kulturkampfes bedingt, die Bekämpfung der revolutionären Sozialdemokratie mit polizeistaatlichen Mitteln ab.

Windthorst und seine Freunde sahen in einer Ausnahmegesetzesregelung kein wirksames Mittel und forderten stattdessen eine fortschrittliche Sozialpolitik. Als 1890 der Fall des Sozialistengesetzes abzusehen war, drängte der greise Zentrumspolitiker auf die Gründung eines sozialen Massenvereins.

Franz Hitze[8b], der Mitbegründer des Volksvereins, hat die innerkatholische Kontroverse um die Frage – Katholikenverein oder Bildungs- und Schulungsverein? – 1918 in einem umfassenden Bericht festgehalten.[9] Das katholische Deutschland war 1890 in dieser Angelegenheit in zwei Lager geteilt. Felix Frhr. v. Loë, tatkräftig unterstützt durch den Trierer Oberhirten Michael Felix Korum, bemühte sich, Zustimmung für einen apologetischen Katholikenverein zu finden[10], um den anti-katholischen Hetzereien des ‚Evangelischen Bundes zur Wahrung der deutsch-protestantischen Interessen'[11] wirksam entgegentreten zu können. Der ‚Bund' fürchtete mit dem Ende des Kulturkampfes um die führende Rolle der evangelischen Kirche in Staat und Gesellschaft und führte aus diesem Grunde einen polemischen Feldzug gegen die angeblich wachsende Macht Roms und ihre Verbündeten, die deutschen Katholiken. Auf mehreren Konferenzen im Sommer des Jahres unter der Federführung Loës fand der Gedanke eines Abwehrvereins breite Zustimmung. Gegen die beab-

---

[8a] Vgl. *R. Morsey*, Ludwig Windthorst (1812–1891), in: (wie Anm. 4), Bd. 3, Mainz 1979, S. 62–74. Zuletzt *M. L. Anderson*, Windthorst. A Political Biography, Oxford 1981.

[8b] Vgl. *H. Mockenhaupt*, Franz Hitze (1851–1921), in: (wie Anm. 4), Bd. 1, Mainz 1973, S. 53–64. Weitere Literaturangaben in: *G. Schoelen*, Hdb. Volksverein (wie Anm. 6a), S. 288–300.

[9] Der Bericht *Hitzes* lag nicht vor. Er konnte aber über wörtliche Zitate aus dem NL Pieper erschlossen werden. Vgl. *A. Pieper*, Geschichte des Volksvereins für das katholische Deutschland 1890–1928, 5 Teile, 1249 S. (masch. Ms.), Stadtarchiv Mönchengladbach (= StadtAMö), 15/1/1-5.

[10] Vgl. die Akten zur Vorgeschichte des Volksvereins im Bistumsarchiv Trier (= BAT), Abt. B III 15, 9, Bd. 1.

[11] Vgl. *W. Beyschlag*, Zur Entstehungsgeschichte des Evangelischen Bundes, Persönliches und Urkundliches, Berlin 1926; *W. Methfessel*, Evangelischer Bund zur Wahrung der deutsch-protestantischen Interessen (EB), in: Die bürgerlichen Parteien in Deutschland, Hdb. Bd. I, Leipzig 1968, S. 787–791.

sichtigte Gründung trat Windthorst auf. Mit Nachdruck warnte er vor einem in der Defensive stehenden Katholikenverein, der das angestrebte politische Ziel, die deutschen Katholiken mit dem protestantisch-preußischen Staat zu versöhnen, wieder in weite Ferne rücken würde. Nur mit Mühe sei es dem Zentrumsführer in Mainz gelungen, so berichtete Hitze, die beabsichtigte Konstituierung zu vertagen. Vermutlich um Zeit zu gewinnen, schlug Windthorst die Bildung einer Kommission von etwa 10 Herren vor, die bis Ende September des Jahres in unregelmäßigen Abständen tagte.[12] Entscheidend war, daß das Kommissionsmitglied Hitze die Idee des Eine-Mark-Vereins, also eines Massenvereins, vom organisationserfahrenen Loë, der bereits 1872 in kurzer Zeit den Mainzer Katholikenverein mit rund 70000 Mitgliedern als Antwort auf den Kulturkampf ins Leben gerufen hatte, aufgriff und damit beim M.Gladbacher Textilfabrikanten Franz Brandts ungeteilte Zustimmung fand. Hitze, Generalsekretär des 1880 gegründeten katholischen Unternehmerverbandes ‚Arbeiterwohl' und der 1. Vorsitzende Brandts[12a], die auch persönlich eng verbunden waren, suchten nun Windthorst für ihren Plan zu gewinnen.[13] Spätestens auf dem Koblenzer Katholikentag Ende August 1890 wurden öffentlich die Weichen für den sozialen Bildungs- und Schulungsverein gestellt. „Gerade in M.Gladbach hat man in verdienstvoller Weise der Lösung der socialen Frage die größte Kraft und Beachtung gewidmet", stellte der Zentrumsführer fest. ... „Deshalb wünsche ich, daß die socialen Bestrebungen mehr und mehr in M.Gladbach konzentriert werden."[14]

Am 25. September gaben nach einer weiteren Sitzung der Kommission in Mainz die Verfechter eines Katholikenvereins auf; Windthorst selbst war nicht anwesend. Nachdem Brandts auf einen förmlichen Beschluß gedrängt hatte, erklärte Karl Fürst zu Löwenstein, „daß Herr Dr. Windthorst mit der Konstituierung betraut werde". Mit Datum vom gleichen Tage teilte er in einem Rundschreiben allen Beteiligten mit, daß beschlossen worden sei, einen Verein zu gründen mit dem Namen „‚Volksverein für das katholische Deutschland'" und einem (Jahres-)Mitgliederbeitrag von 1,– Mark.

---

[12] Vgl. im einzelnen *HW. Heitzer*, Der Volksverein für das katholische Deutschland im Kaiserreich 1890–1918 (Veröffentlichungen der Kommission für Zeitgeschichte, Reihe B: Forschungen, Bd. 26), Mainz 1979, S. 19ff.

[12a] Vgl. *W. Löhr*, Franz Brandts (1834–1914), in: (wie Anm. 4), Bd. 3, Mainz 1979, S. 91–105. Weitere Literaturangaben in: *G. Schoelen*, Hdb. Volksverein, S. 147–151.

[13] Die Korrespondenzen zwischen Brandts/Hitze und Windhorst sind nicht mehr erhalten, weil der Zentrumsführer „überall polizeiliche Überwachung" vermutete und darum verlangte, „daß seine Briefe sofort nach Empfang verbrannt würden. Herr Brandts führte das gewissenhaft aus." *A. Pieper*, Geschichte II (wie Anm. 9), S. 168.

[14] *L. Windthorst*, Rede am 26. 8. 1890 in Koblenz, in: Verhandlungen der 37. Generalversammlung der Katholiken Deutschlands vom 24.–28. 8. 1890 zu Coblenz, Coblenz 1890, S. 425 (zit. VGvK).

Knapp einen Monat später, am 24. Oktober, trafen sich auf Einladung Windthorsts im Hotel Ernst in Köln die bereits in Mainz gewählten Vorstandsmitglieder zur konstituierenden Sitzung.[15] Der Satzungsentwurf des Zentrumsführers, der bereits in Mainz zum Ehrenpräsidenten gewählt worden war, wurde „unverändert angenommen".[16]

Probleme gab es bei der Wahl des Vorsitzenden. Vorgeschlagen worden war der Zentrumsabgeordnete Alois Fritzen aus Düsseldorf, sein Kollege Graf Ballestrem aus Schlesien sowie der Vorsitzende von ‚Arbeiterwohl', Franz Brandts. Alle lehnten ab.[17] Hitze berichtet: „Windthorst wünschte um jeden Preis Herrn Brandts als Vorsitzenden." Erst die Bitte, ihn „doch nicht im Stich zu lassen", bewirkte, daß der M.Gladbacher Industrielle seine Zurückhaltung aufgab und zusagte, für ein Jahr den Vorsitz zu übernehmen.[18] Nicht nur ein Jahr, sondern 14 Jahre, bis zu seinem Tode am 5. Oktober 1914, leitete dieser im katholischen Deutschland hochangesehene Mann, der aber, um es schon vorweg zu sagen, nicht der führende Kopf des Vereins werden sollte, die katholische Laienorganisation.

In seinem Erinnerungsbericht betonte Hitze nachdrücklich, daß der Volksverein nicht die Schöpfung eines Mannes – sprich Windthorst – gewesen sei, sondern daß der Jesuit P. Tilman Pesch die „erste Anregung" gegeben habe und daß auch Felix Frhr. v. Loë und Bischof Korum „mit Recht ein gewisses Verdienst an der Gründung in Anspruch nehmen" können.[19] Allerdings wäre der Volksverein als sozialer, dann nach der Jahrhundertwende auch als staatsbürgerlicher Bildungs- und Schulungsverein ohne die Autorität Windthorsts wohl kaum gegründet worden, denn nach den Vorstellungen Loës und Korums, klärte Brandts das Vorstandsmitglied des Volksvereins Fritzen 1907 auf, sollte der geplante Massenverein „in erster Linie einen religiösen Charakter haben".[20] Windthorst, der wenige Monate nach der Gründung des Volksvereins im März 1891 starb, galt im katholischen Deutschland als „Vater des Volksvereins", und wir, stellte der Zentrumspolitiker Adolf Gröber 1897 fest, „sind seine Testamentsvollstrecker".[21]

---

15 Protokoll der konstituierenden Sitzung des Volksvereins für das katholische Deutschland vom 24. Oktober 1890, abgedruckt in: *A. Pieper,* Geschichte II (wie Anm. 9), S. 170f.

16 Ebd., S. 168.

17 Im Gründungsprotokoll ist nur die Ablehnung des Vorsitzes durch Graf *Ballestrem* aufgeführt. Das Ringen um *Fritzen* und *Brandts* wird im Bericht Hitzes erwähnt. Vgl. ebd., S. 168f.

18 Ebd., S. 169.

19 Zit. bei *A. Pieper,* Geschichte II (wie Anm. 9), S. 174.

20 *Brandts* an *(Fritzen)* vom 2. 5. 1907. Zentrales Staatsarchiv der DDR, Bestand Volksverein 74 V 01, Nr. 4, Bl. 278. (zit. ZStA DDR).

21 Rede am 31. 8. 1897 in Landshut, in: VGvK (wie Anm. 14), Landshut 1897, S. 385.

In den ersten acht Jahren seines Bestehens hielt sich der Volksverein eng an seinen satzungsmäßigen Auftrag: „Zweck des Vereins ist die Bekämpfung der Irrthümer und Umsturz-Bestrebungen auf socialem Gebiete, sowie die Verteidigung der christlichen Ordnung in der Gesellschaft.“[22] In den ersten Aufrufen vom November und Dezember 1890 wurde der Gegner, den es zu bekämpfen galt, beim Namen genannt: „Die Socialdemokratie ist es vor allem, welche diese Irrlehren nicht nur verbreiten, sondern auch praktisch in's Leben einführen will.“[23] Aufschlußreich ist, daß die Führung des Volksvereins von Anfang an das Ziel hatte, nicht in der defensiven Stellung zu verharren, sondern vielmehr im staatlichen und gesellschaftlichen Raum die Initiative zu ergreifen. So heißt es bereits im Aufruf vom 20. Dezember, daß der Verein auch das Ziel habe, „die Gedanken und Anregungen einer *christlichen Socialreform* in immer weitere Kreise zu tragen“.[24]

Was verstanden die Männer in M.Gladbach unter christlicher Sozialreform? Die Antwort ist keine wissenschaftlich fundierte Theorie, sondern eine auf die politischen und gesellschaftlichen Verhältnisse bezogene praktische Arbeit: einmal der Aufbau der organisierten Selbsthilfe und zum anderen unterstützend der Ausbau einer fortschrittlichen sozialen Gesetzgebung; das waren die „beiden Arme“ der vom Volksverein intendierten christlichen Sozialreform[25]; nach der Jahrhundertwende sollte als dritter Arm noch die Wohlfahrtspflege hinzutreten.

Wenn wir nach der geistigen Orientierung fragen, so müssen die Katheder-Sozialisten genannt werden.[26] Auf der 14. Generalversammlung des Volksvereins 1904 in Regensburg erklärte Pieper[26a]: „Eine seiner wichtigsten Aufgaben sieht der Volksverein darin, daß er diese Ergebnisse der gerade in Deutschland in höchster Blüte stehenden national-ökonomischen Wissenschaft der praktisch-sozialen Arbeit dienstbar macht.“[27] Die Werke der nichtkatholischen Wissenschaftler Adolph Wagner, Gu-

---

[22] § 1 der ‚Statuten des Volksvereins für das katholische Deutschland (1890)‘. Druck: *HW. Heitzer,* (wie Anm. 12), Anhang I, 1, S. 299f.

[23] Aufruf „An das katholische deutsche Volk“ vom November 1890. Druck: ebd., Anhang I, 3, S. 305f.

[24] Druck: ebd., Anhang I, 4, S. 307f. (Kursive Textstelle im Original Fettdruck).

[25] *A. Pieper,* Volksbildungsbestrebungen. Ihre Notwendigkeit und ihre Mittel, Cöln 1899, S. 3ff.

[26] Vgl. *HW. Heitzer* (wie Anm. 12), S. 198f.

[26a] Vgl. *HW. Heitzer,* August Pieper (1866–1942), in: (wie Anm. 4), Bd. 4, Mainz 1980, S. 114–132.

[27] Die Generalversammlungen des Volksvereins fanden am Ort der Katholikentage statt. Rede am 24. 8. 1904 in Regensburg, in: Protokoll der Generalversammlung des Volksvereins (= PGvVv), abgedruckt in: VGvK (wie Anm. 14), Regensburg 1904, S. 680.

stav Schmoller, Lujo Brentano, um nur einige zu nennen, bildeten nicht nur den „Grundstock" der Volksvereins-Bibliothek, sondern fanden auf Drängen der M.Gladbacher auch Eingang in die Bibliotheken der christlichen Gewerkschaften und der katholischen Arbeitervereine.[28] Der Volksverein wurde Mitglied des ‚Vereins für Socialpolitik' und seine führenden Persönlichkeiten waren Mit-Initiatoren der im Januar 1901 gegründeten ‚Gesellschaft für soziale Reform'[29]; fast alle Beamten der Zentralstelle waren promovierte Schüler der Katheder-Sozialisten.[30] Den Integralisten war diese enge geistige und persönliche Beziehung mit Vertretern der „ungläubigen Wissenschaft" ein Dorn im Auge[31], wie die polemischen Angriffe in den ‚Historisch-politischen Blättern' gegen das „Verzeichnis sozialer Literatur"[32] des Volksvereins 1908 belegen.[33]

Um das erklärte Ziel der christlichen Sozialreform zu verwirklichen, bedurfte es einer sozialen Gesamtorganisation, eines Massenvereins. „Nur der Druck der öffentlichen Meinung", so das Vereinsorgan 1906 sehr deutlich, „überwindet den Widerstand von Regierungen und Parteien."[34] Sozialer und politischer Katholizismus[35] sollten Hand in Hand im vorparlamentarischen und dann im parlamentarischen Raum die christliche Sozialreform propagieren und politisch durchsetzen. Nicht von ungefähr nannte sich der Volksverein „*Propagandaverein der christlichen Sozialre-*

---

28 *A. Pieper,* Geschichte II (wie Anm. 9), S. 372f.

29 *A. Pieper,* Unsere Beteiligung an der Gesellschaft für sociale Reform, in: Präsides-Korrespondenz 15, 1902, S. 26–32. (zit. PK).

30 Vgl. *A. Pieper,* Geschichte III (wie Anm. 9), S. 530ff.

31 Im Jahre 1908 besuchte *Lujo Brentano* das Volksvereinshaus in M.Gladbach, und 1909 hielt *Pieper* in einem Seminar *Brentanos* in der Münchener Universität einen Vortrag über die Aufgaben und Ziele des Volksvereins. Vgl. *A. Pieper,* hs. Erinnerungsbericht, o.D., (S. 22). Staatsarchiv Münster (= StAMü), NL Pieper, Mappe (= M.) 29.

32 Das ‚Verzeichnis sozialer Literatur' war eine systematische Zusammenstellung und Beurteilung der wichtigsten sozialwissenschaftlichen und sozialpolitischen Schriften. 7. vollst. umgearb. u. erw. Aufl., M.Gladbach 1908, 140 S. Es wurde von *Hitze* redigiert und erschien 1892 in der 1. Aufl. mit 12 S.

33 Vgl. ‚Historisch-politische Blätter' 142, 1908, S. 51ff. Zur Replik des Volksvereins vgl. ZStA DDR (wie Anm. 20) Nr. 4, Bl. 72–78.

34 o.V., Ein neuer sozialer Vorstoß des Zentrums, in: Der Volksverein. Stimmen aus dem Volksverein für das katholische Deutschland (= VV) 16, 1906, H. 2, S. 29.

35 Sozialer und politischer Katholizismus waren bis weit in die Weimarer Republik „personell identisch ... schlechthin ein und dasselbe" und der soziale Katholizismus „stand infolgedessen nicht bloß im *vor*parlamentarischen Raum, sondern war unmittelbar an der Gesetzgebung beteiligt und verfügte damit über beispiellose Aktionsmöglichkeiten". *O. v. Nell-Breuning,* Der Beitrag des Katholizismus zur Sozialpolitik der Nachkriegszeit, in: *A. Langner* (Hg.), Katholizismus, Wirtschaftsordnung und Sozialpolitik 1945–1963 (Beiträge zur Katholizismusforschung Reihe B: Abhandlungen), Paderborn 1980, S. 109. Vgl. auch den Diskussionsbericht, ebd., S. 243f. Zur Definition des Begriffs „politischer Katholizismus" vgl. *M. Klöcker,* Der politische Katholizismus. Versuch einer Neudefinierung, in: ZfP 18, 1971, S. 124–130.

form"[36] und in gleichem Atemzug auch „sozialpolitische Avantgarde" des Zentrums.[37] Die Führung in M.Gladbach legte Wert auf die Bezeichnung „unser ... Programm".[38]

Die bestehenden katholischen Vereine konnten von ihrer Organisation und auch von ihrem Selbstverständnis her diese Aufgabe nicht übernehmen. Der Volksverein dachte allerdings zu keiner Zeit daran, die Standesvereine zu verdrängen oder gar überflüssig zu machen, sondern seine Absicht war, diese Organisationen in die soziale Arbeit miteinzubeziehen und zu Mitträgern der Sozialreform zu machen. Er bezeichnete sich als „Vorschule" und auch „Ratgeber" der katholischen Vereine.[39]

Vorerst jedoch, in den ersten Jahren seines Bestehens, stieß die Idee der christlichen Sozialreform bei den Katholiken auf wenig Interesse. Man sei auf „taube Ohren" gestoßen, erinnerte sich Pieper, der am 15. April 1892 auf Bitten Hitzes das Amt des Generalsekretärs übernommen hatte, und habe sich als „Prediger in der Wüste" gefühlt.[40] Zu neu und zu ungewöhnlich waren die Forderungen nach einer aktiven Gestaltung des öffentlichen Lebens. Seit 1891 erschien das Vereinsorgan ‚Der Volksverein' mit dem Untertitel „Verein zur Förderung der Socialreform", zuerst im kopierten Stil der Kirchenblätter, um überhaupt in die katholischen Haushalte Eingang zu finden. Um weite katholische Kreise mit den neuen Aufgaben und Zielsetzungen vertraut zu machen, wurde seit 1891 die ‚Kathol. sozialpolitische Correspondenz' – ab 1908 unter dem Namen ‚Sozialpolitische Korrespondenz' – zuerst im 14tägigen, dann im wöchentlichen Rhythmus mehreren Hundert katholischen Zeitungen kostenlos zum Abdruck angeboten, ohne daß der Verfasser aus dem Volksverein namentlich in Erscheinung trat.[41] Die Artikel behandelten allgemeine soziale Fragen, aktuelle sozialpolitische Probleme, später, nach der Jahrhundertwende, auch die Schutzzollpolitik, die Reichsfinanzreform und andere tagespolitische Ereignisse. Anlaß für den Korrespondenzdienst war die Tatsache, daß diese Probleme in der katholischen Presse unzureichend erörtert wurden, nicht allein aus Desinteresse, sondern weil es an ausgebildeten Redakteuren fehlte. Die Breitenwirkung dieser Aufklärungsarbeit des Volksvereins kann nicht hoch genug eingeschätzt werden.

---

[36] Handbuch für die Freunde und Förderer des Volksvereins für das katholische Deutschland (= Hdb. VV), M.Gladbach 1901, S. 22. Kursive Textstelle im Original Fettdruck.

[37] o.V., „Klar zum Gefecht!", in: VV (wie Anm. 34) 14, 1904, S. 101.

[38] o.V., Vorstoß, in: ebd. 16, 1906, S. 29.

[39] *A. Pieper*, Die soziale Organisation einer Gemeinde, in: PK (wie Anm. 29) 20, 1907, S. 139.

[40] o.V., Hebung der Volksbildung, eine soziale Forderung, in: VV (wie Anm. 34) 9, 1899, H. 2, 17.

[41] Vgl. die Zahlenangaben bei *HW. Heitzer*, (wie Anm. 12), Anhang II, 9, S. 320.

Auf Massenwirkung angelegt waren Aufrufe, Flugblätter und Broschüren, die im ersten Jahrzehnt als „Gegenschriften“, so 1891 der 2. Vorsitzende Carl Trimborn[41a], der sozialdemokratischen Agitation Paroli bieten sollten.[42] „Wo eine (sozialdemokratische) Gefahr droht“, appellierte er vier Jahre später an Geschäftsführer und Vertrauensmänner, „da möge, wer darum Sorge trägt, ein Flugblatt schreiben und uns schicken. Wir werden es drucken lassen, er muß es dann verbreiten.“[43]

Wichtig ist in diesem Zusammenhang, daß die Führung in M.Gladbach die Vereinsmitglieder zu aktiver Mitarbeit ermunterte, genau wissend, daß ohne die Beobachtung der sozialdemokratischen Flugblatt- und Versammlungstätigkeit eine wirksame Abwehr vor Ort nicht möglich war. Auf der anderen Seite darf die pädagogische Zielsetzung nicht übersehen werden. Nur mündige, in ihrer Selbständigkeit und Selbstverantwortung anerkannte Mitglieder, konnten, wie Pieper formulierte, in der weltanschaulichen Auseinandersetzung „festen Standboden“ behaupten.[44] Besonders die ehrenamtlichen Vertrauensmänner, rund 60000 vor dem 1. Weltkrieg, die 20–30 katholische Familien in einer Straße oder einem Bezirk betreuten und die von M.Gladbach als „Rückgrat“ des Vereins hoch gelobt wurden[45], waren nicht nur Flugblattverteiler, sondern aktive Mitgestalter und Mitträger dieser Aufklärungsarbeit. Nach 1918 kam – wie im einzelnen noch darzulegen sein wird – diese Arbeit allmählich zum Erliegen; besonders die ehrenamtliche Tätigkeit bröckelte immer mehr ab.

Die Anfangsprobleme dokumentieren auch die Zahlen. Nach der begeisterten Zustimmung im Gründungsjahr zählte der Volksverein Ende Dezember 1891 schon 108000 Mitglieder. Dann stagnierte die Entwicklung. Fast 10 Jahre brauchte der Verein, um seine Mitgliederzahlen zu verdoppeln.[46] Eine ähnliche Kurve zeigt auch die Versammlungsstatistik und die Flugblattverbreitung. Wurden vor 1900 durchschnittlich 520 Versammlungen pro Jahr reichsweit organisiert, waren es im Vereinsjahr 1901/02 bereits 1300 und 1912/13 fast 3500.[47] Wurden bis 1900 nur rund 12 Millionen Flugblätter verbreitet, waren es seit der Jahrhundertwende bis zum Ausbruch des 1. Weltkrieges gut 77 Millionen, die sich inhaltlich

---

41a Vgl. *R. Morsey*, Karl Trimborn (1854–1921), in: (wie Anm. 4), Bd. 1, Mainz 1973, S. 81–93.

42 *C. Trimborn*, Rede am 31. 8. 1891 in Danzig, in: VGvK (wie Anm. 14), Danzig 1891, S. 224.

43 *C. Trimborn*, Rede am 28. 8. 1895 in München, in: PGvVv (wie Anm. 27), München 1895, S. 477.

44 *A. Pieper*, Geschichte II, (wie Anm. 9), S. 463.

45 Vgl. im einzelnen *HW. Heitzer*, (wie Anm. 12), S. 45ff.

46 Vgl. ebd., Anhang II, 5, S. 315.

47 Vgl. ebd., Anhang II, 9, S. 320.

in vier Hauptgruppen differenzierten: sozialpolitische, apologetische, gemeinnützige und Agitations-Flugblätter.[48] Zum Vergleich: Von 1919 bis 1928 wurden nur noch 2,7 Millionen Flublätter gedruckt; 1926 kam die Arbeit fast vollständig zum Erliegen.

Während die Versammlungen und die literarische Arbeit sich an die weite katholische Öffentlichkeit wandten, hatten die von Franz Hitze 1892 gegründeten ‚Praktisch-sozialen Kurse' als Zielgruppe die akademisch gebildeten Laien und die Geistlichkeit; 1895 nahmen zum ersten Male 54 Arbeiter am ‚Praktisch-sozialen Kursus' in Dortmund teil.[49] Nicht nur die Organisation der Kurse – es waren offene Veranstaltungen, und es herrschte ein dauerndes Kommen und Gehen –, auch die hohen Teilnehmerzahlen – im Durchschnitt über 800[50] – machen deutlich, daß hier noch nicht von Bildungs- und Schulungsarbeit gesprochen werden kann. Im Mittelpunkt standen die Referenten und ihre Vorträge zu den Themen „Klerus und soziale Frage", „Arbeiterfrage und Arbeiterwohlfahrtseinrichtungen", dann auch „Organisation des Handwerks" oder die „Arbeit der Bauernvereine". In acht Städten des Reiches und vor fast 7000 Teilnehmern[51] hatte die Führung des Volksvereins für die Idee der christlichen Sozialreform geworben. Während die katholische Arbeiterschaft nach der Jahrhundertwende in Scharen in den Volksverein strömte (Stichwort: Gewerkschaftsstreit[52]) – im Vereinsjahr 1901/02 sollten sich die Mitgliederzahlen verdoppeln[53] –, hielten sich die katholischen Akademiker und auch der Klerus mehrheitlich vom „demokratischen" Volksverein zurück.[54]

---

[48] Vgl. ebd., Anhang II, 8, S. 319.

[49] Zur Sozialstruktur der Kurse vgl. *E. Ritter,* Die katholisch-soziale Bewegung Deutschlands im neunzehnten Jahrhundert und der Volksverein, Köln 1954, S. 195–199.

[50] Zu den Teilnehmerzahlen vgl. *HW. Heitzer,* (wie Anm. 12), Anhang II, 7, S. 318.

[51] Die acht Städte waren: M.Gladbach (1892), Bamberg (1893), Neisse (1893), Freiburg (1894), Dortmund (1895), Schwäbisch-Gemünd (1896), Straßburg (1898), Köln (1900). Zu den Zahlen vgl. ebd., Anhang II, 7, S. 318.

[52] Vgl. *R. Brack,* Deutscher Episkopat und Gewerkschaftsstreit 1900–1914, Köln/Wien 1976; zuletzt mit biographischem Schwerpunkt *HW. Heitzer,* Georg Kardinal Kopp und der Gewerkschaftsstreit 1900–1914, Köln/Wien 1983.

[53] Zur Mitgliederentwicklung vgl. *HW. Heitzer,* Anhang II, 5, S. 313–315.

[54] Auch die Gründung des ‚Sekretariats Sozialer Studentenarbeit' (SSS) im Jahre 1908 an der Zentralstelle in M.Gladbach konnte keine grundlegende Änderung des Problems erreichen, zumal *Sonnenschein* auch andere Vorstellungen von der Arbeit der Akademiker im Volksverein hatte als *Pieper.* Vgl. *E. Trasolt,* Dr. Carl Sonnenschein. Der Mensch und sein Werk, München 1930, S. 85ff. Weitere Literaturangaben in *G. Schoelen,* (wie Anm. 6a), S. 506–527.

Bereits vor der Jahrhundertwende war die Aufbau- und Aufklärungsphase abgeschlossen. Das Jahr 1898 kann hier als Zäsur aufgefaßt werden. Im Oktober des Jahres hielt Generalsekretär Pieper auf dem ‚Praktisch-sozialen Kursus' in Straßburg ein Referat mit dem Titel „Volksbildungsbestrebungen. Ihre Notwendigkeit und ihre Mittel"[55], in dem er die enge Beziehung zwischen Sozialreform und Volksbildung aufzeigte. Der Kernsatz seines Vortrages lautete: „Die Bestrebungen, dem Volke mehr als bisher Geistesbildung zu vermitteln, ist zunächst eine *Forderung der Socialreform.*"[56] Die praktischen Erfahrungen der ersten Volksvereinsjahre hatten gezeigt, daß die „weitverbreitete *Theilnahmslosigkeit*"[57] am sozialen Reformwerk wesentlich auf die großen Bildungsunterschiede zurückzuführen waren. Aus diesem Grunde erhob der Volksverein die programmatische Forderung: „Hebt die Bildung unseres Volkes!"[58]. Die Beseitigung der Bildungsbarrieren wurde als eine Voraussetzung zur Verwirklichung der christlichen Sozialreform und damit auch zur Überwindung des Klassenkampfes und zur Sicherung des sozialen Friedens gesehen. Bildung war im Verständnis der M.Gladbacher kein Privileg einer bestimmten gesellschaftlichen Gruppe, sondern war für alle Bürger, sollte „insbesondere den unteren Klassen"[59] zugute kommen, so die Forderung Piepers; hier war das Bildungsdefizit am offenkundigsten.[60]

Im katholischen Raum stießen diese Forderungen nicht nur auf begeisterte Zustimmung. So kritisierte das Vereinsorgan, daß es immer noch Leute gäbe, die der Meinung seien, „Bildung sei nur für studierte Leute und die sogenannten gebildeten Stände . . . von Nutzen."[61] Bloßes Wohlwollen oder gar herablassende Arroganz waren nach Auffassung des Volksvereins nicht geeignet, die soziale Versöhnung herbeizuführen. Daß die M. Gladbacher es ernst meinten, die im wilhelminischen Deutschland am stärksten diskriminierte gesellschaftliche Gruppe, die Arbeiterschaft,

---

[55] Druck: Cöln 1899, 22 S. Erstmals erschienen in der Zeitschrift ‚Arbeiterwohl' (= AW) 18, 1898, S. 269–288.

[56] Ebd., S. 3. Kursive Textstelle im Original Sperrdruck.

[57] Ebd., S. 4.

[58] Hebung der Volksbildung, eine soziale Forderung, in: VV (wie Anm. 34) 9, 1899, H.2, S. 17.

[59] *A. Pieper,* Volksbildungsbestrebungen (wie Anm. 25), S. 3.

[60] Zum katholischen Bildungsdefizit vgl. zuletzt die Thesen von *M. Klöcker,* Ursachen des katholischen Bildungsdefizits in Deutschland seit Luthers Auftreten. Umrisse einer wirkungsgeschichtlichen Analyse, in: *K. Goebel* (Hg.), Luther in der Schule, Bochum 1985, S. 173–211.

[61] o.V. Volksbildung und wirtschaftlicher Fortschritt, in: VV (wie Anm. 34) 9, 1899, H. 5, S. 65.

aus ihrer unverschuldeten Lage als Staatsbürger zweiter Klasse zu befreien, erklärte nachdrücklich und öffentlich 1906 das Vereinsorgan in einer Auflagenhöhe von 4 Millionen: Das ebenbürtige Streben der Arbeiter „soll ihnen als ihr gutes Recht zugestanden und gesichert werden, und zwar auf dem Boden der wirtschaftlichen, politischen und gesellschaftlichen Gleichberechtigung".[62]

Die Verknüpfung sozialpolitischer und sozialreformerischer Zielsetzungen mit der Volksbildung – der Terminus ‚Erwachsenenbildung' sollte sich erst nach dem 1. Weltkrieg allmählich durchsetzen[63] – läßt vordergründig zuerst einmal das Zweckhafte und die Dienstfunktion deutlich werden, so daß Leopold v. Wiese diese Bestrebungen „phänomenologisch" zwar dem Volksbildungswesen zurechnet, aber „nur teilweise und mit Einschränkungen" dem Begriff der Bildung.[64]

Wie schon oben gesagt, wäre das eine zu vordergründige und zu enge Sicht der sozialen Volksbildung[65] des Volksvereins. Ohne Zweifel ging es den Volksbildungstheoretikern in M.Gladbach auch um solide sozialpolitische Kenntnisse, aber darüber hinaus zielte die soziale Volksbildung immer auf Gemeinschaft, auf das Sich-in-den-Dienst-Stellen, auf soziale Bindung, die Entfaltung der Sozialnatur des Menschen. „Erziehung zur sozialen Mündigkeit", lautet der beziehungsreiche Titel eines Beitrages im Vereinsorgan 1906[66], in dem der Volksverein nachdrücklich das Mündigwerden der Arbeiterschaft zum „Wohle der Gesamtheit" herausstellte. Mit den Freiheiten müsse im „gleichen Schritt gehen die Erziehung zu höherer Leistungsfähigkeit und Selbstverantwortlichkeit".[67]

Seit seiner Gründung verstand sich der Volksverein als „Massenerziehungsverein"[68], der nach dem Urteil des Volksvereinsdirektors Heinrich Brauns[68a] „vornehmlich, man könnte fast sagen, ausschließlich im Rahmen seiner Aufgaben Bildungs- und Erziehungszwecke verfolgt".[69] Die

---

[62] o. V., Das neue Gesicht der sozialen Frage, in: VV 16, 1906, H. 1, S. 8.

[63] Im Volksverein wurde erst 1929 das ‚Dezernat für Volksbildung und Volkserziehung' unter *Anton Heinen* in ‚Dezernat für Erwachsenenbildung' umbenannt. Vgl. *G. Schoelen,* (wie Anm. 6a), Anhang II u. III.

[64] *L. v. Wiese,* Der Begriff und die Probleme der Volksbildung, soziologisch betrachtet, in: *L. v. Wiese* (Hg.), Soziologie des Volksbildungswesens, München/Leipzig 1921, S. 34.

[65] Zum Bildungsbegriff vgl. *A. Benning,* Der Bildungsbegriff der deutschen katholischen Erwachsenenbildung, Paderborn 1970, S. 108–119.

[66] VV (wie Anm. 34) 16, 1906, H. 2, S. 22–24.

[67] Ebd.

[68] *A. Gröber,* Rede am 8. 8. 1911 in Mainz, in: PGvVv (wie Anm. 27), Mainz 1911, S. 699.

[68a] Vgl. *H. Mockenhaupt,* Heinrich Brauns (1868–1939), in: (wie Anm. 4), Bd. 1, Mainz 1973, S. 148–159. Weitere Literaturangaben in *G. Schoelen,* (wie Anm. 6a), S. 164–166.

[69] *H. Brauns,* Rede am 18. 8. 1908 in Düsseldorf, in: PGvVv (wie Anm. 27), Düsseldorf 1908, S. 488.

Organisationsform ‚Massenverein' forderte notwendig die Hinwendung zur extensiven Volksbildung, die nicht nur als Methodenfrage gewertet werden kann; es handele sich hier auch um „spezifisch strukturierte Inhalte".[70]

Als Pieper 1898 in Straßburg die Volksbildungsarbeit für den Volksverein verpflichtend erklärte, übernahm M.Gladbach zuerst einmal rezeptiv die seit 1871 von der ‚Gesellschaft zur Verbreitung von Volksbildung'[71] praktizierte Popularisierung von Kunst und Wissenschaft, ohne jedoch einem kritiklosen Bildungsoptimismus das Wort zu reden. Die führenden Bildungstheoretiker in M.Gladbach verstanden Bildung als Ganzheit, als Entfaltung und Harmonie aller Kräfte und Anlagen im Menschen. Der aus dem Naturalismus und Neuhumanismus entwickelte organische Bildungsbegriff[72], der durch die Romantik und die klassische Dichtung eine Vertiefung erfuhr, wurde in der katholischen Volksbildung durch die Gottesbildlichkeitslehre[73] ergänzt und findet sich schon bei Johann Michael Sailer und Adolf Kolping. 1898 ließ Pieper keinen Zweifel an der Gültigkeit des genuin katholischen Bildungsbegriffs aufkommen: Volksbildung bedeute die „erhöhte Tätigkeit des Geistes und Willens. Im Geist des Menschen aber ruht seine Ebenbildlichkeit Gottes, sie wird lebendig und entfaltet sich in reger geistiger Tätigkeit, die das gottgewollte Ziel ist."[74] Daß Bildung die Herausgestaltung des Ebenbildes Gottes im Menschen sei, auch wenn es in der theologischen Anschauung der Zeit noch ganz auf den Geist bezogen war, sollte für die M.Gladbacher auch nach dem 1. Weltkrieg uneingeschränkte Gültigkeit besitzen.[75] Die Abkehr von der einseitig intellektuellen Vermittlung popularisierter Kulturgüter datierte Pieper auf das Jahr 1902, und er spricht seinem Freund Franz Hitze das Verdienst zu, diesen Weg gewiesen zu haben.[76] Dem Volksverein

---

70 *A. Benning,* (wie Anm. 65), S. 128.

71 Vgl. *H. Dräger,* Die Gesellschaft für Verbreitung von Volksbildung. Eine historisch-problemgeschichtliche Darstellung von 1871–1914, Diss. phil. Bochum 1973.

72 Zum Bildungsbegriff vgl. *A. Benning,* (wie Anm. 65), S. 133–142.

73 Vgl. ebd., S. 74–90.

74 *A. Pieper,* Volksbildungsbestrebungen (wie Anm. 25), S. 7.

75 Vgl. *A. Pieper,* Ziele und Wege der Arbeiterbildung, M.Gladbach 1920; ²1924.

76 *Piepers* Hinweis zielte auf einen Vortrag *Hitzes* mit dem Titel „Ziele und Wege der Arbeiterbildung", den der Generalsekretär des Verbandes ‚Arbeiterwohl' am 5. August 1902 auf der 21. Generalversammlung hielt. *Hitze* betonte, daß Bildung nicht „einseitige Bildung des Verstandes" sei oder gar „Vielwisserei", sondern „bewußte, harmonische Entwicklung der geistigen Fähigkeiten: Verstand, Gemüth und Willen; christlich ausgedrückt: die Herausgestaltung des Ebenbildes Gottes im Menschen ...". AW (wie Anm. 55) 22, 1902, H. 8/9, S. 192. Der Beitrag *Hitzes* erschien auch in dem Sammelband: Die geistige Bildung des Arbeiterstandes, M.Gladbach 1902, S. 10–23. *Pieper* erinnerte sich 1932: „Das war 1902 noch etwas Neues, angesichts der überwiegend populärwissenschaftlichen Volksbildungsarbeit." *A. Pieper,* Geschichte III (wie Anm. 9), S. 752.

folgten die katholischen Standesvereine in ihrer Bildungsarbeit. Über den Weltkrieg hinaus, als sich Arbeitervereine, Jünglings- und Jungfrauenvereine längst aus ihrer organisatorischen, literarischen und auch personellen Abhängigkeit von M.Gladbach gelöst und verselbständigt hatten, blieb das seit der Jahrhundertwende grundgelegte organische Bildungsdenken bestimmend. Auch der im September 1919 gegründete ‚Zentralbildungsausschuß der katholischen Verbände Deutschlands‘ (ZBA)[77], auf dessen Arbeit unten noch näher eingegangen werden muß, weil er zumindest implizit das Selbstverständnis des Volksvereins als Gesamtorganisation für soziale und staatsbürgerliche Bildung und Schulung in Frage stellte, stand in dieser Tradition.

Sichtbarer Ausdruck dieses Bildungsdenkens waren die Führerkurse des Volksvereins. Seit der Jahrhundertwende stellte sich mit dem steilen Mitgliederaufschwung für die Führung in M.Gladbach immer drängender die Frage nach der Bildung von Führerpersönlichkeiten aus der Arbeiterschaft. Die seit 1899 durchgeführten Unterrichtskurse[78], die als Abendveranstaltungen konzipiert waren, konnten diese Aufgabe nicht mehr erfüllen. Wenn sich der Volksverein auch als „Gesamtorganisation" bezeichnete, so kann doch nicht übersehen werden, daß er – auch wenn das heute statistisch nicht mehr verifizierbar ist – überwiegend von katholischen Arbeitern getragen wurde. Schon 1899 bei der Gründung der ‚Westdeutschen Arbeiterzeitung‘, als Pieper die Einstellung Johannes Giesberts‘ als Redakteur mit dem Hinweis: „Eine Arbeiterzeitung muß auch von Arbeitern gemacht werden"[79] begründete, war es nicht nur für den Generalsekretär, sondern für die gesamte Volksvereinsführung keine Frage, daß die christliche Sozialreform nur Wirklichkeit werden konnte, wenn es gelang, „geistige Führer" aus der Arbeiterschaft zu gewinnen, die als Mündige „geistig fortpflanzungsfähig" waren, „also fähig, nun wieder andere zu erwecken, bilden, schulen für eine soziale und staatsbürgerliche Volksbewegung."[80]

Den Arbeitern, die von 1901 bis 1914 die 10-wöchigen ‚Volkswirtschaftlichen Kurse‘ in M. Gladbach besuchten[81] – der letzte mußte am 2. August durch den Kriegsbeginn abgebrochen werden –, wurde nichts geschenkt. Das Lehr- und Übungssystem, vom Direktor des Volksvereins für Organisation, Werbung, Kursus- und Konferenzarbeit, Heinrich

---

[77] Zur Geschichte des ZBA vgl. *W. Niggemann,* Das Selbstverständnis katholischer Erwachsenenbildung bis 1933, Osnabrück 1967, S. 131–174.

[78] Vgl. im einzelnen *HW. Heitzer,* (wie Anm. 12), S. 243ff.

[79] Vgl. *E. Ritter,* (wie Anm. 49), S. 287.

[80] *A. Pieper,* Geschichte III (wie Anm. 9), S. 645.

[81] Vor dem 1. Weltkrieg fanden in M.Gladbach 13 ‚Volkswirtschaftliche Kurse‘ statt. Zu den Teilnehmerzahlen vgl. *HW. Heitzer,* (wie Anm. 12), Anhang II, 7, S. 318.

Brauns, entwickelt, stellte hohe Anforderungen. Theoretische und praktische Arbeit ergänzten sich. Neben der gemeinsamen Ausarbeitung von sozialen und volkswirtschaftlichen Fragen, der Erörterung von Gewerkschaftsproblemen wie Koalitionsrecht, Arbeitsvertrag, Tarif- und Streikrecht und auch Staats- und Verfassungsfragen, standen der Besuch vorbildlicher Werkseinrichtungen und an den Abenden Veranstaltungen der katholischen Vereine auf dem Programm. Nach 10 Wochen ging die praktische Arbeit weiter. Die Kursisten besuchten mit den Beamten der M. Gladbacher Zentralstelle Versammlungen, Konferenzen und Kurse im Lande, um ihre Selbständigkeit unter Beweis zu stellen. Eine harte Schule, und wenn der Arbeiter Giesberts, 1919–1922 Reichspostminister, seinen Dank an den Volksverein in dem Satz zusammenfaßte: „M. Gladbach hat uns denken gelehrt!“[82], dann müßte er eigentlich noch ergänzend hinzufügen: und uns den Weg in die Mündigkeit gewiesen.

Bedeutung und Wirksamkeit der Volksvereinskurse demonstrieren am deutlichsten die abqualifizierenden und auch diskriminierenden Kommentare der Gegner. Da war von der „M. Gladbacher Galopp-Universität“[83] die Rede und von der „Jesuitenschule“[84], obwohl zu keiner Zeit ein Jesuit hauptberuflich im Volksverein tätig war.

Neben den großen ‚Volkswirtschaftlichen Kursen‘, die 1919 wieder aufgenommen und 1923 in das neu eröffnete ‚Franz-Hitze-Haus‘ in Paderborn übersiedelten[85], organisierte und leitete der Volksverein seit 1904 noch ‚Soziale Ferienkurse‘ für Geistliche und akademische Laien und seit 1907 ‚Soziale Wochenkurse‘ für Handwerker, Kaufleute, Landwirte, Lehrer, Beamte und Techniker. Während die ‚Sozialen Kurse‘ vor dem Weltkrieg noch Massenveranstaltungen mit oft über 200 Teilnehmern waren, unterschieden sich die Kurse für die Arbeiter nicht nur quantitativ bezüglich der Zeitdauer (10 Wochen) und Teilnehmerzahlen (durchschnittlich 50 Kursisten), sondern auch qualitativ: sie waren bereits vom Ansatz her Arbeitsgemeinschaften, in denen nicht nur eine Beziehung

---

[82] Zit. bei *E. Ritter,* (wie Anm. 49), S. 263.

[83] o. V., Wie man im Volksverein eine volkstümliche und praktische Thätigkeit entfaltet, in: Hdb. VV (wie Anm. 36), S. 112. M.Gladbach sprach dagegen von einer „sozialen Volksuniversität“ oder wie *Adolf Gröber* 1911 von einer „großen sozialen Hochschule“ für die Katholiken.

[84] *A. Pieper,* Geschichte II (wie Anm. 9), S. 463 u. Geschichte III, S. 770.

[85] Der erste Kursus fand, bedingt durch die belgische Besetzung M.Gladbachs, vom 28. 7. bis zum 16. 8. 1919 in Münster i. W. statt; er hatte 75 Teilnehmer, darunter auch zum ersten Male weibliche. Der XIV. Kursus wurde 1920 nach Berlin verlegt und hatte 40 Teilnehmer. Der XV. und XVI. Kursus 1921 und 1922 fand wieder in M. Gladbach statt. Seit 1923 fanden die Kurse unter dem neuen Namen „Volkswirtschaftliche und staatsbürgerliche Kurse“ im neu eröffneten Franz-Hitze-Haus unter der Leitung *Heinens* und *Piepers* statt. Vgl. *E. Ritter,* (wie Anm. 49), S. 400ff.

zwischen Mensch und Gegenstand hergestellt wurde, sondern auch das Mitmenschliche und Solidarische, das Selbstverantwortliche zur Bewährung stand.

V. Staatsbürgerliche Bildungs- und Schulungsarbeit

Im Jahre 1901 griff der Volksverein zum ersten Male in die öffentliche politische Diskussion ein, um die Katholiken über die Wirtschafts- und Schutzzollpolitik des Zentrums aufzuklären.[86] Bis zu diesem Zeitpunkt hatten die M. Gladbacher streng darauf geachtet, daß die Geschäftsführer und Vertrauensmänner nicht zu politischen Tagesfragen im Namen des Volksvereins Stellung nahmen. Diese Einstellung war zuerst einmal pragmatisch begründet: die M. Gladbacher wollten nicht als politischer Verein eingestuft und durch das preußische Vereinsgesetz in ihrer Arbeit eingeschränkt und behindert werden. Auf der anderen Seite war aber auch in dieser Frage das Selbstverständnis des Vereins tangiert. Die führenden Persönlichkeiten an der Zentralstelle – und hier muß der Kopf des Vereins gesehen werden – wollten weder ein kirchlicher Verein noch ein Propagandaverein des Zentrums sein. Sehr deutlich wird diese Abgrenzung 1906 im Vereinsorgan artikuliert: Auf die Frage „Was ist der Volksverein?" heißt es kurz, aber unmißverständlich: „Kein parteipolitischer Verein.... Kein religiös-kirchlicher Verein.... Vielmehr: Ein Verein für ganz Deutschland als die soziale Gesamtorganisation der Katholiken. Eine soziale, staatsbürgerliche und apologetische[87] Fortbildungsanstalt und Lehrwerkstätte"[88]. Das Eingreifen in die tagespolitischen Auseinandersetzungen und in die Wahlkämpfe wurde von den M. Gladbachern zwar als notwendig, aber nicht als ausreichend erachtet. Ein Verein, der nach dem Urteil des 2. Vorsitzenden Carl Trimborn eine „eminent pädagogische

---

[86] Auf dem ersten Höhepunkt der Auseinandersetzungen um die Wirtschafts- und Schutzzollpolitik 1901/02 beklagte sich *Pieper* über die mangelhafte Unterstützung durch die Partei: „In der Abwehr der sozialdemokratischen und freihändlerischen Agitation . . ., die mit voller Wucht im ganzen Lande einsetzte . . ., stand der Volksverein, soweit es sich um ein systematisches Vorgehen auf der ganzen Linie handelte, allein da." Rede am 26. 8. 1902 in Mannheim, in: PGvVv (wie Anm. 27), Mannheim 1902, S. 542.

[87] Nach der Jahrhundertwende erwuchs dem Volksverein, ausgelöst durch scharfe Angriffe der Sozialdemokratie, der vom ‚Evangelischen Bund' unterstützten ‚Los-von-Rom-Bewegung' und der liberalen Wissenschaft auf Religion und Kirche ein weiteres Aufgabenfeld: die Apologetik. Die Herausforderung beantwortete M. Gladbach mit der Gründung der ‚Apologetischen Abteilung' an der Zentralstelle. Erster Leiter wurde der Würzburger Priester Dr. *Franz Meffert*, der den Auftrag erhielt, eine volkstümliche Apologie aufzubauen. Vgl. *HW. Heitzer*, (wie Anm. 12), S. 26f. Zur apologetischen Literatur des Volksvereins vgl. *G. Schoelen*, (wie Anm. 6a), S. 342–355.

[88] Vgl. VV 1905, H. 5 (Rückseite).

Aufgabe"[89] erfüllte, durfte nicht nur kurzzeitige politische Aufklärungsarbeit leisten, sondern hatte als zentrale Aufgabe die staatsbürgerliche Bildung und Schulung.

Im Jahre 1906 wurde das neue Aufgabenfeld im Vereinsorgan mit einer Artikelserie über die Bedeutung und das Wirken des Staates eingeführt[90], und ein Jahr später beschloß der Vorstand offiziell „die planmäßige Erweiterung der Tätigkeit der Zentrale und des Volksvereins im Lande auf die staatsbürgerliche und staatswissenschaftliche Bildung und Schulung unter Wahrung der Grenzen zwischen den Aufgaben der politischen Partei (Zentrum, d. Vf.) und des Volksvereins als Volksbildungsverein"[91].

Die staatsbürgerliche Bildung wurde vom Volksverein als integrierter Bestandteil der sozialen Bildung verstanden. Beide basierten auf der Wekkung und Entfaltung des Gemeinsinns.[92] Sozialer und staatsbürgerlicher Fortschritt für den einzelnen war nur in und durch die Gemeinschaft möglich. „Die Gemeinschaft lebt aus ihren Gliedern, und die Glieder leben aus dem Ganzen. Das ist eine lebendige Wechselwirkung ...", so Heinen 1922, „eine innere, lebendige Verbundenheit im Geiste."[93] Nur in und durch die Gemeinschaft konnte der Mensch sein Personsein verwirklichen, zur Persönlichkeit werden. Gemeinschaft zielte auf eine Sinn- und Ordnungsganzheit, war auf das bonum commune hin orientiert und nicht auf individualistische Interessen des einzelnen.

Der Mensch war nach dem Verständnis des Volksvereins in Lebenskreise eingebettet. Über den innersten, die Familie, erweiterte sich der Kreis auf den Beruf und fand dann seine letzte Ausformung in der staatlichen Gemeinschaft. Analog sollte sich der Familiensinn[94] im Beruf erweitern zum Standessinn[95] und sich schließlich im staatlichen Leben, im

---

[89] Rede am 31. 8. 1897 in Landshut, in: PGvVv (wie Anm. 27), Lanshut 1897, S. 383.

[90] Vgl. VV (wie Anm. 34) 16, 1906, H. 3, S. 35–43.

[91] Zit. bei *A. Pieper*, Geschichte III (wie Anm. 9), S. 567f.

[92] Vgl. *A. Pieper*, Zweck und Methode der staatsbürgerlichen Schulung, in: PK (wie Anm. 29) 24, 1911, S. 305–310; *O. Müller*, Über Gemeinsinn, in: PK 20, 1907, S. 340–357.

[93] *A. Heinen*, Wie gelangen wir zur Volksgemeinschaft?, M. Gladbach 1922, S. 16.

[94] Vgl. *C. Wagener*, Die Pflege des Familiensinns, in: PK 26, 1913, S. 86–92; besonders die Arbeiten von *A. Heinen*, Die Familie. Ihr Wesen, ihre Gefährdungen und ihre Pflege, M. Gladbach 1919; ³1923. Feierabende. Plaudereien mit jungen Staatsbürgern. 1. Teil: Der Lebenskreis der Familie, M. Gladbach 1919; ³1923. Sinn und Zwecke in der Erziehung und Bildung. Ein nachdenkliches Wort an Erzieher und Bildner, M. Gladbach 1924. Über den Volksbildner *Heinen* immer noch grundlegend: *H. J. Patt*, Anton Heinen als Sozialpädagoge. Versuch einer geschichtlichen und systematischen Darlegung seiner sozialen Bildungsarbeit, Diss. Münster 1958; *W. Kuhne*, Anthropologische und soziologische Grundlagen der Pädagogik Anton Heinens. Ein Beitrag zur Genese der christlichen Volksbildung, Diss. Bonn 1981.

[95] Der erste Ansatz zu einer „geistigen Entproletarisierung" der Arbeiterschaft im Volksverein ging von *Pieper* aus. In einer Artikelfolge, ohne Verfasserangabe, in den ‚Arbeiter-Taschenbüchern' (=ATb) entwickelte er seit 1909 seine Ideen von der „Standwerdung" und

Staatsbürgersinn[96], vollenden. Die sich erweiternden Lebensgemeinschaften wurden von Heinen als „Pflanzstätte künftiger Staatsbürger“[97] bezeichnet. Während der Familiensinn in der Eltern- und Kinderliebe wurzelte, gründete der Staatsbürgersinn in der Vaterlandsliebe. Schon vor dem 1. Weltkrieg machten die M. Gladbacher deutlich, daß Vaterlandsliebe nichts mit Hurra-Patriotismus zu tun habe: „Die hurrapatriotische Begeisterung ist ein Strohfeuer“, so Heinen im Kriegsjahr 1914, „das für den Augenblick emporlodert und viel Rauch erzeugt, aber nur ein Aschenhäuflein zurückläßt.“[98] Seinen staatsbürgerlichen Standort konnte der Mensch nicht über eine Anhäufung von Wissen über Staat und Gesellschaft finden, sondern durch ein „positives ethisches Verhältnis zur Volksgesamtheit“, das „macht erst den Staatsbürger aus.“[99] Staatsbürgerliche Gesinnung bedeute im letzten „die Gesinnung der Solidarität der verschiedenen Stände, wo es sich um Förderung des großen Ganzen“ handele.[100] Aus diesem Grunde bezeichnete der Pädagoge des Volksvereins Standeserziehung und Staatsbürgererziehung als „ergänzende Korrelate, als organische Bestandteile derselben Bildungsarbeit und desselben Bildungszieles nebeneinander“[101].

VI. Neuansatz in der Bildungsarbeit: Gesinnungsreform, statt Zuständereform

Bereits vor dem 1. Weltkrieg wurde in M. Gladbach die extensive Bildungsarbeit einer kritischen Überprüfung unterzogen. Der Anstoß dazu kam von außen. Pieper, der auf „dringenden Wunsch“ seines Freundes Hitze[102] und, wie er formulierte, um die Arbeiterabgeordneten

der „Standeskultur“. Vgl. Die Arbeitervereine als Standesvereine, in: ATb 1909, S. 80–94; Auf dem Wege zum Arbeiterstand, in: ATb 1910, S. 131–147; Wie pflegen wir unsere Arbeitervereine als Stand?, in: ATb 1913, S. 78–85. Vgl. eine der letzten Schriften Piepers: Standwerdung als Ziel der christlichen Arbeiterbewegung. Die Entproletarisierung als seelisches Problem, M. Gladbach 1933.

[96] Vgl. *A. Pieper,* Die Pflege des politischen Sinnes, in: PK (wie Anm. 29) 27, 1914, S. 408–414; *ders.,* Zur staatsbürgerlichen Bildung und politischen Schulung, M. Gladbach 1919; [3]1920.

[97] *A. Heinen,* Jugendpflege als organisches Glied der Volkspflege, M. Gladbach 1920, S. 73.

[98] *A. Heinen,* Welche Aufgaben der Jugendpflege ergeben sich aus der seelischen Veranlagung und der gegenwärtigen sozialen Lage unserer Jugendlichen?, in: PK 27, 1914, S. 121.

[99] *A. Heinen,* Ein Programm für Jugendpflegekurse, in: PK 28, 1915, S. 219.

[100] *A. Heinen,* Selbständiges Schaffen, in: PK 27, 1914, S. 162.

[101] *A. Heinen,* Ziel und Methode der Volksbildung. Vortrag auf dem Kursus des Borromäusvereins in Bonn 1914, in: PK 27, 1914, S. 113.

[102] *A. Pieper,* hs. Bericht vom 16. 10. 1935, (S. 315). StAMü (wie Anm. 31), NL Pieper, M 29.

des Zentrums auf dem „glatten Boden“ der politischen Arbeit „geistig zu stützen“[103], 1906 im Preußischen Abgeordnetenhaus und 1907 im Reichstag parlamentarische Mandate angenommen hatte, begegnete in Berlin dem Volksbildner Robert von Erdberg. Der persönliche Kontakt ergab sich aus der Situation, daß der Generaldirektor des Volksvereins und auch Hitze Vorstandsmitglieder der preußischen ‚Zentralstelle für Volkswohlfahrt‘ waren[104], in der Erdberg die ‚Abteilung für Volksbildung‘ leitete.

Die Begegnung mit Robert von Erdberg übte einen nachhaltigen Einfluß aus und war mitbestimmend für die Neuorientierung der Bildungsarbeit des Volksvereins. Das Jahr, in dem sich die Wende für die sogenannte „Neue Richtung“ in der Volksbildung, die intensive Volksbildung[105], ankündigte, die sich vor dem 1. Weltkrieg noch in einem Klärungsprozeß befand, ist das Jahr 1909.[106] „Von Anfang an hatten Hitze und Pieper, die mit von Erdberg ... zusammenarbeiteten“ – und der Generaldirektor des Volksvereins betonte hier nachdrücklich, daß es sich nicht um einen Alleingang gehandelt habe –, „seine Bildungsbestrebungen unterstützt.“[107] Noch deutlicher wurde er in seiner Laudatio zum 60. Geburtstag Erdbergs 1926: „Es ist dem Volksverein eine Genugtuung und ein Stolz, daß er nicht bloß selbst die von Erdberg gewiesenen Wege eingeschlagen“, sondern daß er auch mit Anton Heinen „einen Mitarbeiter und Freund gestellt hat, der ihn, wie wenige andere, am tiefsten verstand ...“[108].

Es ist sicher unzutreffend, die „Neue Richtung“ in der Volksbildung mit einer Person oder einem Datum erklären zu wollen. Aber ohne Zweifel war Robert von Erdberg in dem kleinen Kreis von Volksbildnern, die aus den verschiedensten weltanschaulichen Lagern kamen und sich seit 1923 im ‚Hohenrodter Bund‘[109] – benannt nach dem kleinen Tagungsort Hohenrodt im Schwarzwald –, einem exklusiven Arbeits- und Freundeskreis zusammenfanden, eine zentrale Persönlichkeit.[110]

---

103 *A. Pieper,* hs. Erinnerungsbericht vom 15. 1. 1938, (S. 4). Ebd.

104 *A. Pieper,* hs. Erinnerungsbericht vom 7. 3. 1938, (S. 7). Ebd.

105 Zum Bildungsbegriff vgl. *A. Benning* (wie Anm. 65), S. 154 ff.

106 *A. Pieper,* hs. Erinnerungsbericht vom 22. 9. 1934, (S. 7), StAMü, NL Pieper, M. 6.

107 Ebd., (S. 7 f.).

108 *A. Pieper,* Dr. Robert von Erdberg, in: Führer-Korrespondenz (= FK), NF. der Präsides-Korrespondenz, 29, 1926, S. 185–188; hier: S. 187. *Ritter* bestreitet die enge Beziehung zur Bildungstheorie *Erdbergs,* obwohl er wenige Sätze zuvor *Heinens* Bekenntnis zu den Volk-Bildungsideen des Hohenrodters zitiert. Vgl. *E. Ritter,* (wie Anm. 49), S. 432.

109 Vgl. immer noch grundlegend *J. Henningsen,* Der Hohenrodter Bund. Zur Erwachsenenbildung in der Weimarer Zeit, Heidelberg 1958.

110 Der innere Kreis des ‚Hohenrodter Bundes‘ umfaßte nur gut 20 Persönlichkeiten. Neben *Robert v. Erdberg* und *Theodor Bäuerle,* „die zuerst zu nennen sind“, standen *Wilhelm Flitner, Anton Heinen, Wolfgang Pfleiderer, Eugen Rosenstock, Walter Hofmann, Otto Wilhelm, Hans Ludwig Held, Bernhard Merten, Anton Lampa, Hermann Herrigel, Rudolf Reuter, Ernst Michel, Paul Kaestner, Fritz Kaphahn, Walter Koch, Eduard Brenner, Eduard Winter*

Die geistesgeschichtlichen Wurzeln der „Neuen Richtung“ sind vielfältig: da ist einmal die reformpädagogische Bewegung seit der Jahrhundertwende zu nennen, die Jugendbewegung und die Kultur- und Wissenschaftsskepsis, aber auch die Ideen der dänischen Volkshochschulbewegung und ihres Begründers Grundtvig.[111] Die Begriffserklärung ist schwierig. Nicht Definitionen, sondern die antithetische Spannung alte – neue Richtung, extensiv – intensiv, verbreitete – gestaltende Volksbildung, die auch im Methodischen in der Gegenüberstellung von Vortrag – Gespräch, Versammlung – Arbeitsgemeinschaft zum Ausdruck kommt, charakterisiert das volksbildnerische Anliegen ihrer Vertreter. Einzig der Hohenrodter Wilhelm Flitner leistete eine Analyse des Bildungsbegriffs: Die Volksbildung werde als „intensiv“ bezeichnet, „weil sich infolge der Aktivität und der besonderen Berücksichtigung der Individualität des Bildungspartners in ihr die persönliche Begegnung von Lehrer und Schüler wechselseitig und ‚intensiv‘ auswirke“[112]. Konkret: Die intensive Volksbildung ging nicht mehr vom Bildungsgut für *alle* aus, sondern vom Menschen in seiner Individualität und seiner konkreten Lebenswirklichkeit.

Den ersten Schritt in diese Richtung im Volksverein machte August Pieper. Bereits 1909 erschien in den ‚Arbeitertaschenbüchern‘ ein Beitrag ohne Verfasserangabe, der die zentrale Idee Piepers, die „Standwerdung“ der Arbeiterschaft, erörterte; 1910 und 1913 folgten weitere Aufsätze zum gleichen Thema.[113] Die vom Volksverein intendierte Standesbildung hatte, um das gleich vorwegzunehmen, keine Berührungspunkte mit den ständisch-zünftlerischen Ideen der politischen Romantik[114], denen noch der junge Hitze anhing[115], sondern war sozialerzieherisch und sozial-

---

sowie eine jüngere Generation von Volksbildnern wie *Fritz Laack, Heinrich Becker, Erich Weniger* und *Oskar Hammelsbeck*. Vgl. *J. Henningsen*, S. 76f. Neben *Heinen* gehörten noch zwei weitere Katholiken zum inneren Kern des ‚Hohenrodter Bundes‘: *Rudolf Reuter* und *Ernst Michel*. Vgl. *F. Pöggeler/L. Langenfeld/G. Welzel* (Hg.), Im Dienste der Erwachsenenbildung. Festgabe für *Rudolf Reuter* zur Vollendung seines 70. Lebensjahres, Osnabrück 1961; *B. Lowitsch*, Ernst Michel (1889–1964), in: (wie Anm. 4), Bd. 5, S. 223–238.

111 Vgl. *W. Scheibe* (Epochalgeschichte der Erwachsenenbildung), 1918–1933: Weimarer Republik, in: Handbuch der Erwachsenenbildung, Bd. 4, hg. v. *F. Pöggeler*, Stuttgart 1975, S. 69f; *J. Dikau*, Geschichte der Volkshochschule, in: ebd., S. 111ff.

112 Zit. bei *A. Benning*, (wie Anm. 65), S. 155.

113 Vgl. *A. Pieper*, hs. Erinnerungsbericht vom 22. 9. 34, (S. 8). StAMü (wie Anm. 31), NL Pieper, M. 6.

114 Am 9. 5. 1928 schrieb *Pieper* an *Adolf Weber*: Die Utopien der politischen Romantik, die auch den jungen Hitze zur „Unfruchtbarkeit“ geführt hätten, lehne er ab; „noch mehr lehne ich die heutigen Epigonen der Spätromantik ab . . .“. Vermutlich zielte seine Kritik hier auf die neuromantische Richtung der Vogelsangschule in Österreich und Deutschland. StAMü, NL Pieper, M. 35.

115 Noch 1880 hatte *Hitze* in seinem frühen Hauptwerk „Kapital und Arbeit und die Reorganisation der Gesellschaft“, Paderborn, eingangs sein Anliegen thematisch zusammengefaßt: „Wir wollen mehr oder weniger, um es gleich zu gestehen, die Wiederherstellung

ethisch begründet. Das Ziel war die Weckung eines Berufs- und Arbeitsethos, die Bildung des Bewußtseins, daß der Mensch seinen geistigen und sozialen Standort in bestimmten Lebens- und Berufsgemeinschaften finden müsse. Die berufsständische Ordnung, die der Volksverein als Fernziel vor Augen hatte, meinte gleichberechtigte miteinander arbeitende Leistungsgemeinschaften, keine ständische Über- und Unterordnung. Sehr deutlich werden diese Intentionen Piepers in dem Buch „Von der Arbeiterbewegung zum Arbeiterstand“ von 1920: „Das Standesbewußtsein ist die Schätzung der Eigenart der Arbeiter, das Bewußtsein von ihrem Werte für die menschliche Gesellschaft, der feste Wille, auch den übrigen Ständen diesen gesellschaftlichen Wert der Arbeit zu Bewußtsein zu bringen (und) ..., innerhalb des Gesellschaftsorganismus sich einen eigenen Lebenskreis mit der eigenartigen Färbung ihres Berufes zu schaffen und aus diesem Lebenskreis heraus gemeinsam mit den übrigen Ständen zum Wohle der Gesamtheit (zu) wirken.“[116]

Wenn wir nach der wissenschaftlichen Grundlegung dieses Denkens fragen, so stoßen wir auf Heinrich Pesch[116a] und das von ihm entwickelte leistungsgemeinschaftliche Ordnungskonzept des „Solidarismus“[117], das von der solidaristischen Schule in Deutschland – Wilhelm Schwer, Gustav Gundlach und Oswald von Nell-Breuning – weiterentwickelt, eine direkte Linie zur Enzyklika ‚Quadragesimo anno‘ aufweist. In mehreren Beiträgen bekannten sich Heinen und Pieper zu dem von den Neuromantikern der Vogelsangschule geschmähten „liberalen Katholizismus“ Peschs[118], allerdings mit dem entscheidenden Unterschied, daß die M. Gladbacher nunmehr ganz im Sinne ihrer neuen These „Sozialreform als seelisches Problem“ davon überzeugt waren, institutionelle Reformen und die

---

der mittelalterlich-zünftlerischen Gesellschaftsordnung, die wie keine zweite in der Weltgeschichte, für ihre Zeit eine vollständige Lösung der socialen Frage repräsentirt.“ Ebd., Vorwort IV. Und an anderer Stelle heißt es sogar: „Unser ganzes Leben muß wieder ständisch werden, von der Politik bis zum – Vergnügen.“ Ebd., S. 442.

[116] M.Gladbach 1920, S. 25.

[116a] Vgl. *A. Rauscher*, Heinrich Pesch, in: (wie Anm. 4), Bd. 3, Mainz 1979, S. 136–148.

[117] Vgl. *A. Rauscher*, Solidarismus, in: Der soziale und politische Katholizismus, hg. v. *A. Rauscher*, Bd. 1, München/Wien 1981, S. 340ff.

[118] Vgl. *A. Heinen*, Sozialismus, Solidarismus, M.Gladbach 1919; ³1921. *(A. Pieper)*, Von der Pflege des christlichen Solidarismus, in: PK (wie Anm. 29) 33, 1920, S. 235–236; *ders.*, Welche Schriften über das Gemeinschaftsleben des Solidarismus sollen die Arbeiter studieren?, in: PK 34, 1921, S. 186–191; *ders.*, Zur Vollendung des Lehrbuches der Nationalökonomie von Dr. P. Heinrich Pesch, in: FK (wie Anm. 108) 36, 1923, S. 154f. Es heißt dort: Pesch habe nun „autoritativ aufgeräumt mit so vielen seit Jahrzehnten in der sozialen Literatur der deutschen Katholiken mitgeschleppten unzulänglichen und schiefen, der fachwissenschaftlichen Sorgfalt, Klarheit und Tiefe ermangelnden Anschauungen und Lehrmeinungen ...“. Die aus den Tagen der politischen Romantik hemmenden Überlieferungen seien nun durch die Arbeit *Peschs* „als erledigt zu betrachten“. Ähnlich auch in seinem Nachruf zum Tode *Peschs* am 1. 4. 1926. Vgl. FK 39, 1926, S. 185.

praktisch-soziale Arbeit als Sekundäres zuerst einmal vernachlässigen zu können.

Im Jahr des Klärungsprozesses 1909 stand Pieper im Volksverein noch unentschlossen und wie er selber seine Situation charakterisierte: „einsam"[119]. In dieser Situation begegnete er im April des Jahres dem Pädagogen und Priester Anton Heinen, der durch die Vermittlung Hitzes im Volksverein die Stelle eines zweiten „Apologeten" übernehmen sollte und den er noch mit der wenig freundlichen Mahnung empfing: „‚Freund, hier werden keine geistreichen Essais mehr geschrieben. Das sind Solotänzereien von Individualisten ..., das ist aber kein kräftiges geistiges Brot, dessen das Volk bedarf."[120] Die Begegnung dieser beiden Persönlichkeiten, die bald zu einer tiefen, geistigen Freundschaft führte, muß als einschneidendes Ereignis, als Weichenstellung für die neue Volksbildungsarbeit gewertet werden. Die Klärung seiner Bestrebungen, bekannte Pieper, sei „entscheidend gefördert" worden durch den Eintritt Heinens in die Zentralstelle. „Beide besprachen sich nun unausgesetzt, wobei Heinen der Gebende war."[121] Das Erlebnis des Weltkrieges, heißt es in seinem Erinnerungsbericht, brachte Heinen und Pieper dann „volle Klärung" über ihren Weg.[122]

Wie sah dieser Weg aus? Er manifestierte sich in dem programmatischen Satz: „Erneuerung von Volksgemeinschaft und Nation", und diese wurde verstanden als „seelische Vergemeinschaftung"[123]. Es galt, den „seelischen Zusammenbruch" des deutschen Volkes zu überwinden. Volksbildnerisch und mit Pieper gesprochen hieß die Formel: „Bildung zum Volke oder Bildung mit dem Ziel der Volkwerdung"[124].

Emil Ritter, von 1919 bis 1923 in den Diensten des Volksvereins stehend[125], dann im ‚Zentralbildungsausschuß der katholischen Verbände' tätig und nach dem 2. Weltkrieg scharfer Kritiker der Bildungsarbeit des Volksvereins[126], war auf katholischer Seite der erste, der den Gedanken

---

119 *A. Pieper*, hs. Erinnerungsbericht vom 22. 9. 1934, (S. 9). StAMü (wie Anm. 31), NL Pieper, M. 6.

120 *A. Heinen*, Mein Leben als Volksbildner. Ein Rechenschaftsbericht, (ms. Manuskript), S. 30. StadtAMö, 15/1/6. (Abschrift).

121 *A. Pieper*, hs. Erinnerungsbericht vom 22. 9. 1934, (S. 9). StAMü, NL Pieper, M. 6.

122 Ebd., (S. 9f.).

123 *A. Pieper*, hs. Erinnerungsbericht vom 7. 3. 1938, (S. 8). StAMü, NL Pieper, M. 29.

124 Ebd.

125 Vgl. die Kurz-Biographie von *E. Dauzenroth*, Emil Ritter – Weg und Werk, in: Erwachsenenbildung, hg. von *A. Beckel, F. Flintrop, B. Hanssler, F. Pöggeler*, XII, 1966, H. 4, S. 238–241.

126 Vgl. *E. Ritter*, (wie Anm. 49), S. 430ff. Der Vorwurf der „Gemeinschaftsideologie" (Ebd., S. 445) an die Adresse *Piepers*, dem nicht widersprochen werden kann, mutet jedoch merkwürdig an, weil *Ritter* zumindest bis Anfang der 30er Jahre selbst Vertreter dieser

der „Volk-Bildung“[127] in seinem Buch „Die Volksbildung im deutschen Aufbau“, das 1919 im Volksvereinsverlag erschien, aufgriff und eine theoretische Grundlegung versuchte. Die Charakterisierung des Volkes als „Schicksalsgemeinschaft“, als eine „seelische Lebensgemeinschaft“, die Forderung nach „Weckung von Gemeinsinn und Gemeinschaftsgeist“ und die Idee, daß Volksbildung „nicht Bildung fürs Volk, sondern Bildung eines Volkes“ sei[128], finden wir in vielen größeren und kleineren Schriften Piepers und Heinens erörtert, „variiert und auf immer neue Problemkreise hin expliziert“[129]. Wir müssen hier eine geisteswissenschaftliche Orientierung konstatieren, die in dieser formalen Angleichung im deutschen Sozialkatholizismus ohne Beispiel ist: wir meinen die Rezeption des Begriffsdualismus „Gemeinschaft und Gesellschaft“ des Soziologen Ferdinand Tönnies.[130] Pieper und Heinen waren nicht die einzigen im katholischen Raum, die durch Tönnies direkt oder indirekt beeinflußt wurden[130a], aber sie formten dessen Theorie, die Pieper als eine „nicht ... bildhaft gestaltete, (nicht) lebendige Idee“ kritisierte[131], zu einer Gemeinschaftsideologie um, die sie mit einer bei Goethe gefundenen Lebensphilosophie unterbauten[132]. Darüber hinaus können wir auch eine

---

Ideologie war. Vgl. *A. Benning*, (wie Anm. 65) S. 191; *W. Niggemann*, (wie Anm. 77), S. 287ff.

[127] Zum Bildungsbegriff vgl. *A. Benning*, S. 176ff.; *W. Niggemann*, S. 266ff.

[128] Vgl. *E. Ritter*, Die Volksbildung im deutschen Aufbau, M.Gladbach 1919, S. 7–43; *ders.*, Ziele und Wege der Volksbildung in: B. Marschall (Hg.), Volksbildungsarbeit. Ergebnisse der Rheinischen Bildungswoche vom 4.–8. 10. 1920 zu Köln, Köln 1921, S. 25–32.

[129] *A. Baumgartner*, Sehnsucht nach Gemeinschaft. Ideen und Strömungen im Sozialkatholizismus der Weimarer Republik (Beiträge zur Katholizismusforschung, Reihe B: Abhandlungen), Paderborn 1977, S. 96.

[130] Vgl. ebd., S. 39–54. Aufschlußreich ist die Geschichte von *Tönnies'* Hauptwerk „Gemeinschaft und Gesellschaft“. Ein erster Entwurf aus den Jahren 1880/81 blieb ungedruckt. Das Werk erschien erst sieben Jahre später unter dem Titel „Gemeinschaft und Gesellschaft. Abhandlung des Communismus und des Sozialismus als empirischer Culturformen“, Leipzig 1887. 25 Jahre fand das Buch „nur wenig Beachtung“, bis es 1912 in Berlin überarbeitet und mit einem neuen Untertitel „Grundbegriffe der reinen Soziologie“ in der 2. Auflage erschien. Erst nach dem 1. Weltkrieg fand das Werk herausragende Aufmerksamkeit, die sich bis 1935 in sechs weiteren Auflagen dokumentierte. Ebd., S. 40.

[130a] *Baumgartner* nennt hier „vor allem“ *Wilhelm Schwer, Goetz Briefs, Arnold Rademacher* und *Josef Pieper*. Ebd., S. 94.

[131] *Pieper* an *Dunkmann* vom 3. 7. 1925. Zit. bei *E. Ritter*, August Pieper (masch. Ms.), S. 52. Kommission für Zeitgeschichte (= KfZG), Bonn, NL E. Ritter, C5.

[132] Vgl. *A. Pieper*, hs. Erinnerungsbericht vom 22. 9. 34, (S. 6). StAMü (wie Anm. 31), NL Pieper, M. 6.; *Pieper* an *Adolf Weber vom 9. 5. 1928. Ebd., M. 35.* Nachdrücklich hob Pieper heraus, daß er sich zuerst mit der „kosmischen Lebenslehre von Goethe“ beschäftigt habe, dann erst habe er *Tönnies* und *Spann* gelesen. „Beim ersteren fand ich Resignation, beim letzteren Anknüpfung an die Schöpfer des deutschen Idealismus, an den älteren Fichte und andere Frühromantiker.“ *Goethe* bezeichnete er als „Lebensführer“, der überrationale Lebenswahrheiten aufzeige.

geistige Nähe zum Universalismus des Wiener Sozialphilosophen Othmar Spann nicht übersehen.[133] Bejaht wurden die Kritik an der „individualistischen Naturrechtstheorie" und die „wachsende Besinnung unserer Geisteswissenschaften auf das Irrationale als ihren Lebensgrund."[134] Die ständestaatlichen Forderungen wies der Volksverein dagegen als gefährlich zurück. Erstmals 1924[135] und dann wieder 1932 distanzierte sich Pieper vom Spannschen Ständestaat, weil er in „absehbarer Zeit das Werkzeug reaktionärer Bestrebungen zur Restauration der obrigkeitlich-feudalen Gesellschaftsordnung sein würde; denn als solches werten ihn alle jene Gruppen, die heute ihn fordern"[136].

Auf dem ‚Würzburger Kleinen Katholikentag' am 14. September 1920 stellte Pieper in vier programmatischen Leitsätzen die neue Volksbildungsarbeit vor.[137] Zentrales Postulat war die „Erneuerung des Gemeinschaftsgeistes. Denn die soziale und staatliche Volksgemeinschaft ist organische, vom Schöpfer gewollte Lebensgemeinschaft und Schicksalsverbundenheit, nicht willkürlich von Menschen gemachte Zweck- und Interessengesellschaft. ... Erstere lebt aus irrationalen Kräften, aus tiefster Ergriffenheit von einer als Lebensaufgabe zu verwirklichenden Idee; letztere wird mit Wissen und Können gemacht." Die Urform der Lebensgemeinschaft sahen die Volksbildungstheoretiker des Volksvereins in der Familie[138]; sie wird geradezu zum Vorbild für alle anderen Lebensgemeinschaften. Auf diesem Hintergrund sind die Begriffe „Standesfamilie" und „Volksfamilie" zu verstehen. Die gemeinschaftsbildenden Kräfte seien das

---

[133] Vgl. *Piepers* Rezension der Spann-Bücher „Gesellschaftslehre", Leipzig ²1923 und „Der wahre Staat. Vorlesungen über Abbruch und Neubau der Gesellschaft", Leipzig 1921, in: FK (wie Anm. 108) 37, 1924, S. 9–14. Es heißt hier: Den Lesern der FK sei die „universalistische, antiindividualistische Auffassung der Gesellschaft" durch die Schriften *Piepers* und *Heinens* bekannt, „soweit es sich um die naive Anschauung und das Erlebnis der Idee der Lebensgemeinschaft handelt. Beide bedürfen aber der wissenschaftlichen Grundlegung und Kontrolle ... Ein solches Verfahren verfolgt der Wiener Universitätsprofessor Othmar Spann ...". Ebd. S. 10.

[134] Ebd., S. 11.

[135] Ebd., S. 14.

[136] *(A. Pieper),* „Alle Reaktionäre fordern die berufsständische Korporation", in: FK 45, 1932, S. 78. Anlaß dieser erneuten Distanzierung von ständestaatlichen Vorstellungen war die Feststellung von *Eduard Heimann* in seinem Buch „Kapitalismus und Sozialismus", daß *Pieper* „sich ziemlich vorbehaltlos die Spannsche romantische Lehre vom Ständestaat als einer naturgegebenen Ordnung zu eigen macht". Zit. ebd.

[137] Vgl. „Der Gemeinschaftsgeist im Wiederaufbau. Leitsätze eines Vortrages von Dr. Aug(ust) Pieper auf dem Würzburger Kleinen Katholikentag am 14. September 1920", abgedruckt in: PK (wie Anm. 29) 33, 1920, S. 220–222.

[138] Vgl. *A. Pieper,* Was geht den Geistlichen seine Volksgemeinschaft an?, M. Gladbach 1926, S. 126; *A. Heinen,* Volkstum als lebendige Auswirkung des organischen Prinzips im Gemeinschaftsleben, in: Soziale Arbeit im neuen Deutschland. Festschrift zum 70. Geburtstag von *Franz Hitze,* M. Gladbach 1921, S. 196.

Vertrauen und die Liebe, und die „höchste gemeinschaftsbildende Lebenskraft", so Pieper im letzten Leitsatz, „ist die Gottes- und Bruderliebe Christi"[139].

Schon formal ist der dualistische Ansatz im sozialen Denken nicht zu übersehen. Sprachlich artikuliert er sich in gegensätzlichen Begriffspaaren: Gemeinschaft wird als „organisch" und „natürlich" klassifiziert, Gesellschaft als „mechanisch" und „künstlich". Während die Gemeinschaft einen „inneren Lebenssinn" verkörpert, verfolgt die Gesellschaft nur „äußere Zwecke". Die erstere ist von der Idee her „irrational", gründet in der „Liebe", während die letztere „rational" ist, konstruiert. Das dualistische Denken findet dann im Religiösen seinen Abschluß und Höhepunkt: Gemeinschaft ist von Gott gegeben, „heilig" und „ewig", Gesellschaft von Menschen geschaffen, darum wandelbar und „profan".

Spiegelbild dieses Denkens sind die Führerkurse des Volksvereins. Entwicklung und Wandlung des Volksgemeinschaftslebens, die Sozialreform als seelisches Problem, der nationale Staatsgedanke, der Führerberuf heißen jetzt die Themen. Während das Führersein vor dem Weltkriege durchaus erlernbar war, wurde jetzt ganz im Sinne des dualistischen Denkens zwischen „Lebensführer" und „Geschäftsführer" unterschieden. Die Elitebildung bekam nun einen religiös-mystischen Zug. Der Führer stammte aus dem Volk und verstand die Not der Volksgemeinschaft[140]; er war der „Herausgerufene" und der „Begnadete"[141], der nach Heinen einem „heiligen Müssen" folge[142], während der gesellschaftliche „Geschäftsführer" durchaus nützliche, aber profane Arbeit leiste. Die „Arbeitsgemeinschaft" war für Pieper und Heinen der Ort zur „Bildung eines Führergeschlechts"[143].

VII. Die fortschreitende Isolierung des Volksvereins nach 1918

Ein Jahr nach den ‚Würzburger Leitsätzen' bestellte der Verbandspräses der ‚Katholischen Arbeitervereine Westdeutschlands', Otto Müller[143a], die von Pieper redigierte ‚Präsides-Korrespondenz', das Organ der

[139] Ebd., S. 221.

[140] Vgl. *A. Heinen,* Wie gelangen wir zur Volksgemeinschaft?, M.Gladbach 1922, S. 42.

[141] *A. Pieper,* Der Sinn der Standes- und Jugendvereine als Lebensgemeinschaften, M.Gladbach 1922, S. 34.

[142] *A. Heinen,* Volksgemeinschaft (wie Anm. 140), S. 41.

[143] Jahresbericht des Volksvereins 1922/23, S. 3–9: „Grundlinien der Volksvereinsarbeit".

[143a] Vgl. *J. Aretz,* Otto Müller (1870–1944), in: (wie Anm. 4). Bd. 3, Mainz 1979, S. 191–203.

neuen Volksbildungsarbeit, mit der lapidaren Bemerkung ab: Die Präsides der Arbeitervereine seien den „Gemeinschaftsquatsch" leid.[144]

Wir wollen nicht bestreiten, daß die ins Stereotype gehende Begriffssprache, der „phrasenhafte Stil" und die „Verschwommenheit" der Sätze, wie ein ungenannter Rezensent das spätere Hauptwerk Piepers „Der Staatsgedanke der deutschen Nation" kritisierte[145], wahrscheinlich bei vielen Präsides auf Unverständnis und Kritik gestoßen ist. Hier allerdings den einzigen und zentralen Grund für die Pieper tief verletzende Kritik zu sehen, wäre zu kurz gegriffen, zumal auch der ‚Zentralbildungsausschuß der katholischen Verbände' die Notwendigkeit der Volksbildung als „Volk-Bildung" betonte und damit verbunden die Erneuerung des Gemeinschaftsgeistes forderte.[146] Die Ablehnung der ‚Präsides-Korrespondenz' war vielmehr ein weiteres Zeichen für die spätestens seit 1918 begonnene Isolierung Piepers und Heinens und damit des Volksvereins durch die kirchlich-sozialen Vereine, weil sich die beiden Volksbildungstheoretiker immer stärker von einer als zu eng empfundenen konfessionell-katholischen Volksbildungsarbeit distanzierten und die Mitarbeit des Volksvereins in der „freien Volksbildung" betonten. Bei Pieper heißt es kurz, aber vielsagend: Otto Müller ist „seit 1918 nicht mehr mit mir gegangen . . ."[147].

Daß Pieper und Heinen die „konfessionelle Enge" der Bildungsarbeit ablehnten und zumindest im privaten, kleinen Kreis die katholischen Verbände und hier besonders den ‚Zentralbildungsausschuß' zur Volksbildungsarbeit, wie sie diese verstanden, für unfähig hielten, wurde bereits 1954 von Ritter angedeutet[148] und 1963 in der Dissertation Karl Bozeks über „Anton Heinen und die deutsche Volkshochschul-Bewegung" drastisch herausgestellt.[149] Da war von „katholischem Bildungsbetrieb" und „Sonderbündelei" die Rede[150], und in Anspielung auf den maßgebenden Leiter des ‚Zentralbildungsausschusses', Bernhard Marschall, machte Heinen die spöttische und wohl auch abwertende Bemerkung: „Bildungsmarschälle". Anfang 1930 schrieb er an den Hohenrodter Theodor Bäuerle

---

[144] *A. Pieper,* hs. Erinnerungsbericht vom 22. 9. 1933, (S. 11 f.), StAMü (wie Anm. 31), NL Pieper, M. 25. Ähnlich auch *Ritter,* der sich wohl auf die gleiche Quelle stützt, (wie Anm. 49), S. 434. *E. Ritter,* August Pieper (masch. Ms.), Bl. 51. KfZG (wie Anm. 131), Bonn, NL Ritter, C5.

[145] Vgl. ‚Deutsche Wirtschafts-Zeitung' Nr. 1178b, Berlin 1928, o. S.

[146] Vgl. *A. Benning* (wie Anm. 65), S. 185 f.; *W. Niggemann* (wie Anm. 77), S. 269 f.

[147] *A. Pieper,* hs. Erinnerungsbericht vom 22. 9. 1933, (S. 10). StAMü (wie Anm. 31), NL Pieper, M. 25.

[148] *E. Ritter,* (wie Anm. 49), S. 440.

[149] Stuttgart (1963), 181 S. Vgl. die Rezension von *F. Pöggeler,* Das Phänomen Anton Heinen, in: Erwachsenenbildung (wie Anm. 125) 9, 1963, S. 129–138; *ders.,* Katholische Erwachsenenbildung. Ein Beitrag zu ihrer Geschichte 1918–1945, München 1965, S. 13–28.

[150] *K. Bozek,* S. 43.

über Marschall die wenig freundlichen Worte: „Er hemmt bloß durch Lärm und Dilettantismus."[151] Auch Pieper bedauerte 1929, daß v. Erdberg unter den Katholiken nicht einmal einen kleinen Kreis von Mitarbeitern gefunden habe.[152] Gleichzeitig verteidigte er die Mitarbeit des Volksvereins in der „freien" Volksbildung. Die volksbildnerische Tätigkeit im Katholizismus bezeichnete er als „Oberflächenarbeit", und darum seien auch „alle katholischen konfessionell abgeschlossenen Versuche ... nach wenigen Jahren gescheitert". Welche Versuche er im einzelnen konkret meinte, sagte er nicht.

Auf der Tagung des ‚Ausschusses der deutschen Volksbildungsvereinigungen' Ende September 1918 in Rothenburg ob der Tauber, die, so Heinen, vom Abgeordneten Pieper „angeregt" worden sei, um bei der Bewilligung von Geldern für die Volksbildung mehr Klarheit zu gewinnen[153], wurden die Weichen für eine überkatholische oder „gemeindeutsche" Volksbildung des Volksvereins gestellt. Heinen, der auf „Veranlassung" Piepers zum ersten Male in einem Kreis weltanschaulich unterschiedlich orientierter Volksbildner auftrat, war fasziniert. Er lernte dort den Leiter der Leipziger Bücherhalle, den Sozialisten Walter Hofmann, der sich in einem heftigen Streit mit den konventionellen Vertretern des Büchereiwesens befand, weil er sich für eine „intensive" Leserberatung und gegen den „Massenbetrieb" ausgesprochen hatte, auch persönlich schätzen.[154] Hofmanns Referat, bekannte Heinen euphorisch, sei für ihn eine „Offenbarung" gewesen.[155] Einem anderen katholischen Teilnehmer, dem Generalsekretär des ‚Borromäusvereins', Johannes Braun, mißfielen die Auseinandersetzungen um die Frage der weltanschaulichen Bildung in Rothenburg, zumal auch die Erörterung abgebrochen werden mußte, ohne daß eine Einigung erzielt werden konnte.[156] Als die Frage eines dauernden Anschlusses aller Bildungsverbände an den ‚Ausschuß der deutschen Volksbildungsvereinigungen' zur Debatte stand, bemerkte Braun mit Blick auf die weltanschaulichen Differenzen: „Was die Kerle da machen, das machen wir nächstens selber!"[157]

---

151 Zit. ebd., S. 48.

152 *A. Pieper,* Robert von Erdberg, in: FK 42, 1929, S. 113–116; hier: S. 116.

153 *A. Heinen,* Rechenschaftsbericht (wie Anm. 120), S. 61.

154 Bereits 1917 hatte *Heinen* das Buch von *W. Hofmann,* Buch und Volk und die volkstümliche Bücherei, Leipzig 1916, sehr positiv rezensiert und die „Leitgedanken" *Hofmanns* den katholischen Vereins- und Borromäusbüchereien dringend empfohlen. Vgl. *A. Heinen,* Bücherei und Volkserziehung. Massenbetrieb oder Auswahl? in: PK (wie Anm. 29), 30, 1917, S. 216f.

155 *A. Heinen,* Rechenschaftsbericht, S. 66.

156 Vgl. *J. Henningsen* (wie Anm. 109), S. 16.

157 Mündliche Mitteilung von *E. Ritter,* zit. bei *W. Niggemann* (wie Anm. 77), S. 134.

Es sollte noch ein knappes Jahr dauern, bis am 5. September 1919 im Kölner Ursulinenkloster 14 von 22 geladenen katholischen Organisationen sich zum ‚Zentralbildungsausschuß der katholischen Verbände Deutschlands' (ZBA)[158] zusammenschlossen, „womit die Diskussion weltanschaulicher Fragen in der Volksbildung wenigstens von *einer* katholischen Seite zunächst abgebrochen war."[159] Die andere Seite, der Volksverein, wurde nicht Mitglied und seine führenden Persönlichkeiten Pieper und Heinen nahmen auch an keiner Sitzung des ‚Zentralbildungsausschusses' teil.

Die Abneigungen Heinens gegenüber dem ‚Zentralbildungsausschuß', urteilt Franz Pöggeler, „waren weitgehend persönlich bedingt"[160]. Allerdings, und das sollte nicht übersehen werden, stand hinter den Personen die Sache. Außerdem: Die Erklärung des ‚Zentralbildungsausschusses', er wolle „eine Gesamtvertretung der katholischen Volksbildung und außerschulischen Jugendarbeit" ins Leben rufen[161], mußte notwendig das Selbstverständnis des Volksvereins tangieren. Spannungen wurden unausweichlich, zumal der Volksverein nicht daran dachte, im ‚Zentralbildungsausschuß' katholische Volksbildungsarbeit zu leisten. Die Spannungen eskalierten dann zum offenen Konflikt, als 1923 mit der Gründung des ‚Hohenrodter Bundes' Pieper und Heinen ihre geistige Orientierung dort fanden. Der Bund war für sie eine „Gesinnungsgemeinschaft"[162], in der es möglich war, so der Hohenrodter Eduard Weitsch, „zu einer ‚Front von Heinen bis Hermberg' zu kommen"[163]. Weltanschaulich gesprochen: eine Brücke vom Katholiken zum Marxisten zu bauen. Entscheidend für Pieper und den zum innersten Zirkel des ‚Bundes' gehörenden Heinen war jedoch, daß ‚Hohenrodt' als die *„Vorwegnahme einer künftigen Volksordnung"*[164] erlebt und verstanden wurde.

---

[158] Vgl. *B. Marschall*, Der Zentralbildungsausschuß der katholischen Verbände Deutschlands, in: Festgabe für *Rudolf Reuter*, S. 106–109; *F. Pöggeler*, Katholische Erwachsenenbildung (wie Anm. 149), S. 16–28; *W. Niggemann* (wie Anm. 77), S. 131–174. Nach der Darlegung von *Marschall* habe *Emil Ritter* den Namen „Zentralbildungsausschuß ..." geprägt. Vgl. Zehn Jahre Zentralbildungsausschuß, in: Volkstum und Volksbildung. Katholische Zeitschrift für die gesamte Erwachsenenbildung 1929, S. 220.

[159] *W. Niggemann*, (wie Anm. 77), S. 134.

[160] *F. Pöggeler*, Katholische Erwachsenenbildung, S. 28. Noch enger faßt *Margret Fell* in ihrer Habilitationsschrift „Mündig durch Bildung. Zur Geschichte katholischer Erwachsenenbildung in der Bundesrepublik Deutschland zwischen 1945 und 1975", München 1983, S. 42, in Anlehnung an Pöggeler diesen personenbezogenen Konflikt: Der Dualismus zwischen Volksverein und ZBA sei in der „Sphäre des Persönlichen anzusiedeln", lasse sich „auf zwei Personen reduzieren", auf *Heinen* und *Marschall*.

[161] Zit. bei *F. Pöggeler*, ebd., S. 17.

[162] *J. Henningsen* (wie Anm. 109), S. 90.

[163] Zit. bei *J. Henningsen*, S. 91.

[164] Ebd.

Im ersten Jahrzehnt seines Bestehens fand der Volksverein die einhellige Zustimmung des hohen und niederen Klerus.[165] Das päpstliche Handschreiben vom 23. Dezember 1890 an den Vorstand – also noch nicht einmal zwei Monate nach der Konstituierung des Vereins in Köln –, in dem Leo XIII. die Gründung der katholischen Gesamtorganisation nachdrücklich begrüßte und die Erwartung aussprach, daß die Arbeit den „Beifall und die Unterstützung aller gutgesinnten Männer" finden möge[166], verdeutlicht den hohen Stellenwert, den auch der Papst den sozialen Bestrebungen der deutschen Katholiken beimaß. Ein halbes Jahr später, am 15. Mai 1891, sollte die Arbeiter-Enzyklika ‚Rerum novarum' von M. Gladbach begeistert begrüßt werden. In späterer Zeit haben sich die führenden Volksvereinspersönlichkeiten immer wieder auf zwei kirchliche Autoritäten in ihrer Arbeit berufen: den „sozialen Bischof", Frhr. von Ketteler, und den „sozialen Papst", Leo XIII. Das sei das „kirchliche Banner" gewesen, so Pieper 1921, „unter welchem wir von nun an auch mit religiösen Autoritätsgründen kämpften und arbeiteten ..."[167].

Die Solidarität des deutschen Episkopats mit der Arbeit des Volksvereins wurde seit der Jahrhundertwende durch den Gewerkschaftsstreit empfindlich gestört. Der Vorsitzende der Fuldaer Bischofskonferenz, Georg Kardinal Kopp, und sein Trierer Amtsbruder, Michael Felix Korum, bekämpften, immer wieder durch die Integralisten im ‚Berliner Verband' gedrängt (zu nennen sind hier in erster Linie Franz von Savigny und Heinrich Fournelle), die M. Gladbacher mit allen Mitteln.[168] Sie befürchteten anfangs, wie auch ihre Amtsbrüder, durch öffentliches Nachdenken Piepers über eine „gemeindeutsche" Arbeiterbewegung aufgeschreckt, eine Infizierung der katholischen Arbeiterschaft mit sozialistischem Gedankengut.[169] Daß hier allerdings nicht der zentrale Grund gesehen werden kann, beweist die Tatsache, daß spätestens seit 1902, als diese Ideen in M. Gladbach nicht mehr zur Diskussion standen, die Angriffe auf den „präterepiskopalen" Volksverein sich noch verschärfen sollten.[170] Den beiden Kirchenfürsten Kopp und Korum waren auch christliche, interkonfessionelle Arbeiterorganisationen aus theologisch-pastoralen Gründen suspekt. Sie forderten deshalb vom Volksverein

---

165 Die positiven Stellungnahmen sind aufgeführt im Hdb. VV (wie Anm. 36), S. 43–45.

166 Druck in: Was will der Volksverein für das katholische Deutschland? hg. v. Vorstand, Krefeld (1890), S. IV–V.

167 *A. Pieper*, Die dauernde Bedeutung der Arbeiter-Enzyklika, M. Gladbach 1921; ²1922.

168 Zur Stellung *Kopps* im Gewerkschaftsstreit vgl. *HW. Heitzer*, (wie Anm. 52) passim.

169 Ebd., S. 35ff.

170 Ebd., S. 130ff.

ultimativ die Trennung von den christlichen Gewerkschaften. „Sonst“, so die unmißverständliche Drohung Kopps 1902, „ist es um den Volksverein in Deutschland geschehen.“ Denn der Volksverein, so heißt es weiter in dem Brief an das Vorstandsmitglied Porsch, und eine den „kath(olischen) Grundsätzen völlig widersprechende Arbeiterbewegung haben untereinander nichts gemein“[171].

Die Mehrheit im Episkopat dachte anders. Bei allen Sorgen, die durchaus sichtbar waren, gab es für die meisten Bischöfe im Hinblick auf den Volksverein und die christlichen Gewerkschaften keine Alternativen. Daß der Volksverein diesen harten Kampf um seine Existenz bestehen konnte, verdankt er in erster Linie dem Kölner Kardinal Fischer und den Bischöfen Schulte (Paderborn), Bertram (Hildesheim) und Nörber (Freiburg).

Bereits vor dem 1. Weltkrieg müssen wir einen grundsätzlichen Konflikt zwischen dem Volksverein und dem Episkopat feststellen, der erst 1928 mit der Eingliederung in die ‚Katholische Aktion‘ ein Ende finden sollte. Er erklärt sich aus dem Selbstverständnis des Volksvereins, kein kirchlich-sozialer Verein zu sein. Es gab weder eine organisatorische, finanzielle noch programmatische Kompetenz des Episkopats.[172]

Einen ersten Vorstoß, diesen kirchenfernen Zustand abzuändern, unternahm Ende 1908 der Bischof von Metz. Benzler hatte in einem Brief an den Volksvereinsvorstand angeregt, einen Vertreter des Kölner Erzbischofs in den Vorstand aufzunehmen. Auf der Sitzung des Gesamtvorstandes am 15. Oktober lehnte der Volksverein „einstimmig“ diesen Vorschlag ab „und zwar auch im eigensten Interesse des Episkopats“. Im Protokoll heißt es kühl und bestimmt: „Es sei auch eine falsche Auffassung des Herrn Bischofs von Metz, wenn er den Volksverein als einen kirchlichen Verein ansähe.“[173]

Der provokative Ton der Entschließung verdeckt die tatsächlichen Sorgen der Vorstandsmitglieder. Ein Mitglied des Episkopats im Vorstand, so das Denken der M. Gladbacher, werde zwangsläufig die Bischöfe in die öffentliche Diskussion um die Gewerkschaftsfrage bringen und für den Volksverein eine uneingeschränkte Unterstützung der interkonfessionellen Organisationen unmöglich machen. Daneben, und das wurde von Pieper nicht verschwiegen, befürchtete die Führung auch Eingriffe in die zentrale Aufgabenstellung des Vereins. In Probleme der Sozialpolitik, Wirtschafts- und Gesellschaftspolitik könne nicht der Epi-

---

171 *Kopp* an *Porsch* vom 24. 11. 1902. ZStA DDR (wie Anm. 20), Nr. 145, Bl. 8.

172 Vgl. hier *H.W. Heitzer*, Krisen des Volksvereins im Kaiserreich. Gründe und Hintergründe zum Rücktritt von August Pieper als Generaldirektor im Dezember 1918, in: HJb 99, 1979, S. 213–254.

173 Protokoll des Gesamtvorstandes (= PGVst) vom 15. 10. 1908. ZStA DDR, Nr. 13, Bl. 91.

skopat, „sondern nur eine freie Vereinigung von Katholiken richtunggebend, kämpfend und bestimmend eingreifen“[174].

Der Episkopat ließ in dieser zentralen Frage aber nicht mehr locker. Anläßlich des Eucharistischen Kongresses im August 1909 in Köln verabschiedete er eine Resolution, in der zwar keine Finanzkontrolle, aber Einsicht in die Vermögensverwaltung gefordert wurde. Außerdem sollten in Zukunft die zuständigen Ordinarien bei allen wichtigen Veranstaltungen des Volksvereins vorab informiert werden.[175]

Nach dem Tode Kardinal Fischers am 30. Juli 1912 und der Inthronisation Felix von Hartmanns am 9. April 1913 verschärfte sich der Konflikt mit dem Episkopat. Der neue Kölner Oberhirte war, anders als sein Vorgänger, kein Freund des Volksvereins und der christlichen Gewerkschaften. Er wolle sich nicht auf die Politik seines Vorgängers festlegen lassen, gab er sehr schnell zu verstehen.[176]

Anfang August 1913 erklärte die Bischofskonferenz ihre Kontrollkompetenz in finanziellen Fragen, wie v. Hartmann am 25. September des Jahres der Zentralstelle mitteilte, und im Spätsommer 1915 erweiterten die Bischöfe ihren Anspruch auch auf personalpolitische Entscheidungen.[177] Bereits im November 1913 hatte der Kölner Oberhirte in einem Schreiben an den Vorsitzenden der Fuldaer Bischofskonferenz, Kardinal Kopp, grundsätzliche Überlegungen zum Verhältnis Volksverein–Episkopat angestellt. In Zukunft könne der Volksverein seine Aufgabe nur noch erfüllen, „wenn er von der kirchlichen Autorität getragen ist und somit der kirchlichen Autorität in entsprechender Weise sich unterstelle. Anderenfalls wird er ein Staat im Staate bzw. eine Kirche in der Kirche sein.“[178] Die Führung in M. Gladbach wehrte sich entschieden, die übergeordnete Kompetenz des Episkopats anzuerkennen und lehnte es auch weiter ab, einem Vertreter der Bischöfe Sitz und Stimme im Vorstand zu geben.[179] Die Behauptung der Unabhängigkeit als katholischer Laienverein war nur möglich, weil sich die politische Führung des Zentrums mit den geistlichen Vorstandsmitgliedern solidarisierte.

Ende 1917 geriet die Solidarität im Vorstand des Volksvereins in den Fragen der Fortführung der Sozialpolitik[180] und der preußischen Wahl-

---

174 *A. Pieper*, Geschichte III (wie Anm. 9), S. 782f.

175 Vgl. *H.W. Heitzer*, Krisen (wie Anm. 172), S. 222ff.

176 Ebd., S. 224f.

177 Ebd., S. 225f. u. 241f.

178 *Hartmann* an *Kopp* vom 10. 11. 1913. BAT (wie Anm. 10), Bd. 1, Bl. 50–52 R. Zit. in: *H.W. Heitzer*, Krisen, S. 229ff.

179 *H.W. Heitzer*, Krisen, S. 236ff.

180 Vgl. *H.W. Heitzer*, Der Parlamentarier August Pieper. Auseinandersetzungen des Volksvereins für das katholische Deutschland mit dem Zentrum über die Fortführung der Sozialpolitik und die Wahlrechtsreform in Preußen im Ersten Weltkrieg, in: Christliches

rechtsreform ins Wanken. Die Argumente weiter Kreise des hohen und niederen Klerus, der Volksverein gefährde mit seinem Eintreten für das gleiche Wahlrecht die konfessionelle Schule und die kirchlichen Freiheiten, blieben nicht ohne Wirkung, zumal auch große Teile des Zentrums eine linksliberale-sozialistische Mehrheit im Abgeordnetenhaus befürchteten. Als Allerheiligen 1917 die deutschen Bischöfe sich in einem gemeinsamen Hirtenschreiben gegen eine Wahlrechtsreform und gegen die Volkssouveränität aussprachen[181], war die Arbeit des Volksvereins, wie Pieper formulierte, „tödlich gelähmt"[182]. Besonders der Generaldirektor rückte immer mehr in das Zentrum der Kritik, weil er sich auch weiterhin hartnäckig gegen eine kirchenpolitisch ausgerichtete Volksvereinsarbeit wehrte. Einige Bischöfe gaben deutlich ihrer Enttäuschung Ausdruck. Der Kölner Kardinal bemerkte gegenüber dem Volksvereinsvorsitzenden Trimborn: Die M. Gladbacher seien „zu wenig katholisch. Zu demokratisch. Pieper öffnet sich nicht."[183] Und der Paderborner Oberhirte Schulte gab Stegerwald verärgert zu verstehen: Mit M. Gladbach könne man „auf Dauer" nur auskommen, „wenn man zu allem, was von dort für gut gehalten werde, Ja und Amen sage"[184]. Einen ausführlichen Bericht über das Gespräch mit Bischof Schulte gab Stegerwald zwei Wochen später. Zentrum, Volksverein und Arbeitervereine würden ihre eigene Politik machen. Die Bischöfe hätten hier keine Möglichkeit, „das religiöse Denken der Gläubigen zu beeinflussen und das katholische Selbstbewußtsein in den kommenden schweren Kämpfen zu heben". Da kirchliche Mittel nicht ausreichten, müßten Volksverein und Arbeitervereine für den Episkopat „verfügbar" sein.[185] Pieper, im Vorstand weitgehend isoliert, sah 1918 die unaufhaltsame Entwicklung des Volksvereins zu einem allgemeinen Katholikenverein mit schul- und kirchenpolitischen Aufgaben kommen und zog die Konsequenzen. Er legte mit Schreiben vom 2. Dezember sein Amt als Generaldirektor nieder. Auf Bitten Trimborns führte er noch bis zum 1. April 1919 die Geschäfte weiter.[186]

Engagement in Gesellschaft und Politik, hg. v. L. Koch und J. Stanzel, Frankfurt/Bern/Cirencester 1979, S. 199–214.

181 Wörtlich: „Ebensowenig stimmen wir denen zu, denen das Volk in seiner Gesamtheit als Urheber und Inhaber staatlicher Gewalt, der Wille des Volkes als letzte Quelle des Rechts und der Macht gilt; diese erregen und betören dann die Massen mit den Schlagworten von der Gleichberechtigung aller, von der Gleichheit aller Stände ...". Gemeinsames Hirtenschreiben der Erzbischöfe und Bischöfe Deutschlands am Feste Allerheiligen 1917, o.O., o.J., S. 4.

182 *A. Pieper,* hs. Erinnerungsbericht vom 11. 6. 1939, (S. 3). StAMü (wie Anm. 31), NL Pieper, M. 38.

183 *A. Pieper,* Gedächtnisprotokoll vom 30. 4. 1918. Ebd., M. 24.

184 *Stegerwald* an *Brauns* vom 17. 4. 1918 (Abschrift). Ebd., M. 25.

185 Zit. bei *E. Ritter,* (wie Anm. 49).

186 Vgl. im einzelnen *HW. Heitzer,* Krisen (wie Anm. 172), S. 249ff.

Die Existenz des Vereins war unmittelbar nach dem Kriege ernsthaft bedroht. Starke Kräfte im Zentrum drängten auf die Gründung von „Zentrumsvereinen", um die Schulung ihrer Mitglieder in eigene Regie zu übernehmen. Diese Pläne wurden aber vorerst vom ‚Reichsausschuß' der Partei zurückgestellt, weil es an finanziellen Mitteln fehle und interkonfessionelle Zentrumsvereine keine Bildungs- und Schulungsarbeit unter den Katholiken leisten könnten. Der Volksverein wurde daher verpflichtet, seine bisherige Arbeit für die Partei noch zu verstärken.[187]

Gleichzeitig gingen Bestrebungen von der ‚Schulorganisation' aus, sich als Massenverein zu organisieren. Um diese Pläne abzuwenden, mußte sich der Volksvereinsvorstand Ende Januar 1919 verpflichten, als eine „Hauptaufgabe die Verteidigung und Förderung der christlichen Schule und Erziehung in der weiten Öffentlichkeit" zu übernehmen und eine neue „Abteilung für die christliche Schule" einzurichten, während die ‚Katholische Schulorganisation', so die Versicherung ihres Vorsitzenden Marx, wie in der Vergangenheit ein „Aktionskomitee" mit Rechtsauskunftsstelle bleibe. Der Volksverein mußte allerdings RM –.50 seines auf RM 2.– erhöhten Mitgliederbeitrags an das Düsseldorfer Generalsekretariat Böhlers abführen.[188] Der Versuch, das Generalsekretariat der ‚Schulorganisation' in die Zentralstelle des Volksvereins einzubauen, scheiterte am Mißtrauen gegenüber M. Gladbach. Als vorgeschobener Grund muß die Behauptung gelten, Heinen trete für die Simultanschule ein.[189]

Die M. Gladbacher waren sich von vornherein darüber im klaren, daß mit diesen Vereinbarungen nur eine Lösung auf Zeit gefunden worden war. Pieper berichtet, daß sich die Generaldirektoren Marx und Hohn vergeblich bemüht hätten, „neue Aufgaben" zu finden, um dem Volksverein wieder eine „Existenzberechtigung" geben zu können.[190] Diese wurden dann, wie oben schon erörtert, von den beiden nicht in der formellen

---

[187] *Pieper* hat diese existenzbedrohende Lage des Volksvereins 1918/1919 in der Schrift, „Volksverein, Schulverein, Zentrumsverein", zuerst in der PK (wie Anm. 29) 32, 1919, S. 65–86 erschienen, umfassend dargestellt. Als Broschüre mit dem gleichen Titel, M. Gladbach 1919, S. 12f.

[188] PGVst (wie Anm. 173) vom 31. 1. 1919. ZStA DDR, Nr. 14, Bl. 42–48. Die Wahl Marx' zum Generaldirektor, informierte *Pieper Johannes Mumbauer* am 21. 2. 1919, sei vom Vorstand besonders unter dem Gesichtspunkt entschieden worden, daß „ein Laie als Leiter der Zentralstelle ganz anders stark dastehen könne wie ein Geistlicher". StAMü, NL Pieper, M. 38. Marx war nur kurzzeitig Generaldirektor; seine Nachfolger *Wilhelm Hohn* (1922–1928), *Heinrich Brauns* (1928–1929) und *Johannes Joseph van der Velden* (1929–1933) waren wieder Geistliche.

[189] Auch *Ritter* ist der Auffassung, das sei „sicher eine zu weitgehende Schlußfolgerung aus mißverstandenen und zum Teil wirklich mißverständlichen Redewendungen" *Heinens* gewesen. *E. Ritter*, (wie Anm. 49), S. 413.

[190] *A. Pieper*, hs. Erinnerungsbericht vom 11. 6. 1919, (S. 3). StAMü (wie Anm. 31), NL Pieper, M. 38.

Führung stehenden Persönlichkeiten Pieper und Heinen gefunden und durchgesetzt. Die bereits während des 1. Weltkrieges in weiten Teilen des Klerus verstärkt erhobene Forderung nach Verkirchlichung der Volksvereinsarbeit bekam in den Jahren 1921 bis 1923 bei der Erörterung der „Krise des katholischen Vereinswesens" neuen Auftrieb. Der allgemeine Vorwurf des Klerus an die Adresse der Verbände lautete: „Zuviel Fassade statt Innenbau, zuviel Betriebsamkeit statt Lebensgemeinschaft ..."[191]. Die Lösung des Problems wurde einmal in einer zahlenmäßigen Beschränkung und zum anderen in einer stärkeren Beachtung der seelsorglichen Arbeit gesehen.[192]

Ohne die Volksvereinszentrale zu informieren, hatten Otto Müller, Joseph Joos und der frühere Volksvereinsbeamte Paul Beusch kurz vor der Fuldaer Bischofskonferenz 1922 beim neuen Kölner Oberhirten Schulte eine Konferenz angeregt, um die Krise des katholischen Vereinswesens zu erörtern. In einem Bericht Müllers wurde das gespannte Verhältnis des Volksvereins zur ‚Schulorganisation' betont, und daß die sozialen Aufgaben nun weitgehend von den katholischen Verbänden übernommen worden seien. Der Kernsatz des Verbandspräses lautete: „Soll der Volksverein nicht als überflüssige Organisation allmählich von den deutschen Katholiken empfunden werden, so muß hier Klärung erfolgen"[193].

Die Pläne Müllers und seiner Freunde, den Volksverein zu einer Art Schriftenverbreitungszentrale für die katholisch-sozialen Vereine umzugestalten, scheiterten. Auch die angeregte Verschmelzung mit der ‚Schulorganisation' kam nicht zustande. Kardinal Schulte, der im Auftrage der Bischofskonferenz für den 2. Dezember 1922 zu einer Konferenz nach Köln eingeladen hatte[194], verstand sich nur als Vermittler, um zur „Überwindung der Krisis als Vertreter des Episkopats mit beizutragen"[195]. Der Kölner Oberhirte bedauerte zwar, daß der Volksverein „kein Programm" habe und auch kein Verhältnis zu den anderen sozialen Vereinen, erklärte

---

[191] *E. Ritter,* (wie Anm. 49), S. 436.

[192] Ebd., S. 437–446. Vgl. dazu auch *A. Pieper,* Geschichte V (wie Anm. 9), S. 1012–1033. Dann auch: *ders.,* Vereinfachung des Vereinswesens, in: FK (wie Anm. 108) 35, 1922, S. 193–201; *ders.,* Nochmals: Zur Vereinfachung des Vereinswesens, in: FK 36, 1923, S. 78–81.

[193] Der *Müller*-Bericht an den Kölner Oberhirten *Schulte* ist zit. bei *A. Pieper,* Geschichte V (wie Anm. 9), S. 1023.

[194] Das Protokoll ist zit. bei ebd., S. 1024–1033; auch bei *E. Ritter,* (wie Anm. 49), S. 443–446. Teilnehmer der Konferenz waren: *Müller, Joos* (Arbeitervereine), *Böhler* (Schulorganisation), *Stegerwald* (christliche Gewerkschaften), *Hohn, Pieper, Föhr* (Volksverein), *Lauscher* (Zentrum), Beusch (früher Volksvereins-Dezernent für Finanz- und Steuerfragen, jetzt Ministerialdirektor). Ebd., S. 1025.

[195] Einladungsschreiben Kardinal *Schultes;* zit.: ebd., S. 1025.

aber auch, daß er „unentbehrlich" sei und: „Bei alledem will der Episkopat den Volksverein hochgehalten sehen."[196]

Der Episkopat griff nach dem Weltkrieg nicht dirigistisch in die Volksbildungsarbeit des Volksvereins ein. Der stille, aber bestimmte Einfluß zeigte sich im thematischen Aufbau des Vereinsorgans. Religiöse Fragen nahmen jetzt einen breiteren Raum ein als vor dem Kriege. Auch die ‚Apologetische Abteilung', die bis 1918 nur „ein Anbau an die Werkstatt der Nationalökonomen und Sozialpolitiker war"[197], gewann an Einfluß und mit der Übernahme durch die dynamische Persönlichkeit Konrad Algermissen am 1. Januar 1926 ein neues Profil. In enger Zusammenarbeit mit dem Episkopat sollte der Priester der Diözese Hildesheim, seit 1929 auch stellvertretender Generaldirektor und Schriftleiter des Vereinsorgans, einen „organisierten Abwehrkampf gegen die rechts- und linksradikalen Strömungen, hauptsächlich gegen den immer mächtiger drohenden Bolschewismus und die Gottlosenbewegung" führen.[198] 1931 wurde aus diesem Grunde an der Zentralstelle eine Forschungs-, Informations- und Auskunftsstelle eingerichtet.[199] Die Flugblattauflage erreichte jetzt wieder die Millionengrenze, und in den ersten 10 Monaten ihres Bestehens versandte die Informationsstelle über 1000 schriftliche Auskünfte und verschickte an über 20000 Geistliche Predigt- und Redeentwürfe.[200]

Die ganz im Sinne des Episkopats vollzogene Wandlung der Volksvereinsarbeit fand 1930 die Anerkennung des Vorsitzenden der Fuldaer Bischofskonferenz. In einem Schreiben an die Zentralstelle lobte Bertram die „Zusammenfassung der katholischen Kräfte und der Schulungsarbeit auf religiösem, kulturellem und sozialem Gebiet. . . . Arbeiten, die ganz im Rahmen der Katholischen Aktion liegen. Es ist der Wunsch der Bischofskonferenz, daß der Volksverein überall . . . eingeführt oder neu belebt wird. Besondere Beachtung ist seitens der Seelsorge der Durcharbeitung der Volksvereinszeitschrift in den Gemeinden zu widmen."[201]

Die deutschen Bischöfe haben den Volksverein bis zu seinem bitteren Ende 1933 nicht fallen gelassen.[202] Aber, und das ist unübersehbar, schon nach der Jahrhundertwende versuchte der Episkopat, Einfluß auf die Tätigkeit der katholischen Gesamtorganisation zu gewinnen. Spätestens seit Ende 1917 war sein Anspruch, den Volksverein als kirchenpolitisches Instrument einzusetzen, offenkundig. Bis zur Integration in die

---

196 Eröffnungsrede *Schultes;* zit.: ebd., S. 1026.

197 E. Ritter, (wie Anm. 49), S. 237.

198 *Algermissen* an den Fuldaer Bischof *Josef Damian Schmitt* vom 9. 9. 1931. BAT (wie Anm. 10), B III 15,9, Bd. 1, Bl. 148+R.

199 Vgl. VV (wie Anm. 34), 1931, H. 5, S. 76.

200 Vgl. ebd., 1932, H. 6, S. 93.

201 Zit. bei *E. Ritter,* (wie Anm. 49), S. 465.

202 Vgl. die positiven Stellungnahmen der deutschen Bischöfe bei ebd., S. 440–442.

'Katholische Aktion' Ende 1928 konnten die M. Gladbacher ihre relative Unabhängigkeit vom kirchlichen Amt behaupten und die von den Gründungsvätern intendierte soziale und staatsbürgerliche Bildungs- und Schulungsarbeit fortführen. Mit der Umwandlung in einen allgemeinen Katholikenverein traten religiös-sittliche und kulturpolitische Themen in den Mittelpunkt der Volksvereinsarbeit; die sozialreformerische Bildungs- und Schulungsarbeit hatte bis 1932 ihr letztes Refugium in den von Heinen geleiteten Kursen im Franz-Hitze-Haus in Paderborn.

IX. Ergebnisse

Es ist eine Tatsache, daß der Schritt in die 'Katholische Aktion' 1928 nicht zum erhofften Aufschwung geführt hat, daß vielmehr 1931 die Bitte an den Episkopat gerichtet werden mußte, der Verschmelzung der 'Schulorganisation' mit dem Volksverein zum 'Katholischen Volksbund' zuzustimmen, um auf diese Weise eine organisatorische und finanzielle Stabilisierung zu erreichen.[203] Der Plan scheiterte 1933 durch den Zugriff der Nationalsozialisten. Der Volksverein blieb bis zu seinem Ende trotz sinkender Zahlen – nach einem kurzzeitigen Aufschwung 1920/21 auf 695 000 sank der Mitgliederbestand langsam, aber stetig auf rund 300 000 im Jahre 1933[204] – ein Massenverein. Aber es war ein Massenverein anderer Art als vor dem 1. Weltkrieg. Die meisten Katholiken waren nur noch formal Mitglied, vielfach aus alter Anhänglichkeit und Treue, aber mit einer schlechten Zahlungsmoral.[205] Das vereinsstabilisierende ehrenamtliche Vertrauensmännersystem bröckelte immer mehr ab und brach dann Mitte der 20er Jahre langsam zusammen. Zentrum und christliche Gewerkschaften, die vor dem 1. Weltkrieg den Volksverein nicht entbehren konnten, brauchten ihn jetzt nicht mehr, wie die jüngeren Partei- und Gewerkschaftsfunktionäre Pieper offen und ungerührt sagten.[206] Die 'Katholische Schulorganisation' unter Wilhelm Böhler suchte immer wieder erneut, eine Massenbasis zu gewinnen; Schlichtungs- und Einigungsbemühungen des Vorsitzenden beider Organisationen, Wilhelm Marx, scheiterten. Die kirchlich-sozialen Verbände, die sich im 'Zentralbildungsausschuß' organisiert hatten, schnitten den Volksverein aus den erörterten

203 Vgl. *A. Pieper,* hs. Erinnerungsbericht vom 6. 2. 35, (S. 17). StAMü (wie Anm. 31), NL Pieper, M. 29.

204 Vgl. *E. Ritter,* (wie Anm. 49), S. 399 u. 476.

205 Vgl. PGVst (wie Anm. 173) von 1920 bis 1928. ZStA DDR, Nr. 14, Bl. 56–176.

206 Er sei „bitter enttäuscht" gewesen, als man nach dem Weltkriege dem Volksverein „den Rücken kehrte mit der blöden Ausrede: 'Nun haben wir den Volksverein nicht mehr nötig.'" Hs. Erinnerungsbericht vom 1. 12. 1937, (S. 16), StAMü, NL Pieper, M. 6.

Gründen oder wie Pieper drastisch formulierte, haben ihn „lahmgelegt" und „kaltgestellt"[207].

Es ist wohl zutreffend, wenn Oswald von Nell-Breuning feststellt: „Der Volksverein entsprach genau den Bedürfnissen der Zeit seiner Gründung bis zum 1. Weltkrieg. ... Die ursprüngliche Aufgabe war erfüllt, die neue nicht begriffen und daher auch nicht ergriffen."[208] Welche neue Aufgabe? Wenden wir uns noch einmal der von Pieper und Heinen gewählten Aufgabe zu, die sich in der Formel „Nicht zuerst Zustandereform, sondern Gesinnungserneuerung ..." manifestierte, so müssen wir zuerst einmal feststellen, daß es sich hier um ein genuin katholisch-soziales Denken handelt. Nicht der Neuansatz war falsch, sondern die Ausschließlichkeit, die Einseitigkeit, mit der dieser Ansatz vertreten wurde. Das Denkmodell – von einer wissenschaftlich begründeten Theorie kann wohl kaum gesprochen werden – mußte Schiffbruch erleiden, sobald es mit der sozialen und staatsbürgerlichen Realität konfrontiert wurde. Im ‚Hohenrodter Bund' lebten Pieper und Heinen *ihre* Volksgemeinschaft. Sie sahen nicht, daß Gemeinschaft und Gesellschaft „notwendig und untrennbar miteinander verflochten sind ... (und) wie wenig mit der Gegenüberstellung von Gemeinschaft und Gesellschaft ... für die Erklärung der sozialen Gegebenheiten wie auch für den Entwurf einer besseren Gesellschaft zu gewinnen ist"[209]. Gesinnungsreform, realitätsbezogen, schließt neben den Menschen auch die gesellschaftlichen und staatlichen Einrichtungen mit ein.

In einem letzten Brief an seinen Freund August Pieper vom 21. Dezember 1933 fragte Heinen: „Meinen Sie, daß auch nur 1 % der Menschen, die durch unsere Kurse gegangen sind, uns verstanden haben?"[210] Nicht nur dieser, auch die folgenden Sätze zeigen Trauer und Resignation. Das angestrebte Ziel der beiden Volksbildungstheoretiker, durch Volksbildung als Volk-Bildung zu einer erneuerten Volksgemeinschaft zu kommen und den Volksverein zum Träger einer „*Volksbewegung*" zu machen, in der die katholische Jugend ein Betätigungsfeld und eine „Heimat" finden könne[211], erfüllte sich nicht. Vielmehr sollte sich der Nationalsozia-

---

[207] *A. Pieper*, hs. Erinnerungsbericht vom 10. 4. 1937, (S. 212) u. vom 6. 2. 1935, (S. 16). Ebd., M. 22. Im PGVst vom 28. 6. 1928 heißt es sachlicher, aber nicht weniger treffend: „Die bisherige Gleichgültigkeit der katholischen Vereine gegenüber dem Volksverein muß überwunden werden." ZStA DDR, Nr. 14, Bl. 123.

[208] Der Volksverein für das katholische Deutschland, in: Stimmen der Zeit 190, 1972, S. 40 u. 48.

[209] *A. Baumgartner* (wie Anm. 129), S. 97.

[210] Der Original-Brief befindet sich im NL Ritter, KfZG, (wie Anm. 131), C 3.

[211] *A. Pieper*, Sinn und Aufgaben des Volksvereins für das katholische Deutschland, M. Gladbach [2]1926, S. 50f. Bereits 1922 verstand sich der Volksverein als „Kerngruppe der (neuen) Volksgemeinschaft ...". *Ders.*, Zur Frage: Vereinfachung des Vereinslebens, in: PK 35, 1922, S. 197.

lismus der Ideen und Begriffe bemächtigen und diese im Sinne seiner rassistischen Ideologie umformen. Es ist tragisch, daß Pieper dieser Entwicklung, wenn auch mit Einschränkungen, Beifall zollte.

Harald Dickerhof

KATHOLISCHE UNIVERSITÄT UND PLURALISTISCHE GESELLSCHAFT*

Vor wenigen Jahren – 1979 – hat die Fedération internationale des universités catholiques diese in der ganzen Welt verbreiteten Bildungseinrichtungen als „voie du pluralisme culturel au service de l'église et de la société“ bezeichnet.[1] Daß auch in Deutschland – in Eichstätt[2] – seit 1972 eine katholische Gesamthochschule, die 1980 die Bezeichnung Universität erhielt, aufgebaut werden konnte, gibt der zuversichtlichen Aussage des katholischen Universitätsbundes eine Bestätigung: Die Säkularisierungstendenz, die einen weltanschaulichen Pluralismus entbunden hat, zusammen mit der freiheitlich-pluralistischen Gestaltung unseres Staatswesens haben, scheinbar paradox, der Kirche ein vergebens erstrebtes Hochziel des deutschen Katholizismus im 19. Jahrhundert doch noch beschert. Gleichwohl verkürzt die genannte Formel von der gleichgewichtigen Leistung der katholischen Universität für Kirche und Gesellschaft ein Strukturproblem. Denn die Universität Eichstätt wird nicht von der gesellschaftlichen Gruppe „Katholiken“ getragen; vielmehr ist sie beinahe unter Ausschluß der Öffentlichkeit als Stiftung der Diözese Eichstätt und der bayerischen Bischöfe ins Leben getreten. Das Selbstverständnis der katholischen Kirche, die sich als unfehlbare Verwalterin göttlicher Sendung weiß, deckt sich nicht ohne weiteres mit den Erwartungen der Großgruppe Katholizismus, wie denn auch das Angebot der katholischen Kirche nicht a priori auf Verständnis und Aufnahmebereitschaft der pluralistischen Gesellschaft stößt. Allemal sind – wie die Erfahrung in Eichstätt gezeigt hat – bei der Ausgestaltung einer katholischen Universität Aspektunterschiede zwischen dem kirchlichen Träger und

* Erweiterte Fassung des im Rahmen der Tagung gehaltenen Referates, die Anregungen der anderen Referate und der Diskussion dankbar zu verarbeiten sucht.

1 So der Titel eines Sammelbandes: Université catholique, voie du pluralisme culturel au service de l'église et de la société, 1979.

2 Vgl. als jüngste Übersicht *H. Dickerhof*, Vom Collegium Willibaldinum zur katholischen Universität 1564–1980. Bildungswesen im Spannungsfeld von Staat und Kirche. In: Der Eichstätter Raum in Geschichte und Gegenwart, 1984.

der Gesellschaft und näherhin auch den Katholiken, die in der „Freiwilligkeitskirche“ Mitgestaltung wünschen, möglich: Divergenzen, die sich auf die Rechtsstellung der Universität gegenüber ihrem Träger beziehen, auf das mögliche Maß inneren Pluralismus in der durch Pluralismus ermöglichten Gründung, auf das Verhältnis von Kultur- und Evangelisationsauftrag im Kosmos der zu pflegenden Wissenschaften, Divergenzen, deren geduldig-dialogbereiter Austrag an sich schon ein Beitrag zur Funktionssteigerung von Kirche und Katholizismus in der Gesellschaft unserer Tage sein kann.[3]

Die Katholische Universität Eichstätt ist heute Gegenstand bildungspolitischer Entscheidungen, bei denen der Historiker keine Stimme hat. Er kann Konzeption, Voraussetzungen und Möglichkeiten einer katholischen Universität nur mittelbar durch eine Betrachtung der „katholischen Universitätsbewegung“ des 19. Jahrhunderts erhellen.[4]

I. Katholische Universität als Forderung der Parität

Wenn Heinrich von Treitschke zur Reichsgründung Deutschland als „das einzige wahre paritätische große Kulturvolk Europas“ gefeiert hat, so konnte er diese Harmonie von Nationalstaat, Kultur und Religion über die Konfessionsgrenzen hinweg nur durch Ausgrenzung des fremdnational-

[3] Das Verhältnis Kirche–Katholizismus, das in einem historischen Entwicklungsmoment mittelbar-historisch zur Sprache kommt, wird in den „Beiträgen zur Katholizismusforschung“ seit den Anfängen thematisiert, vgl. *A. Rauscher* (Hg.), Entwicklungslinien des deutschen Katholizismus, 1973, bes. 102ff. (Diskussion), dazu aus jüngerer Zeit *K. Forster,* Was bedeutet das „Katholische“ für Strukturen und Engagement der katholischen Verbände?. In: *A. Rauscher* (Hg.), Soziallehre der Kirche und katholischen Verbände (= Mönchengladbacher Gespräche, Bd. 2), 1980, 144ff., wichtige Texte im Anhang 216ff. Nachträglich ist zu verweisen auf *H. Hürten,* Geschichte des deutschen Katholizismus 1800–1960, 1986, bes. 7ff. zur Unterscheidung „Katholizismus-“ bzw. Kirchengeschichte.

[4] Vgl. dazu *G. Richter,* Der Plan der Errichtung einer katholischen Universität zu Fulda im 19. Jahrhundert. In: Fuldaer Geschichtsblätter 15/16 (1921/22); *H. J. Brandt,* Eine katholische Universität in Deutschland? Das Ringen der Katholiken in Deutschland um eine Universitätsbildung im 19. Jahrhundert, 1981, dazu *H. Dickerhof,* Staatliches Bildungsmonopol, die Idee einer katholischen Universität und die Schulen der katholischen Theologie im 19. Jahrhundert. In: AKG 66 (1984), 175ff. Näherhin über die wissenschaftlichen und pädagogischen Überlegungen vgl. *Dickerhof,* „Höhere, echt christliche allgemeine Bildung“ in katholischen Universitätsplänen 1862–1871. In: Land und Reich, Stamm und Nation, Festgabe für *Max Spindler,* hg. von *A. Kraus,* Bd. III, 1984, 261ff., ferner: Die Idee einer „freien“ katholischen Universität im Deutschland des 19. Jahrhunderts. In: *Franz Kardinal König* (Hg.), Wesen und Aufgabe einer katholischen Universität, 1984, 30ff. Im Blick auf *G. Richters* sorgfältige chronologische Darstellung sowie meine eigenen Vorarbeiten kann sich die Dokumentation in den Fußnoten auf das Wesentliche der Abläufe beschränken, dafür aber sich auf die dort nicht abgedeckten Aspekte konzentrieren.

ferngesteuerten Ultramontanismus als eines „Anachronismus“ behaupten.[5] Der Kulturkampf hat das Bild vom paritätischen Kulturvolk widerlegt, indem er Kultur einseitig national und protestantisch faßte. „Wenn es auch einen neuen dreißigjährigen Bürgerkrieg kosten sollte“, wollte Theodor Mommsen doch (1877) die „unvollendete Reformation“ als Kampf gegen die „Fremdherrschaft“ des römischen Episkopats zu Ende geführt wissen. Der Zentrumsführer Ludwig Windthorst beklagte in seiner Erwiderung solchen Geist, der an den meisten Universitäten herrsche, so daß die deutschen Katholiken mit ihren Steuern „Kampf und Krieg“ gegen ihre Interessen finanzierten. „Darin“ – so Windthorst – „liegt die volle Begründung der Forderung, die wir stellen: man muß uns gestatten, eine katholische Universität zu gründen, damit wir den Kampf mit gleichen Waffen führen können.“[6]

Windthorsts Forderung, die sogleich abgelehnt wurde, steht am vorläufigen Ende einer langen, wenn auch intermittierenden, polyphonen, bei weitem noch nicht ausreichend erforschten Reihe von Rufen nach einer katholischen Universität; von Rufen, die zunächst vom Staat Parität auch im Hochschulwesen anmahnten, dann aber den Freiheitsanspruch des Katholizismus artikulierten, gegen das staatliche Bildungsmonopol[7] für sich eine staatsfreie Universität zu errichten.

Die auch im alten Reich hergebrachte Rede von katholischen Universitäten hatte mit der Säkularisation als „Exodus aus der alten Einheit von Staat und Religion“ (H. Maier)[8] ihren Sinn grundlegend gewandelt. Das Studium, bis dahin vor allem in den Hochstiftsuniversitäten evident an diese alte Einheit angebunden, war fortan Veranstaltung der neugebilde-

---

[5] Parteien und Fractionen. In: Preußische Jahrb. 27 (1871), 175ff., bes. 185 und 350, wo von den Ultramontanen gesagt wird, sie hätten „kein Recht des Daseins in unserem paritätischen Staate“! Vgl. wiederum *Treitschke*, Zum Jahreswechsel. In: Preußische Jahrbücher 23 (1869), 115ff., bes. 125: „Die Freiheit deutscher Bildung beruht auf dem friedlichen Nebeneinander der Confessionen, auf der practischen Duldung, die uns durch den halben Erfolg der Reformation aufgezwungen ist ...“

[6] Aus der Sitzung des preußischen Abgeordnetenhauses vom 28. 11. 1877, zitiert nach *G. May*, Mit Katholiken zu besetzende Professuren an der Universität Breslau von 1811 bis 1945. Ein Beitrag zu dem Ringen um Parität in Preußen. In: ZRG KA 53/54 (1967/68), hier II 227ff., die Zitate 227f. Die Arbeiten G. Mays – vgl. bes. auch: Mit Katholiken zu besetzende Professuren an der Universität Tübingen von 1817 bis 1945, 1975 – verarbeiten Landtagsverhandlungen und Publizistik und führen damit über den engeren universitären Rahmen hinaus, in dem die meisten Universitätsgeschichten verharren, die überdies konfessionspolitischen Aspekten meist weniger Aufmerksamkeit schenken, als der Situation des verflossenen Säkulum angemessen erscheint.

[7] Für die Rechtslage und ihre kulturpolitische Deutung bieten die alten Lexika wertvolles Material, vgl. etwa *Wetzer-Welte*, Kirchenlexikon, XII, ²1901, 371–413.

[8] *H. Maier*, Staat und Kirche in Deutschland (1964), mit vielen weiteren einschlägigen Arbeiten abgedruckt in „Schriften zu Kirche und Gesellschaft“, bisher 3 Bde., 1983/1984/1985, hier II 14.

ten, durch die deutsche Bundesakte (Art. 16) auf Parität festgelegten, konfessionell gemischten Staaten, so daß ein konfessioneller Charakter eigentlich nur mehr vermittels der an ihr wirkenden gesellschaftlichen Kräfte legitim war, sofern nicht überhaupt Wissenschaft jenseits der Glaubensunterschiede eine feste neutrale Basis errichten wollte, Bildung gar „den Charakter eines Glaubens, einer säkularen Religion" annahm.[9]

Der Übergang der herkömmlich katholischen Universitäten in den neuen säkularen Schul- und Kulturstaat, in der Aufklärung gedanklich vorbereitet, führte freilich die Mehrzahl der Hochstiftsuniversitäten in den Untergang.[10] Darüber hinaus war es folgenreich, daß sich die meisten der 22 verbleibenden Universitäten im deutschen Raum in Staaten mit protestantischer Tradition und Dynastie fanden. Gerade Preußen hat die Parität an seinen Hochschulen nicht einmal de jure eingeführt, indem es Greifswald, Halle und Königsberg als exklusiv evangelische Universitäten weiterführte, daneben aber keine katholische Universität zuließ.[11] De facto hat die Verwaltungspraxis der jeweiligen Kernlande auch konfessionspolitisch durchgeschlagen in dem Bemühen, die neuen Landesteile durch das Bildungswesen zu assimilieren. Nachdem schon die schulischen Sub-

---

[9] Zur Orientierung immer noch wertvoll: *F. Schnabel,* Deutsche Geschichte im 19. Jahrhundert, 4 Bde., 1929–1936, neuerdings *Th. Nipperdey,* Deutsche Geschichte 1800–1866. Bürgerwelt und starker Staat, 1983, bes. 451 ff., das Zitat 59.

[10] Vgl. insgemein die beiden Bände der Reihe „Beiträge zur Katholizismusforschung": „Säkularisierung und Säkularisation vor 1800" (hg. von *A. Rauscher*) und „Säkularisation und Säkularisierung im 19. Jahrhundert" (hg. von *A. Langner*), 1976/1978; namentlich *H. Raab* und *H.-W. Strätz* haben die gedankliche Vorbereitung auch im Kirchenrecht aufgezeigt, die „Auswirkungen ... auf Bildungswesen, Geistesleben und Kunst" hat *H. Raab* im zweitgenannten Band dargelegt. – Für die einzelnen Universitäten sei ein für allemal verwiesen auf *L. Boehm, R. A. Müller,* Universitäten und Hochschulen in Deutschland, Österreich und der Schweiz. Eine Universitätsgeschichte in Einzeldarstellungen, 1983. Wenn *Ignaz Döllinger* in seiner Rektoratsrede „Die Universitäten sonst und jetzt" (1866, 15, 20) vielen katholischen Universitäten den Universitätsrang absprach und meinte, „im Grunde wurde keine dieser Anstalten vermißt oder beklagt", so hat er die gängige Auffassung reproduziert, die mittlerweile durch die Forschung etwa über Mainz im späten 18. Jahrhundert doch überwunden ist. Im Übrigen kann ich auf den Artikel von *L. Boehm* in diesem Band verweisen! Eine Übersicht der theologischen Ausbildungsstätten, die zeigt, daß hier der Kahlschlag der Säkularisation ausgeglichen wurde, bietet *M. Baldus,* Die philosophisch-theologischen Hochschulen in der Bundesrepublik Deutschland ..., 1965.

[11] Vgl. *May,* Breslau (wie Anm. 6), I 237 ff. Vgl. näherhin Parlamentarische Reden der Gebrüder August und Peter Franz Reichensperger ..., 1858, 647 ff. (Peter), 944 ff. (August), der auf den Bestand von 6 (mit Erfurt 7) katholischen Universitäten auf nun preußischem Gebiet hinweist, die alle gefallen sind, wohingegen vier evangelische Universitäten – weil man nämlich „nach den faktischen Verhältnissen auch die Berliner dazu rechnen" dürfe – fortbestehen, so daß „Billigkeit" und „das natürliche Rechtsgefühl" den Katholiken zur „halben Hochschule" in Münster und zur „Viertelshochschule" Braunsberg zumindest eine Volluniversität zugestehen müsse, eben Münster.

strukturen in den überwiegend ländlichen katholischen Regionen mit den Orden und Klöstern zerschlagen worden waren, war nun den Katholiken auch noch der Erwerb des akademischen Entréebillets in die bürgerliche Berufs- und Leistungsgesellschaft erschwert.

Diese grundstürzende Neuordnung des Hochschulwesens begleiteten vielerorts aus Lokalpatriotismus, Traditions- und Rechtsbewußtsein, von herkömmlich aufgeklärter Bildungspolitik und auch von katholischer Erneuerung motivierte Forderungen nach „katholischen Universitäten". Das Stichwort war nicht zuletzt durch die Garantie des Reichsdeputationshauptschlusses (§ 35, 63, auch 65) für Kirchengut und Schulfonds bedingt. Zusätzlich wurde die reichsrechtlich anerkannte Bindung der Regierungsnachfolger an die Stiftungen ihrer Vorgänger angerufen, die auch Dynastiewechsel überdauere und überdies in den Abtretungsverträgen seit dem Westfälischen Frieden auch völkerrechtlich gesichert sei.[12] So hat ein Karl Rotteck den Fortbestand Freiburgs neben dem protestantischen Heidelberg verteidigt[13], der spätere Kölner Erzbischof Droste zu Vischering als Bistumsverweser von Münster ein kirchliches Verwaltungsrecht und Fortbestand der dann doch zur Akademie reduzierten Hochschule urgiert[14], haben zahlreiche Kölner Werbungen um die rhein-

---

[12] Vgl. *A. Reichensperger* (wie Anm. 11), bes. 945, breit F. J. Buß, Die Reform der katholischen Gelehrtenbildung in Teutschland an Gymnasien und Universitäten; ihr Hauptmittel, die Gründung einer freien, katholischen Universität teutscher Nation, 1852, bes. 417ff., vorher schon in dem Buch: Der Unterschied der katholischen und protestantischen Universitäten Teutschlands, die Nothwendigkeit der Verstärkung der dortigen sechs katholischen Universitäten gegenüber den sechzehn protestantischen, insbesondere der Erhebung der ihrem Princip entrückten Universität Freiburg zu einer großen rein katholischen Universität teutscher Nation . . ., 1846, bes. 245f. (Über *F. J. Buß* und den Sitz seiner Universitätsschriften im Leben vgl. *J. Dorneich*, Franz Josef Buß und die katholische Bewegung in Baden, 1979, bes. 295ff.). *F. J. Buß* zitiert näherhin den Westfälischen Frieden IPO V § 33, VII § 1, X § 16, XI § 11f., XIII § 3, dazu Reichsdeputationshauptschluß §§ 60, 62, 63, weist überdies – für Freiburg und Wien – privatrechtliche Titel auf Grund des Anniversariums für die Stifterfamilie nach und moniert auch, daß die „Zustimmung des Papsts und des Bischofs" sowie die kanonische Erfordernis des Statuswandels, „die dringende Nothwendigkeit und der offenbare Nutzen", nicht nachweisbar seien.

[13] Außer *Dorneich* (wie Anm. 12) vgl. die Artikelserien von *H. Mayer:* Alemannia 20/21 (1892/93) I 8ff., 166ff., kennzeichnend zur „Rückbesinnung auf den freiheitlichen Kern" universitärer Existenz entkonfessionalisiert bei *E. W. Zeeden,* Die Freiburger Philosophische Fakultät im Umbruch des 18. Jahrhunderts . . . In: Beiträge zur Freiburger Wissenschafts- und Universitätsgeschichte 17, 1957, 99ff. Buß, Reform (wie Anm. 12), 428 mit Anm. schreibt „die Ehre der Initiative" gegen die Protestantisierungstendenzen vor allen Universitäten Freiburg zu.

[14] Vgl. *E. Hegel,* Geschichte der katholisch-theologischen Fakultät Münster 1773–1964, 2 Bde., 1966/1971, I 90f., 143ff., 161ff., dazu, die Problematik Staat–Kirche schärfer herausarbeitend, *B. Mütter,* Die münsterische Hochschulgeschichte als Forschungsaufgabe. In: Westfälische Forschungen 30 (1980).

preußische Universität argumentiert[15], zahllose Bittschriften von Städten, die ihre Existenzgrundlage mit Wegfall der Hochschulen gefährdet sahen[16], während etwa Johann Michael Sailer, Johann Nepomuk Ringseis und – noch aus dem Exil – Joseph Görres die Harmonie von katholischer und bayerischer Funktion an der in München geplanten „Normal"-Universität aufzeigten.[17] Die Mehrzahl der Initiativen ging von Laien aus und richtete sich an die neuen Staaten, während bei dem Konstanzer Bistumsverweser Ignaz von Wessenberg ein gesamtdeutsch-nationalkirchlicher Horizont auffällt.[18] Katholische Universität war also ein weiter Mantel, unter dem unterschiedliche Tendenzen antraten, die sich mit der Zeit fortschreitend profilierter katholisch artikulierten, die allesamt die neuen Staaten an ihre christlichen Grundlagen erinnerten, die durch befriedigende Integration auch der Katholiken zu festigen wären. Katholische Universität war danach eine auf katholische Stiftungen zurückgehende Staatsuniversität in einer katholischen Region, die durch einen überwiegend katholischen Lehrkörper der katholischen Studentenschaft, die sich naturgemäß einfinden würde, eine den Elternwünschen entsprechende Ausbildung und Erziehung[19] vermitteln sollte. An exklusive Katholizität des Lehrkörpers[20] oder der Studentenschaft war nicht ge-

---

[15] Vgl. *A. Klein,* Die Bemühungen Kölns um die Wiedererrichtung seiner Universität seit 1789. In: Festschrift zur Erinnerung an die Gründung der alten Universität Köln im Jahre 1388, hg. von *H. Graven,* 1938, 329ff., dazu auch *Brandt* (wie Anm. 4), 38ff., 358ff.

[16] Vgl. beispielsweise für Ellwangen *G. May,* Tübingen (wie Anm. 6), 123ff., dazu 211, 273, 302ff. über spätere Versuche, die Theologische Fakultät als Kern einer katholischen Universität in eine katholische Stadt zu verlegen.

[17] Vgl. bes. *M. Doeberl,* Ludwig I., der zweite Gründer der Ludwig-Maximilians-Universität, 1926, weitere Hinweise *H. Dickerhof,* Dokumente zur Studiengesetzgebung in Bayern in der ersten Hälfte des 19. Jahrhunderts, 1975, 71ff.; Joseph Görres an der Münchener Universität. In: Hist. Jahrb. 96 (1976), 148ff.

[18] Vgl. etwa *Wessenbergs* Aufsatz „Über das deutsche Kirchenthum". In: *K. Aland* (Hg.), Ignaz Heinrich von Wessenberg. Unveröffentlichte Manuskripte und Briefe, 1968ff., hier I/1, 156ff. Andererseits aber hat er, am Bildungswesen stark interessiert (vgl. *Aland,* III, bes. 537ff.), zwar das Fehlen eines „nationellen Organs" zur „gleichförmigen Ausbildung" der Universitäten bedauert (Die Reform der deutschen Universitäten, ²1866, hg. von *W. Molitor*), aber doch keine Instanz neben den souveränen Staaten anzugeben gewußt. Für Eingreifen *Wessenbergs* in die Universitätspolitik betr. Freiburg und Ellwangen/Tübingen vgl. *Brandt* (wie Anm. 4), 23f., *May,* Tübingen (wie Anm. 6), 126f.

[19] Das Motiv zieht sich wie ein roter Faden durch alle katholischen Initiativen und hat Konsequenzen für einen geordneten Studiengang im Unterschied zum protestantischen Prinzip der „Selbstüberlassenheit der Studierenden", vgl. so etwa *Buß,* Unterschied (wie Anm. 12), 365ff.; Reform, 13ff., 304f. u.ö., *Wessenberg,* Reform (wie Anm. 18), 28ff., *A. Reichensperger* (wie Anm. 11), bes. 949f. Ausdrücklich ist festzuhalten, daß der Erziehungsauftrag der Universität nicht bloß Vehikel der Rekatholisierungsforderung war, sondern Bestandteil einer eigenen Bildungskonzeption.

[20] *Buß,* Unterschied (wie Anm. 12), 260 moniert nur Anstellung protestantischer Professoren „in einem so überzähligen Verhältniß, daß es den katholischen Charakter der Anstalt

dacht, formalisierte kirchliche Aufsichtsrechte werden jedenfalls nicht apostrophiert.[21] Katholische Universität war als gewachsener Lebenszusammenhang verstanden, der eine Milieuerziehung einschließt, aber gerade darum die Katholizität nicht allein auf eine theologische Fakultät[22] oder spezielle bischöfliche Kompetenzen oder eine katholisch-integrale Lehre in allen Fakultäten[23] gründete.

Solche billigen Anforderungen auf konfessionellen Ausgleich im Rahmen der neuen Staaten, wie ihn etwa Bayern mit seinen überwiegend katholischen Universitäten München und Würzburg neben dem evangelischen Erlangen – freilich nicht ohne Irritationen – erreichte, haben evangelisch regierte Länder nach dem Vorgang Preußens ein Modell „paritätischer" Universitäten entgegengesetzt. Obwohl Preußen einerseits „eine Universität, in welcher der evangelische Geist sich ungetrübt und

---

trübt", kommt aber 464 zur Forderung: „Es sollen keine protestantischen Professoren an die Universität Freiburg berufen werden"; vgl. *Mayer*, II 58ff. (wie Anm. 13) über Proteste gegen die Berufung des Protestanten *Welcker!* Vgl. dagegen – für Bonn – *W. von Haxthausen* und das Urteil *Kleins* (wie Anm. 15) 374, daß die geforderte katholische in Wahrheit eine paritätische Universität sei. Ferner Hist. Pol. Bl. 22 (1848), 761 für die „katholische Universität München": „Wir sind nicht so engherzig, um zu glauben, daß alle Lehrposten nur durch Katholiken könnten oder sollten besetzt werden; und nehmen den Erlanger Universitätssenat uns viel zu wenig zum Muster und Maßstab, um die alte Ingolstädter Universität für katholische Gelehrte zu monopolisiren ..." Ähnlich ibd. 34 (1854) 55, Freiburg betreffend. Andererseits aber wird gegen die Anstellung bloßer Namenskatholiken, die vielleicht gar in Mischehe leben, polemisiert.

21 Immerhin erwähnten *Buß*, Unterschied, 468f., wie auch *A. Reichensperger* (wie Anm. 11), 950f. nicht genau definierte bischöfliche Rechte, wobei der Freiburger ausdrücklich den Bischof als Beauftragten des Papstes sieht, weil die Universität für ihn keine Diözesananstalt ist: Reform 400f. Spitzer noch entfaltet *Buß* diese Unterscheidung in „Die nothwendige Reform des Unterrichts und der Erziehung der katholischen Weltgeistlichkeit Teutschlands", 1852, 429ff.

22 Zum geordneten Studiengang (vgl. Anm. 19) in erzieherischer Haltung gehörte allemal ein Studium der allgemeinen Wissenschaften, so daß auch die Philosophische Fakultät via Studienordnung unabdingbar und konstitutiv erschien: vgl. *Buß*, Unterschied, 399ff. Was *Dickerhof*, Dokumente (wie Anm. 17) sowie neuerdings *R. A. Müller*, Akademische Ausbildung zwischen Staat und Kirche. Das bayerische Lyzealwesen 1773–1849, 2 Bde. 1986 sowie *U. Huber*, Universität und Ministerialverwaltung. Die hochschulpolitische Situation der Ludwig-Maximilians-Universität München während der Ministerien Oettingen-Wallerstein und Abel (1832–1847), 1987 für Bayern im Vormärz dargestellt haben, müßte für die übrigen Staaten und näherhin für die katholische Bewegung näher untersucht werden (in Baden etwa ist der Wendepunkt das Mittelschulgesetz 1836; vgl. *Mayer*, wie Anm. 13, II 244ff.), was bisher unterblieben ist wegen der Fixierung auf das letztlich siegreiche preußische System. Bei Erhaltung der allgemeinen Wissenschaften stellte sich die Frage nach der „weltanschaulichen" Relevanz der Fächer anders als bei denselben Disziplinen als Fach- und Berufsstudien. Vgl. unten Anm. 66/67.

23 Auf einem anderen Blatt steht es, wenn die religiöse und mithin konfessionelle Grundlage aller Wissenschaften betont wird gegen die Fiktion, solches treffe nur die Theologie (s.u.): dazu etwa Buß (wie Anm. 12), Reform 339ff.

unbeirrt durch fremdartige Elemente fortpflanzt, als ein Kleinod" hochschätzte und bewahrte[24], hat es andererseits doch, nach dem Vorgang der Universität Berlin, eine konfessionelle Neutralität der Wissenschaften vorausgesetzt. Nur im Hinblick auf die Vorbereitung zu einem Kirchendienst wurde daher eine Unterscheidung in theologische Fakultäten der großen Konfessionen eingeräumt. So wurden 1811 in der „vereinigten evangelischen und katholischen Universität" Breslau – die Frankfurt/Oder aufgenommen hatte – zwei Theologische Fakultäten nebeneinandergestellt; 1818 folgte Bonn – es war dem katholisch vorbelasteten Köln vorgezogen worden – als „in Beziehung auf die Religions- und Confessions-Verhältnisse ... gemischte und paritätische" Universität (Statuten § 6)[25], Württemberg zog (1817) gleich mit der Verlegung der katholischen Universität Ellwangen, die in Wahrheit nur eine katholisch-theologische Fakultät für die Heranbildung des Landesklerus war, an die Universität Tübingen[26]; ähnlichen Versuchen in Hessen 1830, die katholische Priesterausbildung an die traditionell evangelischen Universitäten Gießen und Marburg zu verlegen, war anders als in Württemberg auf Grund des Widerstands der Bischöfe gegen die Influenzierung ihres Klerus nur eine kurze Lebenszeit beschieden.[27] Parität beinhaltete also eine Mindestversorgung der Kirche, keine Rücksichtnahme auf die Konfessionsgruppe insgesamt und näherhin die Laien. Nur im Blick auf die Theologenausbildung wurden an diesen paritätischen Universitäten zu verschiedenen Zeitpunkten und nicht ohne Kämpfe katholische Philosophen und Historiker in der Philosophischen Fakultät und ein Kanonist in der Juristischen Fakultät zugestanden[28], wenn diese Disziplinen nicht ganz in die Theolo-

---

[24] Zitat Königsberg betreffend (1860) bei *May*, Breslau (wie Anm. 6), II 204f., zum Folgenden *May*, I.

[25] Unergiebig K. Th. Schäfer, Verfassungsgeschichte der Universität Bonn, 1818 bis 1960, 1968, zuletzt *K. Düwell* in der Rheinischen Geschichte, hg. von *F. Petri, G. Droege*, Bd. 3, 1979, 499ff.

[26] Vgl. *May*, Tübingen (wie Anm. 6).

[27] Vgl. mit Literatur *Brandt* 63ff., freilich mit verkehrter Perspektive. Die Fakultät in Gießen, die das Mainzer Seminar zunächst austrocknete, bestand 1830 bis 1851/1857; die Fakultätsgründung von Hessen-Nassau und Hessen-Kassel in Marburg 1830 trat nie in Wirksamkeit, der Versuch wurde 1833 aufgegeben. Vgl. zur Würdigung aus Mainzer Sicht: Zwölf Jahre einer theologischen Fakultät (sc. Gießen): Katholik 1863/I, 540ff., 554f.: „Da der Herr seine Kirche gründete, hat Er ihr auch die Mittel der Erhaltung gegeben, und die Bischöfe sind die Organe, durch welche Alles, was zu Gedeihen der Kirche gereichen soll, geschaffen und geleistet werden muß. Alles, was man der Kirche, ohne den Episcopat, wenn auch vielleicht in gutgemeinter Absicht von Außen her aufdrängt, ist unwirksam und trägt schon den Keim des Unbestandes in sich. Eine großherzoglich hessische, katholische, theologische Staatsfacultät ist etwas in sich so Widersprechendes, daß man sich nicht wundern darf, wenn sie keine Geltung und Dauer gewinnen kann".

[28] Die Forderung nach „Konkordatsprofessuren" war natürlich nicht auf sog. paritätische Universitäten beschränkt, vgl. etwa *Brandt* (wie Anm. 4), 187ff., hatte dort aber zentrale

gische Fakultät abgeschoben[29] bzw. für sie reklamiert werden sollten[30], weil bischöfliche Ingerenz auf Besetzung und Betrieb der Lehrstühle in den Fakultäten eine Ausnahmesituation schufen.

Mit der Neuordnung des Universitätswesens konnten die Katholiken nicht zufrieden sein. Überwiegend katholisch waren nur München, Würzburg und Freiburg sowie die österreichischen Universitäten, die aber im Vormärz einen Sonderweg gingen. Daneben standen eine Überzahl protestantischer Universitäten – F. J. Buß nennt Kiel, Königsberg, Berlin, Halle, Greifswald, Rostock, Leipzig, Jena, Göttingen, Marburg, Erlangen, Heidelberg – und die sog. paritätischen Hochschulen Breslau, Bonn, Gießen und Tübingen, die die Katholiken in ein Ghetto abdrängten.[31] Gleichwohl klafft in der katholischen Universitätspolitik eine Lücke bis an die Schwelle der deutschen Revolution von 1848. Dabei waren in der Zwischenzeit die interkonfessionellen Tendenzen überwunden worden, katholisches Selbstbewußtsein gestärkt und – vor allem nach dem Kölner Ereignis – durch Presse und Publizistik ein Zusammenhang zwischen den einzelnen Brennpunkten kirchlichen Lebens hergestellt worden.[32] Die

---

Bedeutung. Vorangegangen war Preußen, vgl. etwa Statuten Bonn § 35 III 3 und V 1, die katholische Geschichtsprofessur in Bonn und Breslau trat freilich erst durch Kabinettsordre 1853 ins Leben, vgl. May, Breslau (wie Anm. 6) I 265ff. Während die Entwicklung in Tübingen – vgl. *May,* Tübingen, passim – nachhinkte und deutlich das Schisma Sorge für die Theologen – Sorge für alle Studenten katholischer Konfession zeigt: vgl. grundsätzlich *May,* 293f., 313f., 404f. aber auch 175ff., 247ff., 307ff. für das Interesse, katholisches Kirchenrecht in die Theologische Fakultät zu integrieren, was 1857 gelang. „In der juristischen Fakultät wurde das Fach fortan von einem Protestanten vertreten" (317)! Eine Analogie noch am Ausgang des Jahrhunderts ist die Beförderung des Repetenten *Sägmüller* für Geschichte, hier freilich in der Philosophischen Fakultät: *May,* 386ff., 511ff.

29 Dafür zahlreiche Belege bei *May,* Tübingen, 374f., 428ff., wo es die Philosophische Fakultät als Zumutung erklärt, Lehrer haben zu sollen, „deren Haupterforderniß ein bestimmter Glaube ist und deren Lehrthätigkeit von dem Willen einer der Universität fremden Macht abhängt"; gemeint ist der Bischof (vgl. 298ff.). – Ähnlich Preußische Jahrb. 1 (1858), 272; 5 (1860), 188ff. das Badische Konkordat betreffend.

30 Vgl. Anm. 28 und – in kurioser Überspitzung – das Gutachten der Bonner Juristen 1824 über die Forderung nach Integration des Kanonisten in die Theologische Fakultät (Schäfer, wie Anm. 25, 42f.): „Es wäre nicht einzusehen, warum nicht auch Professoren der Philosophie, der Geschichte, der Mathematik, der Naturwissenschaften usw. in der Katholisch-Theologischen Fakultät angestellt werden sollten. Jenes vorgegebene Bedürfnis werde am Ende zu einer katholischen Universität führen".

31 *May,* Tübingen, 245 zitiert den Mainzer *J. B. Heinrich,* der die Theologischen Fakultäten „eine katholische Specialschule am Orte einer protestantischen oder rationalistischen Universität" nennt, vgl. auch *May,* Breslau, I 231, *Buß,* Unterschied (wie Anm. 12), 412, wo auch die Aufzählung.

32 Vgl. *G. May,* Der Interkonfessionalismus in der ersten Hälfte des 19. Jahrhunderts, 1969; für die Genese des sog. politischen Katholizismus etwa *K. Buchheim,* Ultramontanismus und Demokratie. Der Weg der deutschen Katholiken im 19. Jahrhundert, 1963; *K. Repgen,* Entwicklungslinien von Kirche und Katholizismus in historischer Sicht, in: *A. Rauscher,* Entwicklungslinien (wie Anm. 3).

Laien fanden Anlehnung an einem erneuerten, aus staatskirchlichen Verstrickungen in Orientierung auf Rom herausdrängenden Episkopat. Im Kampf um eine dem katholischen Kirchenverständnis adäquate Erweiterung der individuellen Freiheitsrechte zu einem „Freiheitsanspruch einer überindividuellen, anstaltlich verfaßten und hierarchisch-autoritär geleiteten Institution" (so Ernst Rudolf Huber)[33] traten aber Universitätsfragen – wie dies bei einer Volkskirche auch nicht anders sein konnte – weit zurück hinter Problemen, die für die breite Masse relevant waren und zumal hinter kirchlichen Freiheitsforderungen. Ein zweites kommt hinzu. In einer für Bevölkerungsgruppen, „deren Mitglieder ihre Tradition bedroht sehen", typischen Entwicklung führte Außendruck zu „Gruppenkohäsion" durch „Zentralisierungs- und Hierarchisierungstendenzen", (so Helmut Geller)[34]. Dem entspricht negativ die Ausgrenzung von Randgruppen: die Liste reicht von Aufklärern und Staatskatholiken über die lehramtlich verurteilten Hermesianer und Güntherianer bis hin zu den Liberalen und den sog. deutschen wissenschaftlichen Theologen[35]. Im ganzen 19. Jahrhundert wurde so der ohnehin schmale Anteil bürgerlicher Intelligenz im Katholizismus weiter reduziert, so daß katholisches Engagement in der Gesellschaft, auf die es ankam, und zumal auch in der Universität geschwächt war. Der Katholizismus wurde eine politische Macht, ohne gesellschaftliche Macht zu haben.

Daher versteht sich ein eher negativer Umgang mit Universitätsfragen, die vor allem unter dem Gesichtspunkt der Priesterausbildung behandelt wurden. Es ging da um Aufsichtsrechte des Episkopats über die Theologie- und auch die Weltanschauungsprofessuren[36], wenn nicht gar der Auszug

---

[33] *E. R. Huber,* Deutsche Verfassungsgeschichte seit 1789, 1957ff., hier II 352.

[34] *H. Geller,* Sozialstrukturelle Voraussetzungen für die Durchsetzung der Sozialform „Katholizismus" in Deutschland in der ersten Hälfte des 19. Jahrhunderts. In: *K. Gabriel, F.-X. Kaufmann* (Hg.), Zur Soziologie des Katholizismus, 1980, 66, 72. Für die Struktur des Katholizismus und für sein Verhältnis zur sog. bürgerlichen Welt vgl. außer diesem Sammelband, der Aufsatzsammlung von *H. Maier* (wie Anm. 8) noch die wichtigen Studien von *C. Bauer,* Deutscher Katholizismus. Entwicklungslinien und Profile, 1964, bes. 28ff. Speziell (mit Literatur): *M. Klöcker,* Das katholische Bildungsdefizit in Deutschland. In: GWU 32 (1981), 79ff.

[35] Unabhängig vom Kulturkampf war die Krise um das erste Vatikanum – an diese Parteistellung anschließend – ein Aderlaß für den Katholizismus: Vgl. dazu *May,* Tübingen (wie Anm. 6), 480f., im biographischen Spiegel etwa *W. Becker,* Georg von Hertling (1843–1919), 1981, 151ff., 184ff. Es wäre ein Leichtes, für diese Verengungen und Extrapolationen weitere Namen zu nennen, statistische Zahlen aber fehlen.

[36] Kennzeichnend das Zitat aus dem Katholik oben Anm. 27 für eine juristische Auffassung der Verhältnisse, ähnlich eine Auslassung des Erzbischofs von Freiburg 1841 über das Theologenkonvikt: „Ja, ich getraue mir zu behaupten, daß ohne kirchenobrigkeitliche Mitwirkung das Konvikt viel schädlicher ist, als der wirkliche Zustand der Theologen . . . Ich bin lebhaft überzeugt, daß ein solchesKonvikt ohne unsere Mitaufsicht mir als eine Giftquelle erscheint, aus der nur Tod getrunken wird": W. Reinhard: Die Anfänge des Priesterseminars

der Klerusbildung aus den Universitäten in die konkordatär zugesagten Seminare propagiert und praktiziert wurde.[37] Die Gründung des bischöflichen Lyzeums in Eichstätt (1843) und dann die Wiederherstellung des Mainzer Seminars (1851)[38] setzten Signale, daß man katholische Wissenschaft als Wissenschaft unter kirchlicher Rechtsaufsicht – und möglichst frei von staatlicher Ingerenz – verstand.[39] Die Verstaatlichung der Universitäten wurde denn auch als Protestantisierung auf Kosten der nur in kirchlicher Obhut gesicherten Universalität gedeutet.[40]

Aus dieser Engführung auf Belange der Theologischen Fakultäten, in der sich Bischöfe und Regierungen trafen, hat der Jurist und Sozialpolitiker Franz Joseph Buß 1846 mit seinem Buch „Der Unterschied der katholischen und protestantischen Universitäten Teutschlands" herausgeführt. Er hat die Disparität der Konfessionen im Universitätsleben scharf herausgestellt, weil nämlich den 20 Millionen Katholiken nur 6 katholische, den 17 Millionen Protestanten aber 16 protestantische Universitäten eigneten; er hat die Scheinparität der sog. paritätischen Universitäten „bloß mit einer angehängten katholisch-theologischen Fakultät" ins Bewußtsein gehoben. Seine Vorstellungen über Studienordnung, Disziplin und Verfassung – „die Universität ist eine katholische kirchliche Körperschaft" – werden freilich die badische Regierung nicht überzeugt haben, der ja der Ausbau Freiburgs zu einer katholischen Zentraluniversität für Deutschland schmackhaft gemacht werden sollte.[41] Zwei Jahre später, im Revolutionsjahr, hat Buß vor der Würzburger Bischofskonferenz die Rekatholisierung der sechs rechtlich katholischen Universitäten erneut angemahnt und darüber hinaus eine staatsfreie Universität nach dem

---

und des Theologischen Konvikts der Erzdiözese Freiburg i. Br., SD aus dem Freiburger Diözesanarchiv, 1927, 25.

[37] Vgl. *Brandt* (wie Anm. 4), 97 ff., ausgewogen *F. Schnabel* (wie Anm. 9), IV 82 ff.

[38] Vgl. *Dickerhof* (wie Anm. 2), *Brandt* (wie Anm. 4), 181 ff.

[39] Es hinterläßt allemal ein peinliches Gefühl, wenn man erfährt, daß solche Kämpfe in Bayern und in Württemberg nicht ohne eine „höhere Leitung", die noch ein „Geheimnis im Geheimnis" wohl zu verbergen hatte, vonstatten gingen: vgl. *O. Weiß*, Die Redemptoristen in Bayern (1890–1909). Ein Beitrag zur Geschichte des Ultramontanismus, 1983, bes. 841 ff., 921 ff.

[40] Vgl. *Buß*, Unterschied (wie Anm. 12), 406 ff., wo protestantische Universitäten „von Haus aus Staatsanstalten" genannt werden, dazu *Dickerhof*, Idee (wie Anm. 4), 35, Anm. 8; Bildungsmonopol, 207, Anm. 64. – Die Polemik von *Buß* gegen einen diözesan-bischöflichen Anspruch gegenüber Universitäten, gegen die Seminarausbildung des Klerus, aber auch gegen Orden, denen „principielle Incongruenz" mit Universitäten attestiert wird (Reform, 253 ff., 306 ff.), fand weniger Echo.

[41] Vgl. Anm. 12 und passim, wo an Hand von *Buß* Konstellationen und Probleme der Katholiken mit den Universitäten im Vormärz verdeutlicht wurden, hier bes. *Buß*, Unterschied, 421 ff. die Reformvorschläge für Freiburg.

Vorbild von Löwen (1834/35) verlangt.[42] In der Folge haben Bischofsdenkschriften und vor allem die Tagungen des „katholischen Vereins Deutschland", der ja insbesondere die Freiheit des Unterrichts und die Bewahrung „katholischer Stiftungen für Kirche, Schule und Wohltätigkeit" zum Ziel hatte (Satzung § 7), die Rekatholisierungsforderung in die Breite getragen.[43] Dickleibige Denkschriften über die Benachteiligung der katholischen Interessen in Breslau, Münster und Bonn sind erschienen[44], die Berufungspolitik etwa in München – wo König Max II. die Rankeschule einpflanzte[45] –, Freiburg[46] und Wien[47] wurde als Dekatholisierung

---

[42] Vgl. *Brandt* (wie Anm. 4), bes. 144ff., zu Löwen und seiner Wirkung in Deutschland 76ff., zum neuen Institut der Bischofskonferenz *R. Lill*, Die ersten deutschen Bischofskonferenzen. In: RQ 59 (1964), 127ff., näherhin für Erzbischof *Reisach: O. Weiß* (wie Anm. 39), 838ff.

[43] Vgl. *G. Richter* (wie Anm. 4), die Beschlüsse in Sachen katholische Universität stellt aus den „Verhandlungen" zusammen die „Sammlung von Aktenstücken bezüglich der Gründung einer freien katholischen Universität in Deutschland", hg. von dem Central-Comité, 1865, 77ff. Über die freilich nicht jedes Jahr mögliche Heerschau des Katholizismus vgl. *J. May*, Geschichte der Generalversammlungen der Katholiken Deutschlands, 1903 und Buchheim (wie Anm. 32), zuletzt *H. Hürten*, Katholische Verbände. In: *A. Rauscher* (Hg.), Der soziale und politische Katholizismus II (1982) 215ff.

[44] Noch vor dem Umbruchsjahr 1848 *F. C. Movers*, Denkschrift über den Zustand der katholisch-theologischen Facultät an der Universität Breslau . . ., 1845, der die geforderte Parität (70ff.) eng auf die Theologie bezieht: vgl. zur Steigerung der Paritätsforderung in der Publizistik May, Breslau (wie Anm. 6) I 229ff. – *May* (Breslau, II 208ff.; Tübingen, bes. 543ff.) tendiert zu einer Separation von Paritätsforderung und Universitätsbewegung, der er wenig Chancen einräumt! – Die Artikelfolge von *F. K. Krabbe* „Über die Stiftung einer katholischen Universität" (in Münster) im „Monatsblatt für katholisches Unterrichts- und Erziehungswesen" 4 (1849) war mir ebensowenig zugänglich wie das „Promemoria die zu errichtende Universität für das katholische Deutschland betreffend" des Münsteraner Bischofs *Müller* (1851), aber es ging hier um eine katholische Volluniversität, also nicht nur um die Theologie; vgl. *Brandt* (wie Anm. 4), 163ff. und *W. Kohl*, Die Bemühungen um den Ausbau der Theologisch-Philosophischen Akademie zu Münster im 19. Jahrhundert. In: *H. Dollinger* (Hg.), Die Universität Münster 1780–1980, 1980, 37ff. – (H. J. Floß), Denkschrift über die Parität an der Universität Bonn mit einem Hinblick auf Breslau und die übrigen Preußischen Hochschulen. Ein Beitrag zur Geschichte deutscher Universitäten im 19. Jahrhundert, 1862. Über Autor und Genese eingehend *H. Schrörs*, Johann Heinrich Floß: Ann. HV Niederrh. 117 (1930), bes. 64ff.

[45] Vgl. *H. Dickerhof-Fröhlich*, Das historische Studium an der Universität München im 19. Jahrhundert, 1979, 83ff.; für die Philosophie (M. Carrière): Hist. Pol. Bl. 31 (1853) 129ff. Konfessionelle Argumente sind teilweise auch Aushängeschild für Traditionalismus und Regionalismus gegenüber einer gesamtdeutschen Öffnung der Universitäten.

[46] Vgl. *H. Finke*, Die Geschichtswissenschaft an der Universität Freiburg zu Anfang des 19. Jahrhunderts und die Berufung August Friedrich Gfrörers. In: Hist. Jahrb. 50 (1930), 70ff., ferner etwa Hist. Pol. Bl. 31 (1853), 178ff.; 34 (1854), 53ff.; 40 (1857), 627ff.; 45 (1860), 274ff., 735ff.

[47] Vgl. Hist. Pol. Bl. 28 (1851) 327ff., 51 (1863), 939ff., wo den Protestanten die Gründung einer protestantischen Universität im Habsburgerreich anstelle des Eindringens „in den Organismus der katholischen Wiener Universität" empfohlen wird. Die Behand-

kritisch kommentiert. Versiert im Umgang mit den neuen Möglichkeiten des konstitutionellen Rechtsstaats, wie sich der Katholizismus nun einmal zeigte, hat er etwa den Ausbau der Akademie Münster zu einer katholischen Universität auch im Berliner Abgeordnetenhaus zur Debatte gebracht, ohne jedoch das Junktim des Ministeriums von universitärem Ausbau mit Entkonfessionalisierung brechen zu können.[48] Das kostspieligere der von Buß vorgeschlagenen Verfahren, die staatsfreie Universität, trat neben den Rekatholisierungsforderungen zurück bzw. scheint eher als theoretische Bekräftigung eines kircheneigenen Rechts auf Erziehung und Unterricht behandelt worden zu sein. Freilich versandete die katholische Universitätsbewegung als Forderung nach Restitution katholischer Universitäten auf Grund historischer Rechtsansprüche und daneben auch mit verfassungspolitischer Begründung im Namen der konfessionellen Neutralität des Staats – insbesondere des als evangelischer Staat apostrophierten Preußen – wohl mit unter dem Eindruck der römischen Frage und im Kontext der Reorganisation der „Generalversammlung der katholischen Vereine Deutschlands“ 1858 für kurze Zeit. Aus lokalen und partikularen Anfängen entstanden, hat sie dem deutschen Katholizismus seine Benachteiligung an den Universitäten bewußt gemacht. Aus Reaktionen auf die Umstellungskrise der territorialen Neuordnung Deutschlands war eine traditionalistische und regionale Motive übersteigende katholische Kulturpolitik herausgewachsen. Sie griff resolut über die unmittelbaren Bedürfnisse der Kirche in der Klerusausbildung hinaus; damit war anerkannt, daß in den Seminaren, Akademien, Lyzeen und theologischen Universitätsfakultäten dem kirchlichen Bedarf und auch dem kirchlichen Freiheitsanspruch Rechnung getragen war, daß also die Einbrüche der Säkularisation für die Theologenausbildung im wesentlichen überwunden waren. Wenn die katholische Kulturpolitik die Aufgabe stellte, alle Wissenschaften als gestaltende Kräfte der Gegenwart mit katholischem Geist zu durchdringen, so lief das in der Sache auf eine Förderung der katholischen Laienintelligenz hinaus, weil eben die weltlichen Disziplinen, auf die es ankam, im Hochschulbereich in der Regel von Laien vertreten wurden. Obwohl die katholische Bewegung ein kirchlich-klerikales Gepräge trug, und nur eine dünne Schicht laikaler Intelligenz dem formierten Katholizismus zur Verfügung stand, während

---

lung von Universitätsfragen in der katholischen Presse verdiente eine eingehende Untersuchung.

[48] Vgl. Anm. 44, einige Texte Anm. 11, dazu „Die katholischen Interessen bei den Budgetverhandlungen in der preußischen Kammer des Jahres 1852/53“, 1853 und eine lange Reihe späterer ähnlicher Publikationen, allgemein *N. Andernach,* Der Einfluß der Parteien auf das Hochschulwesen in Preußen 1848–1918, 1972, bes. 19ff., 86ff., 102ff. Das Zentrum zuerst hat danach die Universität als ein politisches Thema begriffen.

die Universitätstheologen ihren Sachverstand nur selten in den „Katholikentagen“ einbrachten[49], wurde doch ein breitangelegtes Programm wissenschaftlicher Offensive angesteuert auch in der gesellschaftspolitischen Perspektive, eine „Helotisierung“ des katholischen Volksteils zu verhindern.[50] So hat also der organisierte Katholizismus nach dem Intervall weniger Jahre seit 1862 diese Anliegen voll Selbstvertrauen in seine wissenschaftliche Leistungsfähigkeit und in sein Durchsetzungsvermögen als Ruf nach einer freien katholischen Universität wieder aufgenommen.

II. Freie katholische Universität

Deus lo volt – als gnadenhafte Inspiration gleich der Kreuzzugsbegeisterung von Clermont wurde der improvisierte Entschluß der Aachener Generalversammlung der katholischen Vereine vom 8. September 1862 gewürdigt[51], nach dem Vorbild der Universität Löwen durch freiwillige Spenden der Gläubigen eine staatsfreie Universität unter der Leitung des Episkopats zu begründen. Neu waren weder die Forderung noch das Mittel zu ihrer Realisierung, „die Association, diese gewaltige Macht der Neuzeit“ (so Chr. Moufang)[52]. Neu war die Entschlossenheit des Vereinskatholizismus, zu prozedieren, wie denn unverzüglich 8000 Taler gesammelt und ein Laienkomitee konstituiert wurde, aus dem der Wiener Kanonist George Phillips, der alte Propagandist der Idee, Franz Joseph Buß, und der Mainzer Seminarregens Christoph Moufang besonders hervortraten. Daneben wurde die altbekannte Forderung nach Restitution der sechs de jure katholischen und nach Konfessionsproporz an den sog. paritätischen Universitäten unermüdlich wiederholt, wie denn die Denkschrift über die Parität an der Universität Bonn von Johann Heinrich Floß (1862) den Aufbruch in Aachen beflügelt hatte.[53] Jedoch lag nun der

---

49 Vgl. etwa *Buchheim* (wie Anm. 32), 70f., 78ff., 119f. über *Döllinger*, auch mit Hinweis auf klerikalistische Motive bei den Professoren. Eine sozialgeschichtliche Untersuchung der Vereine ist ein Postulat.

50 Das Wort in der Besprechung der Paritätsdenkschrift (wie Anm. 44) Hist. Pol. Bl. 30 (1862), 500ff., 501: „Man will die Katholiken nicht unmittelbar ‚protestantisiren‘, weil man es nicht kann; aber man will sie ‚helotisiren‘, um sich die Aufregung des Protestantismus zu ersparen“.

51 Zu den Abläufen vgl. die Literatur Anm. 4.

52 „Verhandlungen ...“ 1865, 238.

53 Wohl noch vor *Floß'* Denkschrift erschien aus der Feder des Prager, später Bonner (altkatholischen) Kanonisten *Friedrich Schulte* anonym „Beleuchtung der Parität in Preußen auf dem Gebiete des hohen und mittleren Unterrichts“, vgl. *Schrörs* (wie Anm. 44), bes. 82 Anm. 110. Wenn, wie *Schrörs* meint (vgl. Beleuchtung, 14), ein Konnex mit den Aachener Ereignissen vorlag, die *Schulte* von „begeisterter Ideologie“ zu „taktischer Besonnenheit“ hätte leiten wollen, dann müßte man – gegen die Aussagen der „Verhandlungen“ und der

Akzent – anders als in den Jahren nach 1848 – auf der freien Universität. Freilich fehlte es nicht an Skeptikern, die Hindernisse von seiten der Staaten vorhersahen und mit langen Fristen rechneten bzw. fürchteten, der Einsatz der Katholiken für eine eigene Universität könne als Vorwand dienen, die Paritätsforderungen zu ignorieren und die bestehenden Universitäten noch weiter zu dekatholisieren.[54] Die Skeptiker saßen nicht zuletzt im Episkopat, der nun freilich reiche Erfahrungen mit staatlichen Restriktionen hatte und dem schließlich auch die Verhandlungen mit den Regierungen oblag. Papst Pius IX. hatte (am 31. August 1863) das Projekt des Laienkomitees gutgeheißen und Kardinal Geissel von Köln zum Protektor bestellt. Während der alte Erzbischof teils krankheitshalber († 8. 9. 1864), teils wohl aus Aversion gegen Laieninitiativen, die ja unter den deutschen Bischöfen nicht selten war[55], nur zögerlich vorging, wurde Bischof Ketteler von Mainz – zusammen mit Bischof Martin von Paderborn dem Protektor zugeordnet – zu einem Motor des Universitätsprojekts. Darin liegt nun eine Bedeutung dieser Hochzeit der katholischen Universitätsbewegung von 1862 bis zum Kulturkampf, daß Laien, von denen die Initiative ausgegangen war, und Episkopat Hand in Hand vorgingen; die Formel: „Alles für den Laien, aber nichts mit ihm und durch ihn", trifft hier nicht zu.[56]

Obwohl die Forderung nach katholischen Universitäten schon alt war, wirken viele der Umschreibungen von Idee und Gestalt, wie sie in Aachen und danach in der katholischen Presse versucht wurden, improvisiert; vor Überlegungen zur konkreten Struktur rangiert das Bekenntnis zur Katholizität. Es geht die Rede von einer „durch und durch katholischen Universität, auf welcher alle Wissenschaften in völliger Harmonie mit der göttlichen Offenbarung und folglich mit sich selbst gelehrt werden"

Promotoren – konkrete Vorabsprachen vermuten. – Allemal hat die Paritätsfrage – soweit ich sehe – die Publizistik auch außerhalb des katholischen Milieus stärker bewegt als die freie Universität, besonders weil sie ja den moralischen Eroberungen Preußens im südlich-katholischen Deutschland im kleindeutschen Sinne Schwierigkeiten bereiten mußte: vgl. „Die Parität in Preußen und die ultramontane Partei" (1862), vor allem von *Karl von Noorden* verfaßt (*Schrörs,* 84), dazu Preußische Jahrbücher 9 (1862), 249ff. „Die Stimmungen und Bestrebungen der Katholiken in Rheinpreußen" (von *J. W. Loebell*), wo der Universitätsplan, kennzeichnend nur ganz am Rande, immerhin erwähnt wird: Die Kölnischen Blätter sind „mit einer Ermahnung an die wohlhabenden Rheinländer aufgetreten, auf ihre Kosten eine katholische Juristenfacultät zu gründen und zu besolden..." (Preuß. Jahrb. 9, 260).

54 Vgl. außer der vom Zentralkomitee herausgegebenen Sammlung von Aktenstücken (wie Anm. 43), „Vorbericht", die Auswahledition *Brandt* (wie Anm. 4), 421ff., daraus etwa Bischof *Martin* von Paderborn 421ff.

55 Vgl. *Brandt,* 246ff., *Buchheim* (wie Anm. 32), 153f., 210ff. u.ö.

56 *J. Horstmann,* Katholizismus und moderne Welt. Katholikentage, Wirtschaft, Wissenschaft, 1848 bis 1914, 1976, 26.

(G. Phillips)[57]; von einer Universität, „die als ihr oberstes Princip die göttliche und unfehlbare Autorität der katholischen Kirche in ihrem von Gott eingesetzten Lehramte anerkennt, und welche sich principiell in Allem dieser höchsten Autorität unterwirft" (J. B. Heinrich); und umfassender: „Eine katholische Universität ist eine solche, welche unbedingt und unumwunden die von der Kirche uns vermittelte offenbarte göttliche Wahrheit als das höchste Licht aller Wissenschaft anerkennt, an welcher alle Lehrer aller Facultäten gläubige Katholiken sind und auch für ihre öffentliche Lehrtätigkeit sich der Autorität der Kirche, also dem apostolischen Stuhle und dem Episcopate, mit ganzer Überzeugung unterwerfen; es ist also eine Universität, die ganz auf dem Boden der Kirche steht, die vom Geiste der Kirche erfüllt und deren gesamte Wissenschaft entschieden christlich und katholisch ist. Und diese katholische Universität ist frei, wenn sie in ihrer wissenschaftlichen Thätigkeit, in der Berufung ihrer Lehrer und der Anordnung ihrer Studien unabhängig ist, sowohl vom Staatsmonopol als von allen sonstigen fremden Einflüssen."[58]

Das Bekenntnis zur Kirchlichkeit der erstrebten Universität rangiert in den publizistischen Aufrufen naturgemäß vor der wissenschaftstheoretischen Reflexion.[59] Die Kirchlichkeit meinte zunächst die katholische Kon-

---

[57] Sammlung (wie Anm. 43) 10 im Programm des Universitätsvereins.

[58] Verhandlungen 1862, 58, 179f., dazu vgl. *Brandt*, 231f. und Katholik 1862/II, 419.

[59] Diese Einschätzung prägt die Exegese der nächsten Seiten, die gegenüber dem Vortrag und Artikel von *H. Raab* eine Aspekt- und Akzentverlagerung bringen. Vgl. folgende publizistische Aussagen außerhalb der „Verhandlungen" der Generalversammlungen zum Universitätsplan und seinem geistigen Umfeld: Katholik 1862/II 415ff. „Stiftung der freien katholischen Universität" (Bericht über Versammlung Aachen); 432ff. *J. Müller*, Das katholische Unterrichtswesen in Belgien (Rede in Aachen); 1863/I 540ff. (vgl. oben Anm. 27); 1863/II 485ff. (Bericht); 1864/I 81ff. Die katholische Universität zu Löwen; 1864/II 721ff. Einige Geschichten von der alten Universität Löwen (mit Reflexion über Auftrag der Gelehrten, aus der Studierstube herauszutreten und öffentlich zu wirken); 1865/II 298ff. Der Schulzwang, der Lernzwang und das staatliche Aufsichtsrecht über die Schule; 1868/I 232ff. Die freie katholische Universität in Deutschland; 1869/II 513ff. Aufruf des bischöflichen Comité's zur Gründung einer katholischen Universität. Hist. Pol. Bl. 51 (1863) 325ff., 897ff. Die freie katholische Universität (laut Register von *G. Phillips*); 598ff. Die Reformation der katholischen Universität Würzburg; 52 (1863), 30ff. Eine freie katholische Universität und die Freiheit der Wissenschaft. Die praktische Seite der Frage (wohl wieder *Phillips*); 259ff. Angelegenheiten der freien katholischen Universität; 53 (1864) 21ff. Die Redaktion in dem Streit über Wissenschaft und Autorität; 54 (1864) 161ff., 245ff., 325ff. Zur Universitätsfrage; 409ff. u.ö. Gedanken über die philosophischen Studien (vgl. zur Bedeutung für die Universitätsbewegung *Dickerhof*, Bildung, wie Anm. 4, 265f.); 540ff. Über den Gedanken der katholischen Universität. Von einem rheinischen Edelmann. – Wenn man auch die separat publizierte „Katholikentagsrede" von *Chr. Moufang*, Die Aufgaben der Katholiken bezüglich der deutschen Universität, 1864, die Sammlung (wie Anm. 43), die Neuausgabe *Wessenbergs* durch *Molitor* (vgl. oben Anm. 18) und weitere diözesane Publikationen des Universitätsvereins hinzunimmt (vgl. unten Anm. 76), die Schrift *H. B. von Andlaws* (vgl. unten Anm. 81), endlich auch *L. Housse*, Zur Universitätsfrage. Ein Wort an das katholische

fession aller Lehrer und sollte bloße Taufscheinkatholiken, über deren Intrusion die Klagen Legion waren, ausschließen, während über das Bekenntnis der Studenten nichts ausdrücklich gesagt war; offensichtlich aber war auch eine katholische Studentenschaft vorausgesetzt, die an der katholischen Universität in einer treukatholisch-unverdorbenen Stadt gemäß dem Elternwillen von schulischer Gebundenheit in eine akademische Freiheit geordnet hinübergeführt, dabei in Glauben und Sitten gefestigt sowie in einer dem Glauben konvenierenden allgemeinen wissenschaftlichen Bildung gegen den Widerspruch des Zeitgeistes gefeit werden sollte.[60] Wenn man hierin über die älteren Anforderungen an katholische Staatsuniversitäten – bei denen von katholischer Exklusivität nicht die Rede war – hinausging, so verstand sich dies angesichts der Finanzierung allein durch die Gläubigen ohne Staatsbeihilfe und angesichts der krassen Disparität im staatlichen Hochschulwesen.

Die Forderung nach „katholischer Wissenschaft" an der durch und durch katholischen Universität ist vor dem Hintergrund annähernd 50jähriger Ghettoisierung der Katholiken an den meisten Universitäten und einer spezifisch katholischen Bildungskonzeption zu lesen. Denn die faktische Einschnürung auf Theologische Fakultät und im Interesse der Theologen errichtete Lehrstühle für Philosophie, Geschichte und Kirchenrecht lud die Publizistik dazu ein, weniger auf den methodischen Ausbau als auf die weltanschauliche Relevanz der Disziplinen zu achten. Unter diesem Titel hat denn auch F. J. Buß an paritätischen Universitäten über Philosophie und Geschichte hinaus katholische Professuren etwa der Philologie, der Literatur, der Aesthetik und der Archäologie angemahnt, da ihre religiöse Grundlegung notwendig konfessionell sich konkretisiere, sofern Indifferentismus und Atheismus gemieden werden sollen[61], haben George Phillips und wieder Buß Jurisprudenz und Staatswissenschaften als zentrale Aufgaben der freien Universität propagiert[62], hat die Münchner Gelehrtenversammlung 1863 die Naturwissenschaft als mit der Theologie

---

Deutschland, ³1867 (Werbung für den Standort Luxemburg), so scheint sich doch ein Abflauen der Publizistik anzudeuten.

60 Vgl. bes. *Dickerhof*, Bildung (wie Anm. 4); zur konfessionellen Exklusivität vgl. unten Anm. 80.

61 *Buß*, Reform, 313ff. mit Zitat von Bonaventuras De reductione artium ad theologiam, btr. Indifferentismus bes. 392f. *May*, Tübingen (wie Anm. 6), 305 sieht nur das philosophische Vorstudium der Theologen.

62 *Dickerhof*, Bildung (wie Anm. 4), 269ff., dazu *Buß*, Reform, 372ff., ferner Redaktion Hist. Polit. Bl. 53 (1864), 28ff. Von den Bischöfen wird in ihren Voten mehrfach ein Beginn mit einer Teiluniversität vorgesehen, die (Linz) als philosophisch-medizinische vorgeführt wird, angesichts des eifersüchtigen Wachens über die diözesane Priesterausbildung (vgl. Passau, ähnliche Vorgänge in Frankreich, vgl. Anm. 89) vielleicht auch sonst auf weltliche Fakultäten zu deuten ist: Sammlung (wie Anm. 43) 41, 44, 51, 59, dazu ibd. Programm, 9ff., vgl. schon oben Anm. 53.

in Verbindung stehend bezeichnet und – auf Antrag Ignaz Döllinger – eine theologische Beschäftigung mit der Nationalökonomie verlangt.[63] – Solche fortschreitende reductio artium ad theologiam, die mit einer Konsolidierung des methodischen Arbeitens bei den katholischen Fachwissenschaftlern merkwürdig kontrastiert[64], versteht sich nicht zuletzt als logische Prämisse der katholischen Paritätsforderungen. Diese schwer abweisbaren Postulate an die paritätischen Staaten konnten – über die wichtigsten Hilfswissenschaften der Theologie hinaus auf alle weltanschaulich relevanten Fächer im Interesse auch der Katholiken, die nicht Theologie studierten, ausgedehnt – für den katholischen wissenschaftlichen Nachwuchs Bresche legen, der nach verbreiteter Auffassung durch staatliche Restriktionen und durch Cliquenwesen so behindert war, daß ihn die nationalökonomische Regel, „die Production ist von der Nachfrage bestimmt", von der wissenschaftlichen Laufbahn abschreckte.[65] Die reductio artium ad theologiam war jenseits solcher taktischen Motive auch in der Bildungskonzeption der Promotoren der katholischen Universität begründet. Sie vertraten universalistisches Erbe, wenn sie vor und außer den Fach- und Berufsstudien ein allgemeines Bildungsstudium vorsahen, wie es zuletzt in Bayern und Österreich 1848 preisgegeben worden war.[66] In einem solchen breitangelegten Bildungsstudium der Fächer der Philosophischen Fakultät im Blick auf ein wissenschaftlich begründetes Weltbild rangierten notwendig Harmonie und Zusammenhang der Disziplinen vor einem spezialistisch-einzelwissenschaftlichen Ausbau, der als ein Merkmal protestantischer Universitätsorganisation

[63] Verhandlungen der Versammlung katholischer Gelehrter in München, hg. von *P. Gams,* 1863, 7, 76ff. freilich mit der kennzeichnenden Überschrift „Döllinger's Antrag bezüglich einer eingehenderen Beschäftigung des *Clerus* mit der Nationalökonomie und den socialen Fragen".

[64] Vgl. das Urteil *W. von Giesebrechts* über *J. Janssen,* der an die „alte Münchener Schule" Görres' anschließe: „Jedoch mit dem Unterschied, daß sie (sich) die kritische Methode der Ranke'schen Schule zu eigen gemacht": *H. Raab,* Aus der Studienzeit des Münchner Historikers Albert Stauffer. In: ZBLG 48 (1985), 443. Gerade *J. Janssen* ist ein prominentes Beispiel für katholische Fachwissenschaftler außerhalb der Universitäten, auf die vielfach hingewiesen wurde gegen das Bedenken, es würden den Katholiken „Geld und Menschen gleichmäßig fehlen": *May,* Breslau (wie Anm. 6), 211, 229.

[65] Das Zitat in *Floß,* Denkschrift (wie Anm. 44), 166f., ein Florileg zu Cliquenwesen bei *May,* Tübingen (wie Anm. 6), bes. 363ff. In diese Richtung weist *W. Weber,* Priester der Klio. Historisch-sozialgeschichtliche Studien zur Herkunft und Karriere deutscher Historiker ..., 1985. – Im Blick auf die Schwierigkeiten durch staatliche Stellen entstand die Forderung nach einem katholischen Kultusministerium und dann die katholische Abteilung in Preußen, vgl. Katholische Interessen (wie Anm. 48), 144ff., ferner *V. Conzemius,* Die Briefe Aulikes an Döllinger. Ein Beitrag zur Geschichte der „Katholischen Abteilung im Preußischen Kulturministerium": RQ Suppl. 32, 1968.

[66] Vgl. oben Anm. 19 und 22, für die Planungen bes. *Dickerhof,* Bildung (wie Anm. 4).

betrachtet und auch gewürdigt wurde.[67] Katholische Wahrheit war in der Universitätsbewegung das Schlagwort für diese eigentümliche hochschuldidaktische Abzweckung des allgemeinen Bildungsstudiums aus der Überzeugung, daß Wissenschaft und Religion nicht in Widerspruch zueinander treten könnten.

Die Rede von katholischer Wissenschaft und katholischer Wahrheit involvierte eine Sünde gegen das Credo der Universitäten und Kultusministerien von der „Weltanschauungsfreiheit" der Wissenschaften[68], mit dessen Hilfe sich Paritätsforderungen als Angriffe auf die „Integrität des Universitätsprincips" abwehren ließen.[69] Katholische Wissenschaft ist insoweit auch eine polemische Fremdbezeichnung, auf die dann auch alle Reichtümer der vom Deutschen Nationalverein (1859) angeheizten Polemik gegen mittelalterlich-ultramontanes Kirchentum projektiert werden konnten. Die „Selbstauflösung des Protestantismus" in Subjektivismus ließ sich heimzahlen mit der „halb aus Gleichgültigkeit und Beschränktheit, halb aus Geistesdruck" hervorgegangenen „Einheit des Katholizismus"[70]. Die sozialpsychologisch verständliche bildungsbürgerliche Aversion gegen die katholische Massenbewegung hat in einem Protestantismus, der zum nationalen Kulturapostolat mutierte und bewußt die Wissenschaft als Kampfmittel einsetzte[71], zu den Schlagworten vom vaterlandslosen, wissenschaftsfeindlichen Ultramontanismus als

[67] Für die einzelnen Disziplinen beleuchtet etwa bei *Buß*, Reform (wie Anm. 12), 333ff., z.B. 392 über das Auseinanderklaffen von „geisttödtender Empirie" und „leerer Construction" in den Naturwissenschaften. Für die Spezialfrage, ob man in der Theologie von den Protestanten lernen könne, gegen *Döllinger: Chr. Moufang:* Katholik 1864/II 203ff.

[68] So *F. Schnabel* (wie Anm. 9), IV 88, der Begriff der „Voraussetzungslosigkeit" kam später auf, vgl. *J. von Kempski*, Voraussetzungslosigkeit. Eine Studie zur Geschichte eines Wortes. In: Archiv f. Philos. 4 (1952), 157ff.

[69] Zahlreiche Belege für solche Argumentation bei May, Tübingen (wie Anm. 6), hier das Zitat 408, nachdem die Forderung nach einem katholischen Historiker umgedeutet worden war zu einem Historiker, „der die Geschichte vom katholisch-kirchlichen Standpunkt aus" vortragen müsse.

[70] So *Loebell* (wie Anm. 53), 254. – Aus den Preußischen Jahrbüchern ließen sich dafür viele Parallelen anführen, vgl. schon Bd. 1 (1858), 244, 382ff.; 3 (1859), 577ff. usw. – Dieselbe Aversion schlägt auch ultrakirchlichen Tendenzen im Protestantismus entgegen, vgl. Bd. 5 (1860), 205, 572ff. Vgl. für das Ideal 23 (1869), 124f., *W. Lang* Bd. 15/16 (1865), 16, 369f.: „Gerade die Fähigkeit in alle Entwicklungen des menschlichen Gedankens einzugehen, macht das Christentum zur letzten definitiven Religion". Vgl. *T. Rendtorff*, Der Kulturprotestantismus. In: *W. Schmidt* (Hg.), Gesellschaftliche Herausforderung des Christentums. Vom Kulturprotestantismus zur Theologie der Revolution, 1970, 9ff.

[71] Typisch dafür *Heinrich von Sybel*, der die Geschichte „cum ira et studio" geschrieben wissen wollte: vgl. *W. Bußmann*, Heinrich von Sybel. In: Bonner Gelehrte. Beiträge zur Geschichte der Wissenschaften in Bonn: Geschichtswissenschaften, 1968, 93ff., illustrativ Preuß. Jahrb. 6 (1860), 531ff. „Unsere Historiker", vgl. schon Bd. 2, 105f. über die HZ.

Verführer der Massen geführt.[72] Die „durch und durch katholische" Wissenschaft und Universität, die im Gegenzug zur Mobilisierung der katholischen Vereine für die freie Universität im Zeichen beinahe apokalyptischer Ängste um Kirchenstaat und Papstkirche postuliert wurde, macht aus den Anklagen eine Tugend: sie nennt die protestantische Freiheit der Wissenschaft „Frechheit" und Subjektivismus und betont die einheitsstiftende Autorität des kirchlichen Lehramtes.[73]

Im Zweifrontenkrieg gegen das Credo von der Weltanschauungsfreiheit der Wissenschaft und zugleich gegen eine aktivistisch-ideologisch sich gebärdende Wissenschaftshaltung haben die Promotoren der freien Universität ihren bildungspolitischen und hochschuldidaktischen Ansatz in polemischer Aneignung von Polemik zum pronunzierten Bekenntnis zum kirchlichen Lehramt gesteigert. Indem die katholische Universität in eine Linie mit den Emanzipationskämpfen der Anstaltskirche gestellt wurde zur Begründung der angestrebten Staatsfreiheit[74], wurden der Kirche als Garant einer „concreten Freiheit"[75], die notwendig Autorität mit Bewegungsraum verbinde, generell Aufsichtsrechte für alle Disziplinen zugestanden. Wenn mithin bischöfliche Aufsichtsrechte gegenüber den Theologischen Fakultäten, die in der Konsequenz des Evangelisationsauftrages sich ergaben, auf die gesamte freie katholische Universität übertragen werden, so kam dies einer integralen katholischen Kultur nahe. Dessen ungeachtet wird wie selbstverständlich die wissenschaftliche Freiheit in Anspruch genommen.[76] Und dies konnte aus der Sicht der

---

[72] Vgl. Preuß. Jahrb. 1, 386ff.; 18, 325ff.; 23, 127 dazu 16, 61: die Hoffnung, daß bei funktionierendem Selfgovernment – in Baden – „die ultramontane Sekte verloren" sein werde.

[73] Vgl. beispielsweise Hist. Pol. Bl. 45, 289; 52, 49; bes. aber 259ff. im Anschreiben des Zentralkomitees an die ausländischen Bischöfe; libertas-effrenata licentia in Gravissimas inter (wie Anm. 77). Oft (z.B. *von Andlaw*, wie Anm. 59) wird ein spezifisch katholischer Freiheitsbegriff apostrophiert.

[74] Vgl. Bischof *Ketteler* (bei *Brandt*, wie Anm. 4, 425): „Die Schaffung einer katholischen Hochschule ist die Krone all' unserer Kämpfe für die Freiheit der Kirche", fast wortgleich „Die katholische Universität", Hist. Pol. Bl. 51 (1863), 325ff., 341, oder mit klarer juristischer Folgerung das „Programm" des Laienkomitees (Sammlung, wie Anm. 43), 8: Freiheit und Katholizität „wird eine Hochschule nur dann in sich vereinigen, wenn sie in allen ihren Beziehungen und Richtungen und in allen ihren Bestandtheilen im innigsten Zusammenhange mit der Kirche steht und somit den höchsten Auctoritäten in derselben ... untergeordnet ist". Vgl. für die hohe Schätzung des jurisdiktionellen Aspekts oben Anm. 27 und 36.

[75] Hist. Polit. Bl. 54, 550.

[76] Vgl. etwa Aufruf zur Gründung einer freien kathol. Universität in Deutschland. An die Katholiken der Erzdiözese Freiburg, 1865, 12: „Aber wenn auch alle Wissenschaft ihrem tieffsten Grunde und ihren letzten Zwecken nach mit der Religion zusammenhängt und dadurch eine theologische Grundlage hat, so steht doch der bei weitem größte Teil der an einer Universität zu lehrenden Wissenschaften zu dem katholischen Dogma nicht in so naher Beziehung, daß hier Collisionen so leicht vorkommen können, es müßte denn sein,

katholischen Laien mit Blick auf die weltlichen Wissenschaften verständlich erscheinen, zumal da das oberste kirchliche Lehramt zwischen Traditionalismus und Rationalismus den Glauben einerseits gegen Invasionen der Vernunft verteidigte, andererseits – neuesten kirchlichen Dokumenten entsprechend – den weltlichen Wissenschaften das Recht zugesagt hatte, sich nach ihren eigenen Prinzipien und ihren eigenen Methoden aufzubauen und alles, was sich durch dieselben nicht bewähren läßt, als ihnen fremdartig von sich auszuschließen[77], so daß theologische Übersteuerungen der außertheologischen Wissenschaften nicht zu befürchten waren. Integralistisch klingende Formulierungen reduzieren sich sachlich auf die unbedingte Anerkennung des Lehramtes in Glaubensfragen und auf eine Hoffnung, die universalistisch-romantisch-universitätsdidaktisches Erbe war, daß Zusammenwirken und Symphonie der „katholischen" Wissenschaften der katholischen Wahrheit jene Durchschlagskraft geben werden, die vereinzelte katholische Wissenschaftler nicht erreichten.[78]

Solche Argumentation hat große Teile der „theologischen Gelehrtenrepublik"[79], die doch das Rückgrat der katholischen Professorenschaft ausmachte, in Distanz zum Universitätsplan getrieben. Dem lauten Treiben der Generalversammlungen entfremdet, setzten Männer wie Ignaz Döllinger und Johann Evangelist Kuhn auf katholische Integration in die bestehenden Universitäten[80] durch beharrliche Paritätsforderung und

---

daß der Lehrer fremdartige Dinge in seinen Lehrvortrag absichtlich hinein zieht", mit weiteren Ausführungen über den hypothetischen Charakter vieler philosophischer und naturwissenschaftlicher Aussagen, die als Hypothesen gelehrt werden können. Schon J. Möller hat in seiner Aachener Rede darauf hingewiesen, daß in Löwen keine Konflikte zwischen Lehrern und Lehramt eingetreten sind und daß keine inquisitorische Aufsicht nötig war: Katholik 1862/II 432ff., bes. 441f.

[77] Vgl. den Überblick der einschlägigen lehramtlichen Aussagen Papst *Pius IX.* bei *J. Schmidlin*, Papstgeschichte der neuesten Zeit II, 1934, 318ff.; der Text resümiert die Exegese *J. E. von Kuhns* von Gravissimas inter (11. 12. 1862, Denzinger-Schönmetzler, [36]1976, nr. 2850ff.) in Auseinandersetzung mit *K. von Schäzler* in TQ 45 (1863), bes. 600ff., ähnlich mit Thomas von Aquin: TQ 44 (1862), 560f. Vgl. ferner Syllabus (8. 12. 1864, Denzinger-Schönmetzler nr. 2903ff.).

[78] Z.B. Bischof *Ketteler* an Erzbischof *Melchers* (1868) bei *Brandt* (wie Anm. 4), 489f.: „die katholische Wissenschaft, lediglich vertreten durch einzelne Professoren, die selbst wieder an (?!) den großen protestantischen Lehrkörpern ganz isoliert stehen, muß in zahllose Schwankungen gerathen und ist immer in Gefahr, mehr oder weniger von solchen Richtungen influenziert zu werden"; vgl. unten Anm. 88.

[79] So die Nachschrift der Redaktion zu den Kontroversen von *Schäzler-Kuhn* in Hist. Polit. Bl. 54 (1864), 359: die praktische Aufgabe der Katholiken werde von den theoretischen Kontroversen nicht berührt, analog ibd. 53 (1864), 21ff., *von Andlaw* (wie Anm. 81), bes. 45f.

[80] Döllinger, Universitäten (wie Anm. 10) 41 u. ö. hat die konfessionelle Mischung an den Universitäten für förderlich angesehen, dagegen u. a. Katholik 1861/II 536ff. „Döllinger über den Kirchenstaat", bes. 547 (Artikel von J. Hergenröther).

Nachwuchsförderung.[81] Sie fanden sich zwischen den Fronten einer den Zeitgeist herausfordernden Kirche – der Syllabus wurde dafür zum Symbol – und den Universitäten, die kirchliches Aufsichtsrecht über die Lehrtätigkeit als mit dem Status des Universitätsprofessors, der Lehrfreiheit und der Wissenschaft unvereinbar anprangerten.[82] Im Fall Jakob Frohschammer trafen Affekte gegen die Neuscholastik und Freiheitsforderung der Wissenschaften ebenso zusammen wie in den Kontroversen von Franz Jakob Clemens und Konstantin von Schäzler gegen Kuhn als „Achilles der freien Wissenschaft"; diese Kontroversen kreisten letztlich um die Lehre vom Übernatürlichen, wurden aber unglücklich unter dem Schlagwort an philosophia sit ancilla theologiae geführt und auf die geplante freie Universität bezogen.[83] Die Münchner Gelehrtenversammlung 1863 unter dem Vorsitz Döllingers und ihr Nachspiel heizten den Gegensatz hie freie deutsche wissenschaftliche Theologie, dort römisch-amtskirchliche Neuscholastik weiter an.[84] Dabei ging es präzis darum, ob die Theologie als Wissenschaft nur der Selbstkorrektur im wissenschaftlichen Diskurs unterliege oder auch lehramtlicher Zensur in Fragen der theologischen Auffassung, die das Dogma nicht berühren[85], ein Problem also, das die Laienpromotoren der katholischen Universität nicht unmittelbar berühren brauchte. Ein Votum von Johann Evangelist Kuhn gegen die freie Universität, das an die Öffentlichkeit kam, sparte zwar den wissenschaftstheoretischen Aspekt und die Aufsicht der Bischöfe aus,

---

[81] Vgl. Brief *Döllingers* zur Paritätsfrage: *Schrörs* (wie Anm. 44), 88, dazu *Conzemius*, Aulike (wie Anm. 65), *J. E. von Kuhn*, Soll man die Errichtung einer ‚katholischen' Universität anstreben?, inseriert in *H. B. Frhr. von Andlaw*, Offenes Sendschreiben an Herrn Dr. Joh. von Kuhn ... über die Frage der freien katholischen Universität, 1863, bequem in *H. Fries* (Hg.), Johannes von Kuhn, 1973, 332ff., bes. 336, 342f.

[82] Vgl. *I. Döllinger*, Die Speyrer Seminarfrage und der Syllabus, in: *F. H. Reusch* (Hg.), Kleine Schriften, 1890, mit ähnlichen Affekten gegen bischöfliche Aufsicht *Kuhn:* vgl. *May*, Tübingen (wie Anm. 6) 303f. u. ö. (Register). Für die Theologen sei ein für allemal verwiesen auf *H. Fries, G. Schwaiger* (Hg.), Katholische Theologen Deutschlands im 19. Jahrhundert, 3 Bde., 1975.

[83] So jedenfalls das Urteil von *J. Kleutgen*, vgl. *K. Deufel*, Kirche und Tradition. Ein Beitrag zur Geschichte der theologischen Wende im 19. Jahrhundert am Beispiel des kirchlich-theologischen Kampfprogramms P. Joseph Kleutgens, 1976, 269 nr. 26 von 1865, *von Andlaw* (wie Anm. 81), 45f., vgl. *May*, Tübingen (wie Anm. 6), 545ff., *Brandt* (wie Anm. 4), 320ff., jüngste Übersicht bei *Weiß* (wie Anm. 39), 909ff. mit Angabe der Kontroversschriften.

[84] Vgl. Verhandlungen (wie Anm. 63), dazu *Chr. Moufang:* Katholik 1864/II 95ff., 196ff. mit dem Text der Erklärung gegen Döllingers Rede in dem Sonderdruck, vgl. *Brandt* (wie Anm. 4), 300ff.

[85] Daß *I. Döllinger* weit über diesen Fragepunkt hinausgriff mit der Inanspruchnahme einer charismatisch-prophetischen Dimension für die Wissenschaft, zeigt etwa *M. Seckler*, Kirchliches Lehramt und theologische Wissenschaft ... In: *W. Kern* (Hg.), Die Theologie und das Lehramt, 1982, 17ff., bes. 45ff.

bestritt aber die Legitimität der Planungen, weil es nämlich auf der Gegenseite keine konfessionell protestantische Wissenschaft gebe[86].

Der Furcht der Universitätstheologen, die Fakultäten könnten durch die freie Universität mit seminarähnlichem Regiment ausgetrocknet werden[87], standen umgekehrt Verdächtigungen gegenüber, die Theologen unterlägen der „Influenza“ der Universitäten und neigten „zur Amalgamierung mit dem Protestantismus“[88]. Der Gegensatz theologische Universitätswissenschaft – Verbandskatholizismus war auf den Markt getragen; er stempelte die geplante Universität als neuscholastisches Parteiunternehmen ab, das andererseits auch mit eifersüchtiger Bedachtsamkeit der Bischöfe auf ihre theologischen Ausbildungsstätten zu rechnen hatte.[89]

In Wirklichkeit aber war die Arbeit für die freie Universität unterhalb, wenn auch nicht außerhalb dieser wissenschaftstheoretischen Probleme

---

86 Vgl. *Kuhn* (wie Anm. 81), bes. 337f. Die Parität verlangte gegenüber einer katholischen Universität, „daß die protestantischen Lehrer auf ihre symbolischen Bücher“ verpflichtet würden, was unausführbar war: „Die Protestanten nehmen für sich die Lehrfreiheit mindestens in allen Fakultäten außer der Theologischen entschieden in Anspruch, und wir Katholiken haben kein Recht, ihnen diesen Anspruch abzusprechen oder zu verkümmern“. Daneben bejaht *Kuhn* prinzipiell die katholische Universität, wenn sie nur nicht die „Ergänzungstheorie“ zugrundelegt: TQ 45 (1863), bes. 617, 660ff., auch TQ 46 (1864), 602. – Vgl. *Th. Mommsen* bei *May*, Breslau (wie Anm. 6), II 229: „Wir wollen Ihnen mit Vergnügen eine katholische Universität stiften helfen, wenn uns nur erst die Existenz einer antikatholischen nachgewiesen wird“. – Skeptisch zur université libre *Matthias Aulike: Conzemius* (wie Anm. 65), 99.

87 So kennt beispielsweise *Kuhn* (bei *Fries*, wie Anm. 81, 340ff.) die Reduktion des Plans auf eine Rechtsfakultät, die er „außerhalb eines Universitätsverbandes in völliger Isolierung“ sich nicht florierend vorstellen kann, verweist aber auf die florierenden Theologischen Fakultäten an den deutschen Universitäten, wo „Aspiranten des geistlichen Standes eine ebenso echt katholisch-kirchliche als gründlich wissenschaftliche Bildung“ empfangen. „Welche Unzuträglichkeiten und tiefe Mißstände würden geschaffen werden, erhöbe sich inmitten dieser Universitäten eine rein katholische Universität, die der Natur der Sache nach ihren eigentlichen Schwerpunkt in der theologischen Fakultät haben müßte?“ Dazu Antwort Württembergs auf preußische Anfrage zu den Universitätsplänen, 1863: man habe „im Allgemeinen eine sehr gemäßigte, ja zum Theil sogar freisinnige Richtung“ in Ordinariat und Fakultät; die ruhmreiche Fakultät „an der durchaus einen paritätischen Charakter an sich tragenden vaterländischen Universität, ... deren ferneres Gedeihen aber durch die mehrerwähnte Anstalt möglicherweise gefährdet werden könnte“: *May*, Tübingen (wie Anm. 6) 543ff., Zitat 545. Die Beratungen der Regierungen im Bund zur Universitätsfrage müssen noch erforscht werden!

88 Nachweise *Dickerhof*, Bildungsmonopol (wie Anm. 4), 207, dazu *Buchheim* (wie Anm. 32), 150.

89 Vgl. schon oben Anm. 62, bes. Bischof Passau in Sammlung (wie Anm. 43), 51: „daß es vor Allem gegenwärtig die wichtigste Aufgabe ist, die kirchlichen Diözesan-Lehranstalten wissenschaftlich so viel als möglich zu heben ...“ Insoweit ist apologetisch der Freiburger „Aufruf“ (wie Anm. 76), 12: „Die Staats-Universitäten und, was die katholische Theologie betrifft, die bischöflichen Seminarien werden nach wie vor bestehen, wenn auch eine freie katholische Universität ins Leben tritt“. Parallele Bedenken der französischen Bischöfe bei *R. Aigrain*, Les universités catholiques, 1935, 31f. u.ö.

angesiedelt. Das Laienkomitee ließ sich sehr stark von bildungssoziologischen Überlegungen leiten, die – wie die Historisch-Politischen Blätter ausführten – das Universitätsprojekt allem „Hader der theologischen Gelehrten-Republik sehr ferne" rückten.[90] Für die Praktiker, die an Vorberatungen über die Förderung der katholischen Presse und katholischer Wissenschaftler anknüpften, die von der Paritätsdenkschrift motiviert waren[91], ging es bei den scharfen Forderungen nach katholischer Wissenschaft pragmatisch um die Förderung katholischer Wissenschaftler, die wegen der „monopolisierenden Cliquenwirtschaft" an den Staatsuniversitäten nicht zum Zuge kamen: „Wenn diese neue Universität bestehen wird mit ihren 60–80 Professoren, meinen Sie nicht, meine Herren, das wäre ein schöner Zuwachs zu der leider so geringen Zahl katholischer Docenten, die dermalen an unseren deutschen Universitäten wirken – zu jenen 55 Katholiken, welche an den sechs preußischen Hochschulen neben 446 protestantischen Collegen stehen. Wie werden junge Talente angeeifert ...", begeisterte sich Regens Moufang für die freie Universität in großen Proportionen.[92] Als magere Spendenerträge für den Anfang einen Verzicht auf eine Volluniversität nahelegten, wurden Buß und Phillips nicht müde, Jurisprudenz und Staatswissenschaft – Medizin schied wegen der Kosten aus – neben einer Philosophischen Fakultät als vordringlich zu fordern. Gegen eine verbreitete Erwartung, die „durch und durch katholische Universität" brauche zuallererst eine Theologische Fakultät, führten sie – mit Hinweis auf die Vielzahl bestehender Einrichtungen – aus, „es würde ... dem Charakter unsrer Universität zu nahe getreten werden, wenn sie gleich bei ihrem Beginne als eine theologische Lehranstalt sich hinstellte". Sie gewannen die Bischöfe für die Festlegung, die freie katholische Universität müsse „zunächst und zumeist eine Hochschule für solche Jünglinge" sein, „welche sich einem weltlichen Berufe widmen"[93]. – Wie die Laienbewegung der Kirche im Ganzen befriedigende Kompetenzen für die Klerusausbildung erstritten hatte, so wollten nun umgekehrt die Bischöfe das katholische Bildungsdefizit abbauen helfen, weil die Kirche nicht ohne gebildete Laien in Staat und Gesellschaft wirken kann.

---

90 Vgl. schon oben Anm. 79.

91 Dazu *Brandt* (wie Anm. 4), 215ff., freilich mit verkehrter Frontstellung, noch *Buchheim* (wie Anm. 32), 131ff.

92 „Verhandlungen" 1864, 162, vgl. den „Vorbericht" des Universitätskomitees in Sammlung (wie Anm. 43) 3f.: das katholische Deutschland wird genügend geistige Kräfte für die Universität haben. „Sie bedürfen nur der Sammlung und Ermunterung. Eben die Gründung dieser Universität aber wird ihr natürlicher Sammelpunkt sein". Zum folgenden vgl. meinen Artikel „Bildung" (wie Anm. 4).

93 Zitatnachweise *Dickerhof,* Bildung, 271.

Die konkreten Planungen für die freie Universität im Zeichen raschen politischen Wandels – deutscher Bruderkrieg, deutsch-französischer Krieg, Reichsgründung – und kirchenpolitischer Problematik stellen für die damalige Zeit ein Universitäts-Reformprogramm dar, wie denn schon der Gedanke an eine juristisch-philosophische Teiluniversität in Deutschland ein Novum war. Wiedergewinnung einer erziehlichen Komponente gegen das protestantische Prinzip der Selbstüberlassenheit, Wiedergewinnung einer philosophisch-enzyklopädischen Bildung aus einem Guß sind zwei zentrale Aspekte. Wenn darüber hinaus die gewünschte katholische Zentraluniversität zugleich eine katholische Akademie der Wissenschaften sein und mit wissenschaftlichen und populären Publikationen in die Breite wirken sollte[94], dann war auch das Verhältnis von Universität und Öffentlichkeit neuartig konzipiert und eine große kulturpolitische Perspektive eröffnet: denn die katholische Universität wollte kein Ghetto sein, sondern „Waffengleichheit" herstellen im Interesse der katholischen Mitgestaltung in Bildungswesen und Staat.

Die Standortsuche der Bischöfe hat letztlich auf Preußen als einzigen Staat, der eine katholische freie Universität dulden würde, verwiesen, so daß Fuldas langjährige Bewerbungen endlich doch vor Münster, Salzburg und Luxemburg akzeptiert wurden. Weil aber öffentliche Anerkennung und damit Anrechnung der Studien verweigert wurde, hoben letzte Pläne allein auf eine weitgefaßte, juristisch-staatswissenschaftliche Studien vorbereitende Philosophische Fakultät ab, die eine Elite, die eine Verlängerung der Studienzeit nicht scheute, heranbilden und näherhin die Grenzgebiete etwa der Naturwissenschaften zur Theologie bearbeiten sollte. In der bildungssoziologischen wie in der wissenschaftlichen Absicht war also Kirchenrelevanz im engen Sinn von wissenschaftlicher Hilfsarbeit nicht angelegt, vielmehr auf einen allgemeinen Kulturauftrag abgestellt. Nach moderner kirchenrechtlicher Terminologie liefen die Planungen auf eine katholische Universität hin, die dem Kulturauftrag der Kirche dient, nicht auf eine im Evangelisierungsauftrag radizierte kirchliche Universität. Der Kulturkampf freilich ließ die Academia Bonifaciana – so hatten die Bischöfe gegen den Vorschlag der Laien, Academia Piana, entschieden – nicht zur Bewährung und Anerkennung durch Leistung kommen. – Ein Surrogat wurde gemäß älteren Plänen die 1876 gegründete Görresgesellschaft als „Universität in der Zerstreuung", die auf den Weg der Integration in die Staatsuniversitäten setzte.[95] Während in der ganzen Welt katholische Uni-

[94] Vgl. das Maximalprogramm schon Buß, Reform (wie Anm. 12) 509ff., vgl. für die Vorschläge für die zwei Anliegen der Universitätsbewegung, „1. das Interesse der Regeneration deutscher Wissenschaft im katholischen Sinne und 2. das Interesse der Reform des höheren Unterrichts" von seiten des rheinischen Edelmanns: Hist. Pol. Bl. 54, 540ff.

[95] Dazu zuletzt *Becker* (wie Anm. 35), 261ff.

versitäten entstanden, die sich etwa in Frankreich auch ohne staatliche Anerkennung hielten[96], haben sich im deutschen Kulturbereich lange auf Salzburg konzentrierte Hoffnungen unverhofft jüngst in Eichstätt auf Grund des Zusammentreffens von Hochschulgründungseuphorie und konkordatärer Verpflichtungen des Staats für eine kirchliche Lehrerbildung realisiert.

Summiert man diese historischen Abläufe im Blick auf die Fragestellung „katholische Universität und pluralistische Gesellschaft", so fällt dem Historiker zuallererst ins Auge, wie sehr die Hochzeit der katholischen Universitätsbewegung nach 1862 durch die Defizite eines halben Jahrhunderts konditioniert war. Ausschlaggebend für diese Defizite war, daß der de jure paritätische Staat in Wahrheit damals noch nicht pluralistisch sein wollte, wie denn auch das Konzept erst in unserem Jahrhundert auf den Begriff gebracht wurde und in der deutschen Tradition wenig Anklang fand. Wichtig für die Unterrepräsentation des Katholizismus im akademischen Leben war aber auch eine Verkirchlichung, die Teile der bürgerlichen Intelligenz ausgrenzte. Die Sicherstellung der Klerusausbildung im kirchlichen Geist und damit der Theologischen Fakultäten, Lyzeen und Seminare machte Fortschritte, während für die Laienintelligenz wenig geschah, obwohl dem Klerus vor allem auf Grund des Zölibats eine den evangelischen Theologen entsprechende Dauerwirkung in der bildungsbürgerlichen Schicht nicht möglich war[97], der Katholizismus also für seine gesellschaftliche Wirkung ganz besonders auf die Laien angewiesen ist. So wurde der Katholizismus eine rechtliche und politische Macht, – ohne Einfluß in der guten Gesellschaft. Konsequent hat die katholische Universitätsbewegung durch politischen Druck und mit Rechtsmitteln auf die Universität einzuwirken gesucht. Von außen hat sie – in der Terminologie Kurt Sontheimers – mit kollektivistisch-sozialen Methoden auf die Universität als Modell individualistisch-liberaler Pluralität gedrückt und naturgemäß Abwehrkräfte mobilisiert, die sich fortschreitend politisch und weltanschaulich aufheizten.

Nach 1862 suchte der organisierte Katholizismus seine ökonomischen, politischen und rechtlichen Möglichkeiten für den Neubau einer freien katholischen Universität zu mobilisieren. Bemerkenswert war dabei die

---

[96] Vgl. *Aigrain* (wie Anm. 89). Freiburg i. Ü. hat als Kantonaluniversität einen Sonderstatus in der Bewegung. Weitere Hinweise für die Fortentwicklung der katholischen Universitätspläne vgl. *Dickerhof* (wie Anm. 4), Bildungsmonopol, 213 Anm. 93; Idee 31, Anm. 2, *Ch. McClelland*, State, society, and university in Germany 1700–1914, 1980, 295 mit Hinweis auf Akten in Anm. 9 (S. 355).

[97] Dies schließt eine intensivere Breitenwirkung des katholischen Klerus natürlich nicht aus, wie sie für Bayern etwa plausibel ist; vgl. *W. K. Blessing*, Staat und Kirche in der Gesellschaft. Institutionelle Autorität und mentaler Wandel in Bayern während des 19. Jahrhunderts, 1982.

bildungssoziologisch und wissenschaftspolitisch motivierte Abzweckung auf die Laienintelligenz, bemerkenswert aber auch die verbale Übertragung des anstaltlichen Kirchenbegriffs auf die „durch und durch katholischen“ Wissenschaften, die zum Exodus der deutschen wissenschaftlichen Theologen beitrug. Zu der intendierten wissenschaftlichen und gesamtgesellschaftlichen Wirkung wurde die freie Universität im Kulturkampf nicht zugelassen. Was sie durch einen Neubau außerhalb der Staatsuniversitäten versuchte, hat die Görresgesellschaft durch Integration in die Staatsuniversitäten letztlich erreicht.

Sucht man diese Überlegungen auf eine katholische Universität heute zu übertragen – und damit komme ich endlich zum Schluß – so könnte man thesenhaft formulieren[98]: 1) Vom Pluralismus ermöglicht, muß eine katholische Universität markante eigene katholische Züge tragen, ohne aber aus dem Kommunikationszusammenhang aller Universitäten auszuscheren: es darf kein katholisches Ghetto wiederaufgebaut werden, diesmal durch die Kirche. Damit hängt zusammen: 2) um gesamtgesellschaftlich zu wirken, darf die katholische Universität die katholische Intelligenz nicht polarisieren, sondern muß integrierend wirken. 3) In historischer Perspektive ist eine katholische Universität vor allem auf Laien berechnet; sie ist auf die sog. weltlichen Wissenschaften ohne Ansehung einer problematischen weltanschaulichen Relevanz auszurichten. 4) In ihr müssen individualistische, liberale Verfahrensweisen vor regimental-formalen Leitungsstrukturen rangieren, die in Distanz zum akademischen Leben ausgebildet wurden. 5) Eichstätt, wie es heute dasteht, entspricht ungeachtet seiner Rechtsform in Hinsicht auf Genese, Finanzierung und Verfassung eher den katholischen Staatsuniversitäten als der freien katholischen Universität des 19. Jahrhunderts.

---

[98] Die Thesen wurden unverändert wie auf der Tagung reproduziert, weil sie eben in dieser Form auch in die Diskussion eingegangen sind.

Hermann Boventer

KONZEPTION UND ARBEIT DER KATHOLISCHEN AKADEMIEN IN DER BUNDESREPUBLIK DEUTSCHLAND

Mit 27 Jahren, als er noch ein junger Kaplan in Freiburg war, rief der Generalvikar ihn zu sich und teilte ihm mit: „Sie übernehmen die Katholische Akademie." Der junge Kaplan fragte etwas verdutzt zurück, was denn das sei, eine Katholische Akademie. Der Generalvikar antwortete daraufhin knapp und bündig: „Das ist die Begegnung zwischen Kirche und Welt."

Der junge Kaplan von Freiburg ist heute Bischof Klaus Hemmerle von Aachen. Er wurde 1956 der erste Direktor der Freiburger Katholischen Akademie und erzählte diese kleine Begebenheit, als er vor einigen Jahren nach Freiburg an die Stätte seines damaligen Wirkens zurückkehrte, um einen Festvortrag zur 25-Jahrfeier der Akademie zu halten. Hemmerle hatte sich das Wort seines Generalvikars gemerkt und meinte dazu, die ersten Antworten seien oft die besten. In seiner Rede griff er darauf zurück und fragte, was von diesem Auftrag geblieben sei und wie sich heute die Akademiearbeit auf dem Hintergrund solcher Konzeption darstellt.

Das mir gestellte Thema orientiert sich an derselben Fragestellung: Konzeption und Arbeit der Katholischen Akademien in der Bundesrepublik Deutschland. Ich gehe mit dem Bischof eins in der Auffassung, daß es nicht an Zeichen eines neuen Aufbruchs des Geistes in unserer Gegenwart fehlt und daß die Akademiearbeit nach 25 und 30 Jahren bewährten Wirkens sich dieser modernen Geistigkeit zu stellen hat, ihre besondere Universalität an jener Nahtstelle sichtbar zu machen, wo „die Weltgestalt des Glaubens und die Glaubensgestalt der Welt" sich durchdringen, wie der Bischof ausführte. Übrigens war bei der 25-Jahrfeier auch Karl Rahner anwesend unter den Rednern im Festprogramm neben Klaus Hemmerle, Bernhard Welte und Heinrich Fries, die alle nach einem Vierteljahrhundert in die Freiburger Akademie „zurückkehrten". Rahners erster Vortrag vor 25 Jahren in der neugegründeten Akademie hatte bezeichnenderweise dem Thema gegolten: „Freiheit in der Kirche, das freie Wort in der Kirche." Ebenso bezeichnend war Bernhard Weltes Themenwahl jetzt 25 Jahre danach für seinen Festvortrag: „Wer an Gott glaubt, muß an alles glauben – Was bedeutet dies in einer zerrissenen Welt?" Auch Welte hatte wie Karl Rahner bereits im Jahre 1956 vor der Akademie über die Freiheit des Geistes und des Christentums referiert.

Akademiearbeit in einer zerrissenen Welt, in der sich die Universalität des christlichen Glaubens zu behaupten sucht, in der wir, wie Welte es formulierte, nicht Fachleute, sondern „Liebhaber" der Schöpfung und des Geistes sind – das führt uns mitten ins Thema hinein, dem ich mich nun systematisch zuwenden möchte, einmal in einer kurzen Rückblende auf einige „Geburtsurkunden" evangelischer und katholischer Akademiearbeit nach 1945 im damaligen Nachkriegsdeutschland, sodann in einer Reihe von Anmerkungen zur Konzeption solcher Arbeit in der Gegenwart.

I. Eine Denkschrift vom Jahre 1942

Die Überzeugung von der politischen Verantwortung der Christen hat an der Wiege des Akademiegedankens gestanden. Die Entfremdung des Geistes von den politischen Realitäten und Pflichten war der Weimarer Republik zum Verhängnis geworden. Sie hatte auch viele Christen in ihren Strudel gerissen und sie in ihrem Widerstand gegen die nationalsozialistische Gewaltherrschaft geschwächt. Ihr folgte in den Jahren nach 1945 zum ersten Mal in Deutschland, genauer in seinem westlichen Teil nunmehr eine das ganze Volk umfassende Anerkennung der freiheitlichen Demokratie. Anstelle permanenter Demokratiekritik und eines vor allem von den Intellektuellen gepflegten Kulturpessimismus trat ein starker Aufbauwille zugunsten politischer Vernunft in den Vordergrund. Die Skepsis richtete sich jetzt gegen alles Ideologische und Totalitäre, gegen die Versuchungen des utopistischen Denkens und auch gegen die selbstzerstörerische Toleranz der Demokratie ihren Feinden gegenüber. Die Weimarer Republik war nicht zuletzt am geistigen Wertrelativismus zerbrochen.

Es ist unerläßlich, sich dieses Kapitel deutscher Nachkriegs- und Zeitgeschichte vor Augen zu führen, wenn man den Ursprung und die geistigen Entwicklungslinien des Akademiegedankens in den ersten Gründerjahren nachzeichnen will. Zwischen 1945 und 1950 fielen die wichtigsten Entscheidungen, von denen wir heute noch zehren und worauf unser Gemeinwesen in wesentlichen Stücken gegründet ist. Das war nicht einfach eine Stunde Null, sondern die apokalyptischen Erfahrungen eines Leidensweges hatten Läuterung gebracht und eine Umkehr bewirkt in ein schöpferisches Verständnis der menschlichen Freiheit und Würde, der politischen Institutionen und moralischen Werte der Demokratie hinein.

Die „Geburtsurkunde" der Evangelischen Akademien stammt vom Jahre 1942. Helmut Gehrig, der verstorbene Akademiedirektor von Freiburg, hat diesen Ausdruck in einem Brief an Helmut Thielicke vom 28. Juli 1971 geprägt. Thielicke, der damals Privatdozent in Tübingen war, überreichte 1942 dem evangelischen Oberkirchenrat eine Denkschrift zur Planung einer Evangelischen Akademie. Sie war die allererste Konzeption dessen, was dann mit Hilfe des Organisationstalents von Eberhard Müller in Bad Boll unmittelbar nach dem Krieg geschaffen wurde und von da aus weiter ausstrahlte. Beim Durchblättern dieser kurzgefaßten Denkschrift stößt man ganz vorn, wo das Ziel einer Evangelischen Akademie fixiert wird, auf die Stichworte: 1) Communio sanctorum. 2) Theologische Schulung und theologische Durchdringung der Lebensgebiete, wie sie sich vor allem vom Beruf her ergeben. 3) Schaffung von geistlichen Querverbindungen in den einzelnen Berufen. 4) Überwindung des Säkularismus in der Sinnbegründung der Berufe. 5) Praktisch-kirchliche Ausbildung für bestimmte Laienämter im Namen des Allgemeinen Priestertums. 6) Schaffung von „christlichen Ausstrahlungszentren". Sodann folgt unter der Rubrik der Mittel: 1) Ein Haus, möglichst mit Grundstück. 2) Auswertung des Lebensstils, wie ihn das „Lager" nach seinen guten Seiten entwickelt hat. 3) Einberufung aller wichtigen Berufe, ganz besonders aber führender Vertreter.

Zu den festen, immer wiederkehrenden Lehrstoffen der einzelnen Kurse von wenigstens acht Tagen zählte Thielicke an erster Stelle die Bibelarbeit „und der eine oder andere dogmatische bzw. ethische locus". Entscheidend wichtig sei die Lebensgemeinschaft mit den Lehrern, und deren bloß sporadisches Auftauchen zu Referaten sei zu vermeiden. Abschließend verweist Thielicke nochmals darauf, wie die nationalsozialistische Technik des Lager-Haltens gelehrt hat, daß die intensive Verbindung von Lehre und Leben eine formende Kraft besitzt. Thielicke, der damit auch auf Erfahrungen der Jugendbewegung zurückgriff, richtete abschließend seinen Blick auf eine ganz praktische Erziehung zu einem Gemeindeamt, „weil wir von der Pastoren-Kirche loskommen müssen".

Eberhard Müller, der während des Krieges in Tübingen als Studentenseelsorger arbeitete und mit Thielicke befreundet war, hat die Ideen dann sofort nach Kriegsende auf die Beine gestellt. Als Generalsekretär der christlichen Studentenbewegung und der „Deutschen Evangelischen Woche" konnte Müller in den Sommermonaten 1945 wichtige Verbindungen wiederherstellen und eine erste Akademietagung im Kurhaus von Bad Boll vorbereiten. Im Kriege hatte Müller als Feldgeistlicher in den freien, methodisch geführten Gruppengesprächen eine Form der Kommunikation geübt, mit der Menschen zu einem Nachdenken über die letzten Fragen ihres Lebens gebracht werden können, vor allem auch solche Menschen, die durch Predigten und geistliche Vorträge nicht zu erreichen waren. In einer ersten Programmschrift hat Eberhard Müller nach dem Kriege seine auf solchen Erfahrungen gründenden Vorstellungen niedergeschrieben, und dort heißt es auszugsweise und schon sehr programmatisch für die zukünftige Akademiearbeit: „Die Evangelische Akademie will mit den Menschen der Gegenwart über die Fragen und Zweifel reden, die sie beim Hören der christlichen Botschaft bewegen. Es genügt nicht, daß die Kirche nur predigt. Sie muß ein Gespräch führen. Sie muß in Rede und Gegenrede, ohne auszuweichen, dem Zweifel des modernen Menschen standhalten und mitten in ihn hinein die Autorität des göttlichen Wortes bezeugen. Die Kirche wird damit von selbst auf die platonische Methode der ‚Akademie' geführt, in der im gemeinsamen Ringen um die Wahrheit der rechte Weg der Erkenntnis gesucht wird . . ." Das Geistliche und das Weltliche sollten eine neue Verbindung eingehen. Wörtlich heißt es dann weiter in diesem Prospekt der Akademie Bad Boll vom Jahre 1946: „Denn nicht nur der Sonntag bedarf der religiösen Begründung, sondern auch der Alltag; nicht nur die private Sphäre der persönlichen Lebensführung, sondern auch das berufliche Handeln; nicht nur die Familie, sondern auch der Staat."

Dies war, evangelischerseits, so etwas wie eine kleine Magna Charta der Akademiearbeit, und der Protestantismus vor allem auch schwäbisch-pietistischer Herkunft bedurfte der bitteren Erfahrung der Spaltung und inneren Zerrissenheit in der nationalsozialistischen Zeit, um sich zu einer neuartigen Weltzugewandtheit durchzuringen, die dem Katholizismus auf seine Weise und nicht zuletzt unter dem Druck des Kulturkampfes bereits im 19. Jahrhundert aufgetragen worden war. Allerdings fehlte dem Katholizismus, darin vom protestantischen Geist unterschieden, weithin die kulturelle Repräsentanz in der Gesellschaft. Jetzt nach 1945 konvergierten die Entwicklungslinien der beiden Kirchen ganz deutlich; der Akademiegedanke zeigte es, und so kündigte sich in ihm von Anfang an die Ökumene an, das Zusammenrücken der Christen in der gemeinsamen Führungsaufgabe für die tragenden gesellschaftlichen Berufe und Schichten. Die Evangelische Kirche hat den Akademiegedanken zuerst aufgegriffen, obwohl er nach 1945 dem katholischen Denken auch nicht mehr ferngelegen hat und es mannigfache Vorprägungen vor allem im Katholizismus der zwanziger Jahre bereits gegeben hat.

Anders als im Katholizismus ist das protestantische System bis heute nicht so stark institutionalisiert und ist die autoritative Definition von Wahrheiten nicht so umfassend. Das Wort und die freie Kommunikation sind viel stärker dem einzelnen überantwortet. Das konfessionelle System mit seinen lebensweltlichen Ausprägungen ist offener und experimentierfreudiger, aber zugleich auch stärker den Zeitströmungen ausgesetzt. „Die Protestanten sind die Trendmacher" (Gerhard Schmidtchen). Sicherlich haben sie für die Akademiegründungen nach 1945 den Trend gesetzt; das sei dankbar vermerkt. Bis heute zeigt sich auch auf protestantischer Seite ein ausgeprägteres Selbstbewußtsein in der Akademiearbeit, und bis heute ist es dort auch durchgehend gelungen, die religiöse und weltliche Stilisierung im Akademiekonzept immer wieder eindrucksvoll zu demonstrieren, wobei sich die Akademien gerade auch für den kirchenfernen Protestantismus als starke Klammer erwiesen haben.

II. Katholizismus mit der Zeitkultur versöhnt

Die ersten Gespräche zur Errichtung einer Katholischen Akademie in Stuttgart-Hohenheim begannen bereits im Jahre 1947. Domdekan Alfred Weitmann führte sie, und 1950 erfolgte die förmliche Gründung dieser ersten Katholischen Akademie. Nach Beendigung der Umbaumaßnahmen im Hohenheimer Christkönigsheim konnte Alfons Auer zum ersten Akademiedirektor berufen werden. „Eines der wesentlichen Ziele", so berichtete Weitmann rückblickend auf einer Kuratoriumssitzung der Hohenheimer Akademie am 14. 3. 1981, „war der Dialog mit den verschiedenen Disziplinen von Technik, Wirtschaft und Naturwissenschaft. Es wurde bald wahrgenommen, daß in der Akademie Zeitfragen mit den entsprechenden Experten besprochen werden konnten und damit für die Kirche ein Gedankenaustausch und eine Wegweisung erfolgte, die aus eigenen Kräften heraus nicht zu gewinnen war. Darüber hinaus konnte man die ganzen Bemühungen um den Wiederaufbau von Staat und Kirche durch die Akademie viel umsichtiger begleiten und fördern".

Weitmann räumt der Akademie in ihren Anfangsjahren einen großen Kredit ein, der Kirche von Rottenburg geholfen zu haben, „in schwerer Zeit" ihrem Auftrag gerecht zu werden. Die Neuorientierung sei damals zu wenig im Sinne einer wirklichen Umkehr, eines „Metanoia" geschehen und habe den Kräften der Restauration zuviel Raum gelassen. Schließlich habe sich die Akademie als ein Werkzeug erwiesen, neu aufkommende Fragen überhaupt zu studieren, ehe sie in der Wirklichkeit akut geworden sind, „der Kirche die Nase zu geben, daß man den anderen etwas voraus ist und spürt, worauf es hinausgeht und rechtzeitig die Geleise einrichten kann, daß sie nicht hinter nachhängt".

Als Seismographen hat man die Akademien bezeichnet, den Erschütterungen der Zeit nachzuspüren, Stätten des Vorausdenkens zu sein, aber auch das Gegensteuern gehört dazu, „der Kirche die Nase zu geben", wie Weitmann hier sehr schön sagt. So kann er auch darauf hinweisen, daß längst vor dem Konzil die Fragen des Ökumenismus in der Akademie aufgegriffen wurden. Im Kranz der 22 Institutionen, die heute dem Leiterkreis der Katholischen Akademien angehören, gilt die Hohenheimer Akademie als die älteste. In einer Dokumentation dieses Leiterkreises vom Jahre 1976 wird allerdings das Christliche Bildungswerk „Die Hegge" im westfälischen Kreis Höxter mit dem Gründungsjahr 1945 angegeben.

Theoderich Kampmann, der zuerst in Paderborn und dann ab 1956 an der Universität München als Religionspädagoge und Kerygmatiker tätig war, gründete zusammen mit einigen Frauen von der Hegge-Gemeinschaft dieses Bildungswerk, das sich in den ersten Jahren fast ausschließlich der religionspädagogischen Ausbildung von Volksschullehrern zuwandte. Die Initiative einer kleinen religiösen Kommunität hat dieses Werk ermöglicht und über die Jahre getragen, das „amtlich" keine Bistumsakademie ist, aber viele qualifizierte Tagungen im Programm vorweisen kann.

Gewisse Vorreiterdienste sind in der Gründungsphase der süddeutschen Akademien jenen Hochschulkreisen zuzusprechen, die nach dem Krieg aus den Beuroner Hochschulwochen entstanden sind und diese getragen haben, in München um den Dogmatiker Professor Schmaus, in Tübingen um Professor Steinbüchel, in Freiburg um die Professoren Büchner, Max Müller, Bernhard Welte. In München ist es zur Bildung eines Münchner Hochschulkreises gekommen und hat die Akademie sich dieser Arbeit angenommen. Das Gespräch zwischen Hochschulprofessoren und Studenten stand im Vordergrund. Nicht zu unterschätzen für die Entfaltung des katholischen Akademiekonzepts sind auch die Salzburger Hochschulwochen, deren Tradition bis heute mit großem Erfolg anhält und die das erste Mal im Sommer 1931 stattgefunden haben. Die Katholischen Akademien sind zwar typische Nachkriegsgründungen, denen jedoch solche Modelle wie die Hochschulwochen vorangegangen sind. Die Quickborn-Werkwochen auf der unterfränkischen Burg Rothenfels in den Jahren nach dem Ersten Weltkrieg lagen auch bereits auf dieser Linie. Die 1903 gegründete Zeitschrift „Hochland" ist zu erwähnen. Sie hat die katholischen Intellektuellen sehr früh um sich versammelt und den Katholizismus für die Zeitkultur aufzuschließen gesucht.

Gehen wir noch weiter zurück, dann hat der 1890 gegründete „Volksverein für das katholische Deutschland" in ganz neuartiger und unkonventioneller Weise die Bildungsaufgabe der Kirche interpretiert. Die eigentliche Zielsetzung lag in der Förderung der christlichen Ordnung in der Gesellschaft. Die Positionen der Apologetik wurden mehr und mehr verlassen. Der Charakter der Abwehrorganisation gegen Irrtümer und Umsturzbestrebungen, den die Anhänger des „Integralismus" beizubehalten suchten, wurde zugunsten einer starken Öffnung auf Zeitfragen hin aufgegeben. Der Mitgliederstand erreichte die Zahl von 800000. Über seine Kurse in Mönchengladbach und seine Veröffentlichungspraxis erreichte der Volksverein auch schon die Führungsschichten in der katholischen Kirche vor dem Ersten Weltkrieg.

Es gab also schon Modelle, das Glaubensverständnis mit der Weltzugewandtheit zu verknüpfen. Die Geschichte des politischen Katholizismus, der katholischen Arbeitervereine und der Christlichen Gewerkschaften ist teilweise damit identisch. Die evangelische Seite hatte es leichter mit ihren Strukturen und folglich auch mit ihren Akademiegründungen nach dem Krieg. Charakteristische Beispiele, wie stark auch die regionalen Gegebenheiten einzelner Bistümer schon die Fundamente für die Akademiegründungen vorgeprägt hatten, liefern die Katholischen Akademien von Aachen, Bensberg, Münster und Würzburg. Diese vier können in einen Wettstreit darüber eintreten, welche Gründung neben der Hohenheimer als die zweitälteste gelten kann.

Die Thomas-Morus-Akademie Bensberg, deren Haus im Jahre 1980 von einem Großbrand zerstört und deren Programm seither reduziert worden ist, gibt ein Beispiel dafür, wie das Akademiekonzept schrittweise aus vorgegebenen Strukturen hervorgegangen ist. Diese Akademie ist aus einem Bildungsheim entstanden, das 1948 von der Laienvertretung des Kölner Diözesankomitees im Gebäude des Priesterseminars in Bensberg eröffnet wurde. „Erkannt wurde gleich", schrieb der Düsseldorfer Rechtsanwalt Anton Roesen als damaliger Vorsitzender des Diözesankomitees, „daß man nicht in Breite und Tiefe Bildung betreiben kann, wenn man nicht beginnt mit der Bildung der bildenden Kräfte". Tagungen mit 32 Kommunalpolitikern westdeutscher Großstädte, Tagungen mit 24 Bürgermeistern aus Landgemeinden, Tagungen mit Schul- und Kulturpolitikern finden sich unter anderem im Jahresbericht 1950. Roesen und der einflußreiche „politische" Prälat Böhler, der in der nahegelegenen Bundeshauptstadt die Fäden zu den Regierungsstellen und Parlamentariern knüpfte, aber auch Kardinal Frings, der das Werk tatkräftig förderte und es dann 1953 zur Thomas-Morus-Akademie erhob, können als „Gründungsväter" der Bensberger Akademie angesehen werden. Hier in dem Köln-Bensberger Akademiemodell war es vor allem die Laienverantwortung, die sich im deutschen Nachkriegskatholizismus mit dem Akademiegedanken verband.

Eine „Geburtsurkunde" besonderer Art weist die Gründungsgeschichte der Katholischen Akademie in Bayern auf, deren Genesis zur 25-Jahrfeier mit großer Akribie und vielen interessanten Schlaglichtern auf die Denkprozesse der ersten Nachkriegsjahre in einer eigenen Dokumentation nachgezeichnet worden ist. Die bayerischen Diözesen begründeten diese Institution auf Landesebene als eine kirchliche Stiftung. Eigentlicher Baumeister dieser Akademie wurde Kardinal Wendel. Man nahm sich vier Jahre Zeit, die Fundamente zu legen und erörterte in Denkschriften, Ideenskizzen, Satzungsentwürfen und nicht zuletzt auf dem Hintergrund der Erfahrungen, die durch vorausgegangene Gründungen Evangelischer und Katholischer Akademien gemacht worden waren, die Konzeption der Katholischen Akademie in Bayern, von der sich mit Franz Henrich sagen läßt, daß sie „ein im katholischen Raum der Bundesrepublik Deutschland beispielloses Experiment" geworden ist, eine Institution, „die bis heute in großer Unabhängigkeit als Forum geistiger Auseinandersetzung, als Ort des Dialogs und der Begegnung ihren Auftrag zu erfüllen sucht". 1957 übernahm Karl Forster die Leitung der neueröffneten Münchener Akademie, und er konnte ihr in wenigen Jahren zu jenem Rang verhelfen, der bis heute unbestritten ist. Als besondere Schwerpunkte sind der Austausch wissenschaftlicher Erkenntnisse und die fundierte Erörterung politisch-aktueller Zeitfragen hervorgetreten.

Der frühe Tod von Karl Forster hat daran erinnert, daß die Gründerjahre der kirchlichen Akademiearbeit schon fast „Geschichte" sind. Niemand ist imstande, die Wirkungsgeschichte der Evangelischen und Katholischen Akademien mit ihren vielen tausend Tagungen und Gesprächen über die letzten Jahrzehnte zu schreiben. Sie entstanden als Gegen-Institutionen aus den bitteren Erfahrungen der Hitler-Diktatur, aber zugleich haben sie sich von Anfang an auch als Stätten der Versöhnung, des Brückenschlags zwischen Glauben und Welt, zwischen zerstrittenen Fronten und auseinanderfallenden Disziplinen verstanden. Das bestimmt bis heute das Dialogische ihres Charakters und Auftrags; es macht dessen Strenge aus und verleiht zugleich eine Freiheit, wie sie sonst nur wenigen Institutionen in der Kirche mitgegeben ist. Auf hoher Ebene hat sich hier auch für den Nachkriegskatholizismus eine Gesprächs- und Tagungskultur entwickelt, deren Wirkungen trotz mancher Krisenerscheinungen positiv und kreativ zu beurteilen sind.

Die Haltung der geistigen Defensive hat den Katholizismus in Deutschland in der Nachwirkung von Säkularisation und Kulturkampf aus dem 19. Jahrhundert nachhaltig geprägt. Diese Haltung hat sich schon in der Weimarer Zeit merklich abgeschwächt, und mit dem Akademiegedanken, der dann nach 1945 sich ausgebreitet hat, ist diese Defensivhaltung überhaupt nicht mehr vereinbar. Für den Nachkriegskatholizismus ist ein neues, ein dialogisches Verhältnis zur Wahrheit charakteristisch geworden. Dies verdankt er in erheblichem Maße den Akademiegründungen, die zugunsten einer Versöhnung des Katholizismus mit der Zeitkultur gewirkt haben.

III. Firmenschild „Akademie" und Wahrheitsidee

Bischof Moser, langjähriger Direktor der Akademie Stuttgart-Hohenheim, leitet einen Artikel zur Akademiearbeit mit den Worten ein: „Akademie ist kein Begriff des Neuen Testaments. Das hat die Kirche aber nicht davon abhalten lassen, wie in so vielem von der heidnischen Antike zu lernen."

Wenn wir uns jetzt nach dem Blick auf die Anfänge und Gründerzeit dem Akademiegedanken in seiner heutigen Ausformung und Wirksamkeit zuwenden, ist zuerst an den Namen zu erinnern. In der bereits erwähnten Dokumentation zur Gründungsgeschichte der Katholischen Akademie in Bayern wird die Frage nach dem Modell aufgegriffen, das damals den Gründern vorgeschwebt habe. Dabei wurde als erste Möglichkeit angeführt: „Anschluß an die von Platon entwickelte klassische Urform, deren Herzstück die Begegnung im Dialog war.“ Evangelische und Katholische Akademien führen einen Namen im Firmenschild, der die Jahrtausende überdauert hat und im sokratisch-platonischen Dialog eine Grundform der Wahrheitsfindung erblickt. Es liegt keine direkte Anknüpfung an die von Platon gegründete Schule „im Hain des Akademos“ vor, deren ununterbrochene Tradition von der Antike bis an die mittelalterlichen Fürstenhöfe reicht. Das Leben der „Akademie“ schloß eine gewisse Lebensgemeinschaft zwischen Lehrer und Schüler in sich, und neben den Unterrichtsstunden müssen wir den freundschaftlichen Gesprächen auch im Verlaufe gemeinsamer „Trinkgelage“ und festlicher Mahlzeiten einen gewissen Raum geben. Sie blieben, klug benutzt, für Platon eines der grundlegenden Elemente der Erziehung. Die dialektische Methode war weit davon entfernt, den Gesprächspartnern ein fertiges, selbsterzeugtes Wissen einzuhämmern. Das läßt Sokrates, der hier für Platon steht, entsprechend der nach ihm benannten Methode von den Schülern selbst erarbeiten. Jedes Gespräch wird zu einer Entdeckungsfahrt der sokratischen „Hebammenkunst“ als einer Methode der kommunikativen Wahrheitsfindung.

Dieses Modell, wie gesagt, wird von den Nachkriegsgründungen kirchlicher Akademien nicht unmittelbar kopiert. Dennoch lassen sich schon im Äußerlichen einige Merkmale nachweisen, die einer „Akademie“ gemäß sind. Schon räumlich suchen die Häuser eine Atmosphäre der Muße zu schaffen, die es allererst erlaubt, zusammen das Ungewohnte anzuhören und in freundschaftlichem Geist aufzunehmen. Das gemeinsame Essen ist ein wirksames Symbol dieser Art mußevoller Gemeinschaft geblieben, und in den kirchlichen Akademien sind diese kurzen Phasen eines Miteinanderlebens und -redens nicht ohne die antiken Dimensionen. „Atmosphäre“ gilt als entscheidendes Stichwort vieler Häuser. Tutzing liegt in einem wunderschönen Park am Starnberger See und zählt mit Loccum oder Bad Boll, ebenso idyllisch gelegen, zu den ältesten Evangelischen Akademien. Die Münchener Akademie hat inmitten des Schwabinger Künstler- und Studentenviertels mit ihrem Schlößchen Suresnes und seinem Park den Charakter eines städtebaulichen Kleinods, wo sich gut wohnen, speisen und miteinander Streitgespräche führen läßt. Selbst ärmere Diözesen ließen es in den letzten Jahren nicht an architektonischem Mut fehlen, ihre Katholische Akademie als Visitenkarte zu präsentieren, und die jüngste, vor zwölf Jahren erfolgte Gründung der Katholischen Akademie in Hamburg liefert ein schönes Beispiel dafür.

Der neue Areopag, den die Akademien darstellen, hat mit dem alten gemeinsam, daß Orte eines Miteinander-Sprechens entstehen, wo man aufeinander hört, wo man die Argumente sorgfältig prüft, bevor sie aufgenommen oder widerlegt werden. Der Auftrag des Dialogischen ist von besonderer Bedeutung. Das heißt, die Wahrheitsfrage soll wachgehalten, der Wahrheitsfindung soll gedient werden. Dabei erscheinen die Wissenschaften, die bisher den Universitäten anvertraut waren, als Hilfsmittel und Durchgangsstadium. „Es war nach der Zeit einer überanstrengten Diktatur das freie Atmen der Wahrheitssuche und Wahrheitsfindung, das die Gespräche in Hermannsburg und in Loccum aufregend erscheinen ließ", erinnerte sich der spätere Leiter des EKD-Außenamtes, Wischmann, anläßlich der 25-Jahrfeier von Loccum. Er äußerte Genugtuung darüber, daß so viele den Weg in die Akademie fanden: Tagungen mit Rudolf Alexander Schröder, T. S. Eliot, mit den Historikern Toynbee und Butterfield, mit Ortega y Gasset ebenso wie mit dem früheren Reichskanzler Brüning, dem Bundestagspräsidenten Ehlers, mit Theodor Heuss und Konrad Adenauer hätten ihre Frucht getragen. Aus den Akademiegesprächen gingen viele Denkschriften der EKD hervor (FAZ v. 9. 11. 77).

Die Wahrheitsidee ist die tragende Idee der Akademiearbeit. Dabei wird „Wahrheit" nicht als etwas Statisches begriffen, das zu verwalten ist wie ein Besitz, sondern sie ereignet sich dialogisch im „kommunikativen Handeln", wie Jürgen Habermas das Wahrheitspostulat in der idealen Sprechgemeinschaft gespiegelt sieht. Das Philosophieren und das moderne Denken zeigen sich heute für den in der sprachlichen Kommunikation bekundeten Wahrheitswillen besonders aufgeschlossen. Karl-Otto Apel identifiziert diesen Wahrheitswillen mit seinem „Apriori der Kommunikationsgemeinschaft" und spricht von der transzendentalen Hermeneutik, die nach Hans-Georg Gadamers schöner Beschreibung ihre eigene Zeitlichkeit und Geschichtlichkeit aufweist: „Was wir in allem Bemühen um Wahrheit mit Erstaunen gewahren, ist, daß wir nicht die Wahrheit sagen können ohne Anrede, ohne Antwort und damit ohne die Gemeinsamkeit des gewonnenen Einverständnisses. Das Erstaunlichste am Wesen der Sprache und des Gespräches aber ist, daß auch ich selber nicht an das, was ich meine, gebunden bin, wenn ich mit anderen über etwas spreche, daß keiner von uns die ganze Wahrheit in seinem Meinen umfaßt, daß aber gleichwohl die ganze Wahrheit uns beide in unserem einzelnen Meinen umfassen kann. Eine unserer geschichtlichen Existenz angemessene Hermeneutik würde die Aufgabe haben, diese Sinnbezüge von Sprache und Gespräch zu entfalten, die über uns hinwegspielen."[1]

---

[1] *H.-G. Gadamer,* Kleine Schriften I, Tübingen 1967, 58.

Der kommunikative Wahrheitswille, wie er in der Hermeneutik der Sinnbezüge einer modernen, der pluralistischen Gesellschaft angemessenen Gesprächskultur hervortritt, steht im Auftragsbuch der kirchlichen Akademien an vorderster Stelle. Das Wahrheitsethos unserer Zeit bezieht mit Vorliebe seine Normen heute aus den Regeln der Argumentation und setzt die Dialogsituation voraus, wie sie auf den Foren Evangelischer und Katholischer Akademien gewährleistet ist. Darin wird der christliche Glaube „öffentlich“, daß zusammen mit dem Weltbezug die Du-Beziehung hergestellt wird, die durch das sprachliche Mit- und Zueinander, durch Kommunikation, gebildet wird und gleichzeitig die Sittlichkeit des Umgangs der Menschen miteinander konstituiert. In diesem Sinne führen die Akademien heute das Zeitgespräch und geben sie ihm einen Horizont, der unmittelbar auch den Glaubenshorizont berührt. Man könnte hier auch die Kategorien von Martin Buber anführen, mit denen er den dialogisch-kommunikativen Akt umschreibt. Der echte Dialog konstituiert sich aus der „Authentizität des Seins“ zwischen „Partnern, die sich einander in Wahrheit zugewandt haben, sich rückhaltlos äußern und vom Scheinenwollen frei sind ... Das Wort ersteht Mal um Mal substantiell zwischen den Menschen, die von der Dynamik eines elementaren Mitsammenseins in ihrer Tiefe ergriffen und erschlossen werden.“[2] An anderer Stelle schreibt Buber: „Uns geht es um die Voraussetzungen des Zwischenmenschlichen. Der Mensch ist nicht in seiner Isolierung, sondern in der Vollständigkeit der Beziehung zwischen dem einen und dem andern anthropologisch existent: erst die Wechselwirkung ermöglicht, das Menschentum zulänglich zu erfassen.“[3]

Die Akademien als Orte des dialogischen und interdisziplinären Kommunizierens, die das Zeitgespräch aus der Weltperspektive und aus der Einbindung in die „religio“ führen, um, wie es Bonhoeffer ausgedrückt hat, „weltlich von Gott reden zu können“, sind heute auch deshalb schon unentbehrlich geworden, weil die Krise des Gesprächs, des Verstehens und Verstandenwerdens in der Gesellschaft allgemein ist. Nicht ohne Grund ist der Begriff „Kommunikation“ in nahezu allen Wissenschaftsbereichen zu einem modischen Schlüsselwort avanciert; woran es am meisten mangelt, davon redet man gern und viel. Die Wahrheit ist ein Kommunikationsbegriff par excellence, und nicht weniger ist es die Freiheit als das Fundament unserer gesellschaftlichen Ordnung, in der meine Freiheit gegen deine Freiheit abgegrenzt und aufgewogen ist, so daß

---

[2] *M. Buber,* Das dialogische Prinzip, Heidelberg 1979, 166.

[3] Ibid., 290.

Freiheit und Verantwortung als moralische Selbstverpflichtung ein Bedingungsverhältnis eingehen.

Nun ist heute nicht selten der Einwand zu hören, die Akademien pflegten den geistreichen Dialog über den Glauben im Übermaß und sie bedächten zu wenig jenes Abstumpfen des Geistes durch das Geistreiche, um eine Goethe'sche Formulierung aufzugreifen. Gerät das Akademische mit seiner hohen Intellektualität nicht in Gegensatz zum Kontemplativen? Diesen pragmatischen Einwand gegen die Akademiearbeit hat Kardinal Ratzinger vorgebracht. Der Einwand gelte dann als überwunden, wenn man als den Kern geistiger Verwirklichung die Kontemplation erkennt und begreift, daß das wahrhaft Akademische auf das Kontemplative zuführt und ohne dieses nicht bestehen kann.[4] So gehört zum Wesen des Akademischen von Anfang an die Wahrheit, die sich auch im Hören des Dialogs ereignet. Dazu gehört ebenso die Freiheit, wie risikoreich, ja wie gefährlich sie auch sei. Was begründet sie? Eben die Wahrheitsfindung. Wer wagte heute noch über das Türschild einer Universität zu schreiben: die Freiheit der Akademie ist die Freiheit zur Wahrheit! Carl-Friedrich von Weizsäcker erinnert unsere Zeit daran, daß auf Dauer nicht eine „glücksorientierte“, sondern eine „wahrheitsorientierte“ Gesellschaft Bestand haben werde.

Die Krise des Gesprächs zeigt sich heute an der Universität, wo das Dialogische in den Wissenschaften weithin verstummt ist und ein Klima des Argwohns, der Verschulung und Vermassung um sich gegriffen hat. Die Idee des Dialogs als einer Institution war in der neuhumanistischen, deutschen Universität des vergangenen Jahrhunderts im Lehrer-Schüler-Verhältnis hervorgetreten. Darin sollte sich die Einheit von Forschung und Lehre spiegeln und zugleich sollte es ein Verhältnis der Gleichheit zwischen Professoren und Studenten sein. Die Universität Humboldts ist zerbrochen. Unter dem Massenansturm und in der Hektik der Reformsprünge mit ihrem „politisierenden“ Eifer ist die Universität vielfach zu einem ungastlichen Ort geworden. Gesprächsscheu, ja gesprächsunfähig zeigen sich nicht nur viele Studenten, sondern auch die Professoren, die häufig resignieren. Die Akademien der beiden Kirchen haben in ihren wissenschaftlichen Tagungen und Expertengesprächen der heutigen Universität einiges anzubieten, was ihr abhanden gekommen ist. „Das ungezwungene und absichtslose Zusammenwirken“, als das Humboldt das Universitätsleben verstand, seine immer wiederholte Verknüpfung mit der „Muße“, diesen lebendigen Geist Weimars und eines Goethe können auch die Akademien heute nicht mehr kultivieren; das wäre ein inselhaftes Dasein. Wohl aber können die Akademien in der Ermutigung der Welt-

[4] Kardinal *Ratzinger* vor der Katholischen Akademie in Bayern, 27. 6. 1982.

zuwendung und Weltverantwortung als einem Gebot aus der Leidenschaft der Zeit vorangehen; sie können aus der „Bodenlosigkeit des Spezialistischen", wie Karl Jaspers es genannt hat, herausführen und die wissenschaftlichen Ergebnisse in den Horizont der Lebenswelt und unserer politischen Kultur holen. Wir haben die kommunikative Dimension an unseren Wissenschaftsschulen verkümmern lassen und zahlen heute einen hohen Preis dafür, eine junge Generation von Studenten heranzubilden, deren Hunger nach geistiger Orientierung weitgehend unbeantwortet bleibt.

V. Das Abtreten des politischen Katholizismus

Nun ist auch der Akademiegedanke kein zeitloser, der verschont bliebe von den Zeitläuften und der geistigen Auszehrung. Überfordern wir ihn möglicherweise mit den hochgespannten Zielsetzungen einer alternativen Gesprächskultur? Vor allem auf protestantischer Seite hat es in den sechziger und siebziger Jahren nicht an Blessuren und Polarisierungen gemangelt; die katholische Seite mit ihren Akademien konnte sich den Emanzipationsstürmen besser widersetzen. Dennoch wird heute offen von der Krise der Akademiearbeit gesprochen.

Haben sich die Energien erschöpft?

Die Wertschätzung, die einer qualifizierten Tagungskultur in den ersten Nachkriegsjahrzehnten entgegengebracht wurde, hat sich verringert. Das Angebot hat den Charakter des Einzigartigen eingebüßt. Generell hat die Bereitschaft abgenommen, die Polarisationen zu überbrücken und das Gemeinsame voranzustellen. In keinem Land dürften die individualistischen Ansprüche der sogenannten Selbstverwirklichung so weit getrieben worden sein wie in dem unsrigen. Bis in die Kirchen hinein geht die Zerrissenheit, aber auch die Ratlosigkeit, wie wir mit den Aporien unseres Wissens und unserer Mittel fertigwerden. Noch nie war die Kirche so reich an Mitteln, Instrumentarien und Institutionen, aber sie tut sich außerordentlich schwer, mit ihnen im geistig-geistlichen Sinne zu haushalten. Der Materialismus einer verwalteten Kirche lastet schwer auf ihr, wir alle partizipieren an einer säkularen Glaubensschwäche. Geraten die Akademien als Orte des dialogischen Sprechens in eine Situation des „Dennoch" und des „Trotzdem"? Müssen die Einrichtungen als überholt gelten?

Als die konservativen Kräfte bei der letzten Landtagswahl in Nordrhein-Westfalen eine erhebliche Wahlschlappe hinnehmen mußten, die einem Erdrutsch gleichkam, telefonierte ich abends mit einem Philosophen und Theologen aus München. „Diese Wahl", so formulierte er mit einer gewissen Hintergründigkeit aus bayerischer Sicht, „ist eine Niederlage des rheinischen Katholizismus, und dazu brauche man ja nur die Blicke auf Köln zu richten." Ich will mich hierzu nicht näher äußern, aber richtig ist sicher, und das gilt nicht nur für die rheinische Region allein, daß auch die Akademien und die riesigen Investitionen in kirchlicher Bildungsarbeit das Abtreten des politischen Katholizismus in seiner welt- und politikzugewandten Wirksamkeit nicht haben wettmachen können. Die nachlassende Präsenz der Christen – und des Christlichen bis in jene Partei hinein, die das „C" im Namen führt – ist beunruhigend und weitreichend. Eine Besinnung auf die Weltaufgaben ist von hoher Dringlichkeit.

In nicht unmaßgeblicher Form haben manche Akademien in den letzten Jahren dazu beigetragen, den Begriff des Politischen zu intellektualisieren und den Begriff des Theologischen zu politisieren. Hier käme es darauf an, aus der besonderen Spiritualität des Welt- und Laienauftrags die Akademiearbeit nicht von ihren Glaubenswurzeln abzutrennen. Romano Guardini hat in einem Aufsatz vom Jahre 1928 zum Thema „Der Glaube in der Reflexion" aufgezeigt, wie erst im Akt selbst, im Lebens- und Glaubensvollzug der Sinngehalt realisiert werden kann. Werte, Normen, Ideen, die Gotteswahrheit selbst werden erst dann wirklich aufgenommen, wenn sie nicht nur „richtig" gedacht werden, sondern wenn die Entschiedenheit und Erlebnisgewalt des eigenen Handelns hinzutritt. Ein Glaube, der nur „gewußt" wird, trägt die Existenz nicht. Schließen wir diese Anmerkungen mit ein paar Hinweisen, auf welche Erkenntnisse die Akademiearbeit in ihrer gegenwärtigen Verfaßtheit zugehen muß.

VI. Die Macht von Ideen, die Macht über Ideen

1. Karl-Dietrich Bracher hat als Symptome eines neuen Krisendenkens trotziges Rebellieren gegen neue Realitäten und Wiederkehr des Pessimismus herausgestellt. Der demokratische Gedanke hat zwar Wurzeln gefaßt in unserem Land, aber die Kirchen tragen auch heute noch, ähnlich wie nach 1945, eine maßgebliche Verantwortung für das Wertefundament in der Gesellschaft. Das Ringen um Werte und Orientierungen steht im Zentrum der politischen Kultur. Über die Akademien erhalten sich die Kirchen den Zugang zu den Führungsgruppen aus Politik und Wirtschaft, aus dem Geistesleben und den Wissenschaften.

2. Die Macht von Ideen, die Macht über Ideen in der Gesellschaft muß in das gemeinsame Ethos der ständigen Wahrheitssuche eingebunden bleiben, die wesentlich aus der Erfahrung, der Lebenserfahrung gespeist wird und aus der Konfrontation mit Vernunft- und Glaubensgründen ihre besondere Kraft findet. Eine kirchliche Akademie versteht sich nicht nur als Ort des fragenden Denkens, sondern ist auch immer in den Versöh-

nungsauftrag hineingenommen, zwischen den Parteien und pluralistischen Gruppen einen vermittelnden Dienst zu leisten. Disputation, Streitgespräch, eine in Zucht genommene Gegnerschaft lassen alle diejenigen, die sich beteiligen, zu Lehrenden und Lernenden in der „Entbergung" der Wahrheit werden, um an die Heideggersche Übersetzung des griechischen „aletheia" mit Unverborgenheit anzuknüpfen. Keiner ist sich an diesem Ort des Miteinander-Sprechens selbst genug. Dialog wird zum Dienst am Menschen, eben seiner Mensch-Werdung, und Wahrheit wird ein anderer Name für Gott, eben eines Dienstes am Menschen.

3. Die Sinnfragen, die heute allenthalben gestellt werden, sind letzten Endes Glaubensfragen. Nicht selten treten sie uns als Probleme entwurzelter Religiosität gegenüber. Seitens der Wissenssoziologie und Systemtheorie wird der Religion heute die Funktion zugesprochen, das Kontingenzgefühl des einzelnen aufzufangen und der unbestimmbaren Komplexität der gesellschaftlichen Lebensbezüge Herr zu werden. Dies genügt nicht; vielmehr hat die Religion eine Innenseite, in der das Göttliche als die „Sinntotalität" alles zur Einheit und Identität bringt. Die Antwort der christlichen Botschaft auf die Sinnfrage des modernen Menschen gilt es heute an der entscheidenden Nahtstelle von Glaube und Welt zu verdolmetschen, und wie die Theologie dies bewerkstelligen kann, das ist exemplarisch auf dem Forum der Akademiearbeit möglich, die in ihrer Weltzugewandtheit ein Bekenntnis zum Glauben und zur Hoffnung in dieser Zeit verkörpert, die Sinnfrage als Gottesfrage auszulegen und dennoch in den „Plausibilitätsstrukturen" unserer weltlich gewordenen Welt zu verbleiben.

4. Solchen vorwiegend idealtypischen Forderungen zum Proprium der Akademiearbeit gegenüber sind die bereits erwähnten Krisensymptome ins Feld zu führen. Die auf das Zweite Vatikanum folgende Identitätskrise der Akademien ist bis heute nicht ausreichend „verarbeitet" worden. Mit dem Konzil ist das Dialogische im Glaubens- und Verkündigungsverständnis zu einem tragenden Prinzip in der Kirche geworden; die Akademien leisteten für den deutschen Sprachraum erhebliche Vorreiterdienste. Das hat manche zu der Auffassung verleitet, die Akademien sollten zukünftig in eine erwachsenenbildnerische Breitenarbeit einmünden. Einzelne Kirchenleitungen haben neue Prioritäten gesetzt: Glaubenskatechese, regionale Bildungswerke, Exerzitienhäuser, geistliche Zentren, Bibelschulen, pastoral-theologische Institute. Die Akademien haben es ihrerseits zu wenig verstanden, ihre besonderen und sehr aufwendigen Dienste in der nachkonziliaren Kirche und vor der Öffentlichkeit neu zu begründen.

5. Das explosionsartige Anwachsen des Erwachsenenbildungsbereichs auch in der Kirche, das in den sechziger und vor allem den siebziger Jahren erfolgte, stellte die Akademien mit ihrer bewährten Arbeitsweise vor eine

gänzlich neue Situation. Teils hängten sie sich – nolens volens – an die expansive Entwicklung an, um von ihr wirtschaftlich zu profitieren, teils suchten sie sich, oftmals nicht ohne Schwierigkeiten, wenigstens einen Kernbereich der Akademiearbeit zu erhalten, während sie im ganzen ein Mischprogramm entwickelten. Dementsprechend ist das Profil der Akademien verschwommen. Der üppige Geldfluß von staatlicher Seite brachte enorme Kapazitätserweiterungen, wo man sich gegenseitig die „Kundschaft" streitig macht. Der Einbruch in die traditionellen Themen- und Zielgruppenbereiche der Akademien durch die zahlreich entstandenen Bildungswerke und Bildungshäuser, die nicht selten eine Akademiearbeit „im Kleinformat" kopierten, war unvermeidlich. Die Akademien öffneten sich ihrerseits für die Probleme der Erwachsenenbildung am Ort, indem sie in wissenschaftlichen Studienkonferenzen oder qualifizierten Mitarbeiterseminaren dazu beitrugen, daß Theorie und Praxis aufeinander zugehen. Aber das konnte nicht in allen Fällen ihre Außenseiterrolle, in die sie geraten waren, korrigieren, zumal mit der Professionalisierung der Erwachsenenbildung dann auch ihre Zentralisierung und Bürokratisierung anwuchs und damit manche Freiheitsräume der Akademiearbeit beschnitten wurden. Unter dem Druck einer Maximalisierung von Teilnehmertagen, zentral verordnet und überwacht, kann dieser anspruchsvolle Typus Arbeit kaum gedeihen.

6. Die Akademien müssen aufhören, sich mit der allgemeinen Erwachsenenbildung amalgamieren zu wollen und sich wieder stärker auf das Besondere ihres Auftrags besinnen. In der Erfassung der Lebens- und Glaubenswirklichkeit jener Menschen, die in beruflicher und persönlicher Hinsicht den Führungsschichten angehören, liegen seit jeher die besonderen Aufgaben und Erfahrungen der Akademien. Die Präsenz der Kirche in diesen Gruppen hat in erschreckendem Maße abgenommen. Die Unbestechlichkeit in der Qualität des Angebots und die Verarbeitung wissenschaftlicher Erkenntnisse auf hohem Niveau zeigt sich als das Herausragende und Exemplarische der Akademiearbeit. Von solcher Art brauchen wir in der Bundesrepublik Deutschland katholischerseits vielleicht zehn oder zwölf Häuser mit regionaler Schwerpunktbildung und einer gewissen Arbeitsteilung in thematischer Hinsicht. Die Vorstellung, jede Diözese habe „ihre" Akademie, entspricht schon seit längerem nicht mehr den Realitäten, weil die Mischformen häufig die Akademiearbeit im strengen Sinn überwuchert haben, womit keineswegs ein Werturteil getroffen wird. Daß einzelne Häuser auch weiterhin einen Teil ihres Programms als Akademieveranstaltungen entwickeln, sollte man ihnen nicht verwehren; darum geht es nicht, und diese Freiheit orientiert sich an den örtlichen Gegebenheiten. Anders sieht es bei den kirchlichen Institutionen aus, die sich ausschließlich als Katholische Akademien verstehen und jede Inflationierung dieses Begriffs ablehnen – und dazu auch infolge ihrer

(finanziellen) Unabhängigkeit und großzügigen Freiheitsgewährung imstande sind.

VII. Athen und Jerusalem

Die Auseinandersetzung des Christentums mit der Kultur ist uralt. Sie ist das Thema der kirchlichen Akademien. Tertullian im zweiten Jahrhundert ist bereits eine unerschöpfliche Quelle für das Thema. Dieser frühchristliche Apologet hat nicht viel von der Philosophie gehalten, die im Akademiekonzept als die verbindende und wahrhaft „interdisziplinäre" Kraft gilt. Sogar den Sokrates lehnt er ab und fragt provozierend: „Was hat Athen mit Jerusalem gemeinsam? Was hat die Akademie mit der Kirche zu tun?"

Tertullians Frage ist alt und neu zugleich. Die Antworten des Christentums über die Jahrhunderte sind auch sehr verschieden ausgefallen. Die einen sehen den scharfen Kampf, den Gegner und die Gefahren, wie ihnen zu begegnen ist. Die anderen fragen, wie die Botschaft über alle Barrieren hinweg an Verständlichkeit gewinnen kann. Die einen sind die großen Unzeitgemäßen, die anderen sind die Aktuellen, die als Mensch zum Menschen sprechen wollen. Es bedarf beider Talente, und mindestens gilt das für unsere Zeit heute. Es bedarf der Gabe der Unterscheidung ebenso sehr wie der Gabe der Menschenfreundlichkeit. Dieses Doppelverhältnis des Unzeitgemäß-Aktuellen in seinem Spannungsbogen auszuhalten, stellt eine besondere Bewährung dar, für die das Akademiekonzept in der Kirche paradigmatisch steht. Begegnung und Abgrenzung sei der Kirche zugleich aufgetragen, hat Karl Forster einmal mit dem Blick auf die Fragestellungen des heutigen Menschen in der Akademiearbeit ausgeführt. „Den Katholischen Akademien ist es aufgegeben, die Impulse der Begegnung zu vermitteln, ohne die Notwendigkeit der Abgrenzung zu übersehen."

Peter Paul Müller-Schmid

DISKUSSIONSBERICHT

Die Diskussionen zu den einzelnen Referaten des Symposions bezogen sich im wesentlichen auf vier Schwerpunktbereiche: erstens auf den Wissenschafts- und Bildungsbegriff sowie auf das katholische Bildungs- und Wissenschaftswesen des 19. Jahrhunderts und im besonderen auf das vielbesprochene katholische „Bildungsdefizit"; zweitens auf die Rolle von Wissenschaft, katholischer Universität und Katholischen Akademien auf dem Hintergrund der Geschichte des Katholizismus und der pluralistischen Gesellschaft; drittens auf die Charakteristik der Bildungs- und Schulungsarbeit des Volksvereins; viertens auf die katholische Publizistik in ihrer historischen Entfaltung und heutigen Bedeutung.

I. Zur Frage des Bildungs- und Wissenschaftsbegriffs sowie des katholischen „Bildungsdefizits"

Im Anschluß an die ersten zwei Referate zum katholischen Bildungs- und Hochschulwesen des 19. Jahrhunderts wurde zunächst in sehr grundsätzlicher Weise der Bildungs- und Wissenschaftsbegriff erörtert, von wo aus dann nach den Folgerungen für eine jeweils situationsentsprechende Verwirklichung von Bildung sowie nach den möglichen Ursachen und den Erscheinungsformen katholischer Defizite gefragt wurde.

Stets, so ergab sich aus den Beiträgen, müsse das Problem von Bildung und Wissenschaft aus katholischer, überhaupt aus christlicher Sicht im Kontext von Glaube und Religion gesehen werden. Im 19. Jahrhundert seien zwei große Problembereiche von Bedeutung: einerseits die Art und Weise der Verlautbarungen des kirchlichen Lehramts und ihrer Aufnahme in Deutschland, andererseits der Streit der wissenschaftlichen Schulrichtungen im die unterschiedliche Bewertung einer den Glauben anerkennenden Verwirklichung jeweils zeitgerechter wissenschaftlicher Postulate. Das kirchliche Lehramt habe im allgemeinen auf ruhige, distanzierte Weise Stellung bezogen. Was das Echo römischer Verlautbarungen in Deutschland angehe, so könne allerdings nicht von einer ruhigen Diskussion gesprochen werden; sie sei angesichts der geistigen, kulturellen und vor allem politischen Situation immer weniger möglich gewesen; aufgrund weitverbreiteter Ressentiments habe sich sozusagen alles, was aus Rom kam, zunächst einmal des Vorurteils, jesuitisch und antideutsch zu sein, erwehren müssen.

Hinsichtlich der Frage von Glaube und Wissenschaft als Problem der Schulrichtungen wurde darauf hingewiesen, daß es sich hierbei um ein alle Epochen der Christenheit durchziehendes Grundproblem handele, sei es in der älteren Form der Zuordnung oder des Gegensatzes von Glaube und Vernunftwissen, sei es in der moderneren Problematik von Glaube und Naturwissenschaft. Die Bestimmung dieser Zuordnung müsse jeder Gläubige letztlich selber vornehmen, wobei zu bedenken sei, daß es im Christentum selbst einen Dualismus gebe von Askese einerseits und religiös motivierter Weltzuwendung andererseits. Keinesfalls sei die wissenschaftliche, weltzugewandte Haltung ein Apriori. Auch die wissenschaftsabgewandte asketische Haltung sei eine mögliche Form authentischer Gläubigkeit, wie dies Walter Nigg in „Des Pilgers Wiederkehr" beispielsweise mit der – gemessen am rationalistischen Geist des 18. Jahrhunderts – scheinbar unzeitgemäßen Heiligengestalt des B. J. Labre gültig beschrieben habe. Ferner wurde für die Zeit des 19. Jahrhunderts auf das Beispiel Edmund Hardy verwiesen, den Inhaber des ersten Lehrstuhls für vergleichende Religionswissenschaft, in dessen Biographie in vieler Hinsicht der Gegensatz von Wissenschaft und wissenschaftsabgewandter Askese, aber auch die Zuordnung von Wissenschaft, Gelehrtheit und caritativem Engagement anzutreffen seien.

Zu Beginn des 19. Jahrhunderts habe sich nach dem Sieg der rationalistischen Universalismen als erstes die von der romantischen Schule übernommene Aufgabe ergeben, katholische Wissenschaft im Sinne eines universalen Konzepts auszuarbeiten. Dabei sei zu betonen, daß es sich bei den Romantikern nicht um Wissenschaftler im engen Sinne eines vorwiegend an Tatsachen- und Detailerkenntnis orientierten Wissenschaftsverständnisses handele. Vielmehr sei Wissenschaft hier ganz von Religion und Glaube beherrscht; die Frage, wie Vernunfterkenntnis und Glaube als gesonderte Bereiche zu denken seien, bleibe ungeklärt. Im Denken der bedeutendsten Vertreter der Romantik sei ein im Grunde universalchristlicher und damit die konfessionelle Polemik überwindender Standpunkt impliziert – eine nicht immer genügend gewürdigte Tatsache von großer zukunftsweisender Bedeutung. Die romantische Wissenschaftsauffassung sei allerdings, wenn auch nicht als falsch erwiesen, so doch immer unzeitgemäßer geworden. Die Erfahrung, daß diese Wissenschaftsauffassung (ungeachtet der beachtlichen Leistungen der Romantik auf dem Gebiete der Naturphilosophie) mit den sich durchsetzenden Naturwissenschaften und überhaupt mit dem modernen tatsachenorientierten Wissenschaftsbegriff immer mehr in Konflikt geriet, habe zu der insbesondere von Hertling und der Görres-Gesellschaft aufgegriffenen Notwendigkeit geführt, den Wissenschaftsbegriff zu überdenken und zu differenzieren hinsichtlich Methode, Tatsachenforschung und Sinndeutung. Mit diesem Weg habe man eine Möglichkeit gefunden, in schwieriger Zeit eine dem herrschenden Kulturprotestantismus gegenüber ebenbürtige, von Katholiken getragene Wissenschaft aufzubauen und zu vertreten.

Daß diese von katholischer Seite vertretene moderne Wissenschaftsauffassung im 19. und beginnenden 20. Jahrhundert nicht die Bedeutung der führenden protestantischen Wissenschaft habe erreichen können, sei zunächst politischen Gründen zuzuschreiben. Ausgehend von dem Axiom, die Wissenschaft folge jeweils dem Sieger, sei der Erfolg der protestantischen Wissenschaft zu sehen als eine Folge des Sieges Preußens über Napoleon und der Vormachtstellung Preußens. Der politische Vorrang des Protestantismus, die Diaspora-Situation der Katholiken und ihre politische Niederlage habe mit gewisser Logik eine Herrschaft der protestantischen Wissenschaft mit sich gebracht.

Damit wandte sich die Symposionsdiskussion dem Problem des katholischen „Bildungsdefizits" zu. Dieses Phänomen könne nur in einem breiten kulturellen und politischen Kontext verstanden werden.

Alle Erklärungs- und Beschreibungsmuster des katholischen „Bildungsdefizits" wiesen immer wieder auf eine ihrer Hauptursachen hin: auf die Säkularisation. Zu deren Beurteilung sei es nicht unwichtig, einmal die damals unterschiedliche Situation der Klerus- und der Laienausbildung zu berücksichtigen, zum anderen Entwicklungen voraufgehender Jahrhunderte in Erinnerung zu rufen.

Die Situation der theologischen Studiengänge und der Klerusausbildung sei weit weniger dramatisch gewesen gegenüber der als katastrophal zu bezeichnenden Bildungssituation der katholischen Laien. So hätten z. B. katholische Laien oft den Nachteil auf sich nehmen müssen, ein teures Studium an einer entfernten protestantischen Universität zu absolvieren, wo ihnen wegen des Fehlens von ihrer konfessionellen Herkunft entsprechenden Institutionen eine wirkliche Integration in den universitären Bereich nicht gelungen sei.

Der katholische Klerus sei aber bildungsmäßig nicht selten der protestantischen Pfarrerschaft unterlegen gewesen. Zum einen erkläre sich dies aus der Tatsache, daß der katholische anders als der protestantische Klerus weitgehend sich aus den sozialen Unterschichten rekrutiert habe. Zum anderen – und dies sei noch wichtiger – müßten hier Entwicklungen der voraufgegangenen Jahrhunderte beachtet werden. Sie relativierten die Bedeutung unterschiedlicher Bildungschancen von katholischem Klerus und katholischen Laien nach der Säkularisation und machten die Bildungsüberlegenheit im Protestantismus überhaupt erst plausibel. So sei die Reformation zugleich eine bürgerliche Bewegung gewesen, eine Bewegung der bürgerlichen Intelligenz, die gegenüber der katholischen Bevölkerung im Laufe der Jahrhunderte einen immer größeren Bildungsvorsprung zu verzeichnen gehabt habe. Im 17. und 18. Jahrhundert hätten sich die Bildungszentren mehr denn je in den vorwiegend protestantischen Städten befunden, wohingegen die katholische Bevölkerung vorwiegend in ländlich-agrarisch geprägten Regionen gelebt habe (Köln z. B. könne kaum als Gegenbeweis dienen, sei doch Köln damals eine verfallende Stadt gewesen mit einer Universität ohne größere Bedeutung). Freilich hätten die Klöster als die den Katholiken nach der Reformation verbliebenen zentralen Bildungsinstitutionen Vorbildliches geleistet, doch das Stadt-Land-Gefälle im Wissenschafts- und Bildungswesen nicht aufwiegen können. Als dann diese Bildungseinrichtungen weitgehend der Säkularisation zum Opfer gefallen seien, hätten sich für die katholische Bevölkerung um so deutlicher die Defizite und Benachteiligungen in der Bildungssituation gezeigt. Hinsichtlich der Einschätzung der Folgen der Säkularisation für das katholische Bildungs- und Wissenschaftswesen, so das Resümee, sei es also wichtig, dieses katastrophale Ereignis in den Rahmen einer seit den Jahrhunderten der Reformation zu beobachtenden Entwicklung einzuordnen.

II. Wissenschaft, katholische Universität und Katholische Akademie im Kontext der Geschichte des Katholizismus und der pluralistischen Gesellschaft

Bei der Diskussion des historischen Hindergrunds der Universitätsfrage wurde in mehreren Voten betont, daß hinsichtlich der Initiativen für die freie katholische Universität im 19. Jahrhundert, überhaupt der Idee einer katholisch geprägten Wissenschaft die Sondersituation des deutschsprachigen gegenüber dem westeuropäischen, vor allem dem französischbelgischen Bereich zu beachten sei. So sei der auf dem Katholikentag von Aachen 1862 vorgebrachte und auf dem Aachener Katholikentag 1879 erneuerte Vorschlag zur Gründung einer katholischen Universität in Deutschland nicht etwa am Mangel an Spendenerträgen oder am Kulturkampf gescheitert, vielmehr habe im deutschen Katholizismus selber eine die Zuordnung von Kirche und Staat betreffende Zäsur stattgefunden, die zu einer Neuformulierung der universitätspolitischen Ziele im Sinne der seitens der Görres-Gesellschaft und des Zentrums vertretenen Paritätsforderung geführt habe.

Als Hauptdifferenz zwischen dem deutschsprachigen und dem westeuropäischen Katholizismus wurde das unterschiedliche, der damaligen politischen Situation entsprechende Verständnis der Zuordnung von Staat und Kirche genannt. Prinzipiell betrachtet, schließe die völlige Trennung von Staat und Kirche, wie sie die westeuropäische Tradition gekennzeichnet habe, die Freiheit der Kirche nicht aus. Geschichtlich aber sei umgekehrt die „Freiheit“ des Staats gegenüber der Kirche vielfach in einer kirchenfeindlichen Haltung zum Ausdruck gekommen. In Deutschland habe sich eine der Idee der völligen Trennung von Staat und Kirche entgegengesetzte verfassungsrechtliche Auffassung durchgesetzt, wie es bereits 1848 in der Paulskirche bei der Beratung der kirchen- und schulpolitischen Artikel der Grundrechte (§§ 14–21) deutlich geworden sei. Vor 1848 habe im deutschen Katholizismus das die westeuropäische Entwicklung bestimmende Konzept einer völligen Trennung von Staat und Kirche zwar viel Anerkennung gefunden, aber die 1848 in der Paulskirche in der interfraktionellen Arbeitsgemeinschaft für kirchenpolitische Fragen engagierten führenden Katholiken seien dieser Tradition nicht gefolgt. Ihr Konzept habe sowohl das Staatskirchenregiment als auch die völlige Trennung von Staat und Kirche abgelehnt, statt dessen die Unabhängigkeit der Kirchen vom Staat bei gleichzeitiger Kooperation verfochten: wenngleich mit unterschiedlicher Legitimation und Kompetenz komme sowohl dem Staat als auch den Kirchen prinzipiell die Pflicht zur Schaffung einer gemeinschaftlichen Gesellschaftsordnung und in diesem Rahmen auch die Pflicht zu gegenseitiger Unterstützung zu. Mit diesem Konzept habe die Laienbewegung der deutschen Katholiken im Grunde in Übereinstimmung mit den politisch vom Episkopat vertretenen sowie mit den in den kirchlichen Verlautbarungen implizierten generellen Grundsätzen gehandelt. Ähnliche Vorstellungen seien auch von zwei der bedeutendsten Förderer und Erneuerer von Kirche und Katholizismus vertreten worden: von G. Phillips und von J. B. Heinrich.

Die für Deutschland charakteristische staatskirchenrechtliche Entwicklung habe auch die katholischen schulpolitischen Vorstellungen beeinflußt. Auf katholischer Seite hätten nicht etwa abstrakt die Freiheit der Erziehung und ähnliche Postulate im Vordergrund gestanden – wenngleich diese anfänglich in Anlehnung an französische und belgische Ideen durchaus ihre Bedeutung gehabt hätten –, sondern Forderungen wie Elternrecht, Religionsunterricht und katholische Ausprägung der staatlichen Schule. Damit sei in mancher Weise die kirchliche Entwicklung des 20. Jahrhunderts, besonders die Konzilserklärung über die christliche Erziehung, antizipiert worden.

Auch die 1980 erfolgte Gründung der Eichstätter katholischen Universität sei typisch für die deutsche verfassungsgeschichtliche Sonderentwicklung. Diese Gründung sei nicht als später Erfolg der Universitätsbewegung, nicht als Reformuniversität im Sinne der anfänglichen Forderungen des 19. Jahrhunderts zu verstehen, sondern vielmehr als eine in die Tradition der Paritätsforderung einzuordnende Institution.

Als Beispiel für die Verschiedenheiten des deutschsprachigen und des westeuropäischen Katholizismus wurde auf die 1889 gegründete Universität Fribourg hingewiesen. In deren Gründungsgeschichte seien Elemente sowohl des französischen als auch des deutschsprachigen Raums eingegangen. Der Charakter der Fribourger Universität als katholischer Staatsuniversität sei dem deutschsprachigen Einfluß zuzuschreiben. Anders als die in Frankreich im Sinne freier katholischer Hochschulen gegründeten „Instituts catholiques" – Gegeninstitutionen innerhalb eines antiklerikal oder antireligiös auftretenden Staats – sei die Fribourger Universität konzipiert worden als eine grundsätzlich mit Staat und Gesellschaft kooperierende und eine integrierende Aufgabe wahrnehmende Institution katholischer Prägung.

Der deutschsprachige Einfluß auf die Fribourger Universität gehe vor allem auf die Görres-Gesellschaft zurück. Ohne die Aktivitäten der Görres-Gesellschaft hätte die Gründung dieser Universität keine so große Resonanz gefunden. Der Görres-Gesellschaft sei es zu verdanken, daß nach den Schwierigkeiten, Professoren aus Löwen zu gewinnen, aus ihrem Umkreis qualifizierte Wissenschaftler nach Fribourg hätten verpflichtet werden können (z. B. der Historiker G. Schnürer und der Religionshistoriker E. Hardy). Wie die Görres-Gesellschaft, so hätten auch diese Professoren das Ideal der Humboldtschen Universität vertreten.

Die 1898 zutagegetretene „deutsche Krise" an der Fribourger Universität – acht Professoren reichten ihre Kollektivdemission ein – habe freilich deutlich gemacht, daß das zweisprachige Fribourg auch von den Ideen des französischen Sprachkreises bestimmt worden sei, von Ideen, die als krasser Gegensatz zu den Humboldtschen Idealen zu verstehen seien. Dabei wurde in der Diskussion vor allem auf die weltanschauliche und für das Staat-Kirche-Verständnis auch institutionelle Bedeutung der philosophischen Fakultät hingewiesen, da sich hier die Konkurrenz staatlicher und kirchlicher Ziele und Beeinflussungen sowie die unterschiedlichen Universitätskonzeptionen des französischen und des deutschsprachigen Bereichs besonders drastisch bemerkbar gemacht habe.

Damit war die Diskussion an den auch in vielen anderen Fragen schon implizierten Grundsatzfragen zur Idee von Bildung und Wissenschaft einer katholisch geprägten Universität in der pluralistischen Gesellschaft angelangt. Solche Grundsatzfragen hätten das bereits partiell vom Pluralismus gekennzeichnete 19. Jahrhundert beschäftigt und in der sich als pluralistisch verstehenden Gesellschaft der Gegenwart zentrale Bedeutung erlangt. In dieser Debatte gehe es nicht abstrakt um eine wie auch immer definierte katholische Wissenschaft, sondern darum, in der pluralistischen Gesellschaft eine aus katholischem Glauben geprägte, aber zugleich wissenschaftlich, im Dialog und im Wettbewerb der Wissenschaften zu vermittelnde Weltorientierung zu geben. Dabei wurde Wert auf die Feststellung gelegt, daß bei dieser Weltorientierung innerhalb der pluralistischen Gesellschaft sowohl ein wertneutraler Wissenschaftsbegriff als auch ein Konzept der einfachen Anpassung an Tendenzen der pluralistischen Gesellschaft zu vermeiden sei. Katholisch geprägte Wissenschaft zeichne sich durch ihre bewußt weltanschauliche und normative Grundlegung aus, die sie überhaupt erst im Rahmen der pluralistischen Gesellschaft legitimiere. Freilich komme es bei aller weltanschaulichen Orientierung zugleich darauf an, die Freiheit der Wissenschaften zu garantieren und eine realistische Deutung sowohl des Pluralismus als auch der Weltanschauung zu geben. Finde der Pluralismus seine Grenze in der Beachtung der Weltanschauungen, so gebe es für die universitär zu vermittelnde Weltanschauung eine Grenze der wissenschaftlichen Freiheit. Mehrere Diskussionsbeiträge betonten, daß die Zuordnung von Pluralismus, Weltanschauung und Freiheit der Wissenschaften nicht apriorisch festgelegt sei. Etwas anderes sei es freilich, ob es ein authentisches Apriori des „Katholischen" einer katholisch geprägten Universität gebe bzw. wie dieses zu bestimmen sei.

In der Frage des „Katholischen" wurden im Grunde zwei Tendenzen vertreten: während die erste Richtung auf die Bedeutung apriorischer Grundlagen hinwies, wurde auf der anderen Seite das „Katholische" im Kontext der Universität definiert als eine allein im Dialog der Wissenschaften zu bestimmende Grundorientierung. Im Sinne dieser zweiten Richtung wurde festgestellt, daß es für den katholischen Wissenschaftler von zentraler Bedeutung sei, seine Orientierung vom jeweiligen Kontext der Wissenschaftsentwicklung her, nicht jedoch außerhalb dieses Kontextes diskursiv zu vertreten, könne er doch nur auf diese Weise integrativ wirken, d. h. seiner Rolle, seine weltanschauliche Grundorientierung in das Ganze der Gesllschaft einzubringen, gerecht werden. Für die einzelnen Fakultäten der Universität bedeute dies, daß auf der einen Seite die Theologische Fakultät einen eindeutigen, allerdings nur interdisziplinär zu leistenden Evangelisationsauftrag wahrzunehmen habe, daß aber auf der anderen Seite bzgl. der übrigen Fakultäten einzig von einem für den Christen allgemein geltenden Kulturauftrag gesprochen werden könne, der wesentlich die in wissenschaftlicher Kooperation zu realisierende Weltverantwortung impliziere. Mit Rekurs auf die Konzilserklärung über die christliche Erziehung (1965) wurde betont, daß beide Richtungen der Deutung des „Katholischen" insofern in ihrem interpretatorischen Alleinvertretungsanspruch zu relativieren seien, als sie auf zwar unterschiedliche, aber letztlich nicht gegensätzliche Prinzipien verwiesen: so impliziere die erwähnte Konzilserklärung sowohl den Aspekt des Heilsauftrags der katholischen Bildungsinstitutionen als auch jenen der Solidarität aller am wahren kulturellen und materiellen Fortschritt der Menschheit beteiligten Wissenschaftler.

In weiteren Debattenbeiträgen ging es um das in allen Vorstellungen der katholischen Universität anzutreffende Postulat einer Ausbildung und Erziehung zugleich berücksichtigenden Konzeption. Dabei wurde auf die historische Tatsache hingewiesen, daß im 16. Jahrhundert die Beachtung gerade dieses Postulats die Qualität vor allem der jesuitischen Bildungsinstitutionen bestimmt habe, insofern die Formung nicht nur der Intellektualität, sondern des ganzen im Vordergrund stand. Für die heutige Situation sei sicherlich kaum etwas aktueller als die Verwirklichung dieses Ideals, wenngleich aufgrund der Schwierigkeiten der Zuordnung von Pluralismus, Weltanschauung und Freiheit der Wissenschaften jede Ganzheitsforderung fast wie die Quadratur des Kreises erscheine. Wichtig und realisierbar sei jedoch, die im Grund auch für das Humboldtsche Denken zentrale Aufgabe seitens der Universität wahrzunehmen, daß die Professoren wieder ihre Rolle als Vorbilder und Erzieher, als persönlichkeitsorientierte Wissenschaftler wahrnähmen. Hier komme innerhalb der pluralistischen Gesellschaft nicht zuletzt der katholischen Universität eine bedeutende Aufgabe zu.

Zu jenen Institutionen, die den Erfordernissen der Ganzheitsorientierung, des Dialogs in der pluralistischen Gesellschaft und der Persönlichkeitsbildung in besonderer Weise gerecht zu werden versuchen, gehören die Katholischen Akademien. Die zu diesen Fragen sehr kontroverse Symposionsdiskussion beschäftigte sich vor allem mit Bedeutung und Rolle der Zeitkultur für die Bestimmung dessen, was man als den authentischen Charakter der Katholischen Akademien bezeichnen könnte. Ausgehend von dem bekannten Wort B. Hansslers, die Katholischen Akademien seien Orte für „das Gespräch der Kirche mit der Welt“, gab es zunächst eine Auseinandersetzung darüber, was mit diesem Gespräch gemeint sei, ob es z. B. einigen Voten zufolge eine wirkliche Aussöhnung von Kirche und Christentum mit der Zeitkultur zum Ziel haben könne. Dem wurde entgegnet, Aussöhnung bedeute immer auch Ausgleich und führe somit letztlich zu einer mit dem christlichen Verständnis nicht in Einklang zu bringenden Gleichsetzung des Christentums mit dem Bereich des Profanen. Das Christentum aber sei seinem Wesen nach Ärgernis der Welt. Bereits in der Antike trete der grundsätzliche Gegensatz von Christentum und Welt, von Christentum und römisch-hellenistischer heidnischer Kultur zutage; die Antike habe gezeigt, daß es nicht Aufgabe des Christen sei, sich der Welt anzugleichen, sondern umgekehrt die Zeitkultur zu bestimmen und zu prägen. Dieser Interpretation wurde entgegengesetzt, daß gerade die Antike die nicht mit Anpassung zu verwechselnde produktive Funktion des Dialogs von Christentum und Zeitkultur habe aufscheinen lassen. Im Lichte dieser Erfahrung sei das von Papst Johannes XXIII. zur Bestimmung der Aufgaben der Kirche in der Welt des 20. Jahrhunderts einberufene Konzil geradezu als erneute humanistische Wende, als eine Wiederbelebung wichtiger Elemente jenes aus der Antike überlieferten Humanismus zu bezeichnen. Und insofern komme den Katholischen Akademien die Aufgabe zu, die Grundgedanken dieses Konzils immer wieder neu zu interpretieren und verständlich zu machen.

Als eher vermittelnde Idee in dieser Auseinandersetzung wurde unter Rekurs auf Romano Guardini und Karl Forster die Aufgabe der Katholischen Akademien umschrieben als prägende, zugleich aber nicht unkritische Vermittler des Gesprächs von Kirche und Welt, die eine vom Christentum geformte Bewußtseinsbildung unter den kulturellen Bedingungen der modernen Gesellschaft ermöglichten.

III. Zur Bildungs- und Schulungsarbeit des Volksvereins

In der Diskussion zum Wirken des Volksvereins wurde deutlich, daß die Zuordnung von Christentum, Weltanschauung und Gespräch mit der Welt bzw. mit Wissenschaft und Zeitkultur auch für den Katholizismus vor der Jahrhundertwende und der ersten Jahrzehnte des 20. Jahrhunderts ein Grundproblem bildete – in einer Situation, die mit der heutigen z.T. vergleichbar, im ganzen jedoch noch weniger eindeutig war. Die damalige Problemstellung wurde in einigen Voten konkretisiert durch Verweis auf das vom Volksverein nach einer Übergangsphase vertretene Konzept einer neuen Volksgemeinschaft, das – ähnlich manchen heute von den Katholischen Akademien formulierten Postulaten – ebenfalls auf einen Ausgleich der Weltanschauungen gezielt habe. Wie vereinbare sich aber dieses Konzept mit der katholischen Weltanschauung, wenn doch Volksbildung immer auch mit weltanschaulich begründeter Wertbildung zu tun habe?

In der Diskussion wurde festgehalten, daß die Volksbildungskonzepte des Volksvereins prinzipiell die Frage einschlossen, wie Wertorientierung innerhalb einer weltanschaulich zerrissenen Gesellschaft möglich sei. Hierbei kam die Sprache auf die einzelnen Etappen katholischer Volksbildungsarbeit, vor allem auf die Wende vom Ziel einer weltanschaulichen und politischen Bewußtseinsbildung, die im Gefolge des Kulturkampfs das Bild des sich konsolidierenden Katholizismus geprägt habe, hin zum neuen Konzept A. Piepers und A. Heinens. Viele Diskussionsbeiträge bezogen sich auf die Frage, warum F. Brandts und F. Hitze diese mit den ursprünglichen Konzepten des Volksvereins kontrastierende Wende in der Volksbildungsarbeit nicht verhindert hätten. Die an Gesinnungsreform orientierten Vorstellungen Piepers und Heinens – so ein Hinweis – hätten sich zu Lebzeiten des Volksvereinsvorsitzenden Brandts noch in einem Klärungsprozeß befunden. Pieper habe sich in seinen Erinnerungen mehrfach darauf berufen, diese Wende sei von seinem Freund Hitze mitgetragen worden. Allerdings bleibe die Frage offen, ob Brandts und Hitze der Hinwendung des Volksvereins zur freien Volksbildung, der Orientierung am Hohenrodter Bund seit 1923 und der Abkehr von der praktisch-sozialen Arbeit in dieser Form ihre Zustimmung gegeben hätten. In der Diskussion wurde ferner nach der Handlungsweise der beiden Volksvereinsvorsitzenden Wilhelm Marx und Johann Leicht gefragt; beide seien vor der kaum lösbaren Schwierigkeit gestanden, für die Probleme des Volksvereins nach 1918 nach neuen Antworten zu suchen, wobei im wesentlichen Pieper und Heinen die Initiative bestimmt hätten, so daß diese bis 1928 die Entwicklung des Volksvereins weitgehend alleine hätten prägen können.

Bei allen Unterschieden in der Beurteilung der Ideen Piepers und Heinens bestand Übereinstimmung, daß deren Ziel einer „Erneuerung der Volksgemeinschaft" mit einer Preisgabe katholischer Prinzipien in der Volksbildungsarbeit nichts zu tun habe. Deren Konzept habe sich orientiert an dem, was man heute „pluralistische Gesellschaft" nenne; dementsprechend sei es gekennzeichnet von dem Bestreben, auf der Grundlage gemeinsamer kultureller Werte die Achtung der unterschiedlichen Weltanschauungen zu erreichen. Die vom Volksverein von Anfang an befürwortete Weltzuwendung sei in allen Etappen seiner Entwicklung immer nur gedacht als Bedingung, die katholische Weltanschauung in einem weithin nicht vom katholischen bzw. überhaupt christlichen Glauben, z.T. glaubensfeindlich geprägten Gemeinwesen zur Geltung zu bringen. Seit seiner Gründung habe sich der Volksverein darum bemüht, das Ghetto-Denken im Katholizismus zu überwinden. Hier liege die Erklärung für den von Pieper behaupteten Anspruch, im Auftrag der Gründungsväter Windthorst, Brandts und Hitze zu handeln.

Ein weiteres Diskussionsthema betraf die politische Haltung des Volksvereins zur Demokratie, im besonderen zum Staat der Weimarer Republik. In einigen Diskussionsbeiträgen wurde darauf hingewiesen, daß anders als der Volksverein die katholischen Arbeitervereine sofort und bedingungslos auf die Seite der Weimarer Republik getreten seien, um auf dem Boden ihrer Ordnung die seit je angestrebten Ziele der Sozialpolitik verwirklichen zu können; demgegenüber müsse die Haltung zur Weimarer Republik von seiten wichtiger Vertreter des Volksvereins als recht ambivalent beurteilt werden; erinnert wurde in diesem Kontext an Piepers Beiträge zur 5. Auflage des „Staatslexikons" der Görres-Gesellschaft. Dem wurde in der Diskussion entgegengehalten, daß sich der Volksverein und seine führenden Persönlichkeiten im Jahre 1918 durchaus eindeutig für die Weimarer Republik, für die Demokratie und für den parlamentarischen Rechtsstaat ausgesprochen hätten. Allerdings träfe es zu, daß sich Pieper in seinen Beiträgen zur 5. Auflage des „Staatslexikons" in ambivalenter Weise zur parlamentarischen Demokratie geäußert habe. Zum Verständnis dieser Beiträge Piepers müsse man jedoch bedenken, daß sich hier der Einfluß eines damals weitverbreiteten neuromantischen Universalismus geltend mache, bei Pieper allerdings sehr allgemein im Sinne einer sozialethisch ausgerichteten Ordnung der Gesellschaft aufgefaßt bei eindeutiger Ablehnung aller mit der Neuromantik verbundenen restaurativen politischen Tendenzen. Ferner sei zu berücksichtigen, daß die politische Realität seiner Zeit den idealtypischen Vorstellungen von Staat und Demokratie widersprochen habe; nicht ohne Grund sei die Demokratie im Sinne einer Lebens- und Schicksalsgemeinschaft der „formalen" Demokratie der Weimarer Republik, in Bürokratie und Interessenorganisationen festgefahren, gegenübergestellt worden. Der Volksverein habe mit dieser Gegenüberstellung nie eine Abschaffung der parlamentarischen Institutionen gefordert. Bei allem Verständnis für die Bedenken gegenüber Piepers Beiträgen zur 5. Auflage des „Staatslexikons" solle man zwecks zutreffender Würdigung Piepers auch dessen frühere Schriften berücksichtigen.

Im Hinblick auf seine Grundhaltung zu den Parteien wurde angemerkt, daß August Pieper, anders als sein Bruder Lorenz, der nur bis 1916 im Volksverein war, nicht Nationalsozialist gewesen sei, auch wenn die handschriftlichen Aufzeichnungen aus den 1930er Jahren eine erschrekkende Naivität gegenüber dem Nationalsozialismus zeigten. Piepers indirektes Lob habe sich auf den Neubau der Volksgemeinschaft bezogen, die der Volksverein aber unter ganz anderen Bedingungen und auf der Grundlage des Christentums angestrebt habe. Pieper habe verkannt, daß die nationalsozialistische Ideologie unter „Volksgemeinschaft" und „Nation" etwas grundlegend Verschiedenes verstand als der Volksverein.

In Person und Wirken August Piepers wurden gewisse paradigmatische Charakteristika des Volksvereins überhaupt gesehen: erstens habe sich im Volksverein immer mehr eine unklare Gemeinschaftsideologie durchgesetzt; andererseits habe es sich als nachteilig erwiesen, daß der Volksverein im Grunde immer von den gleichen, mit den fast unlösbaren Innovationsschwierigkeiten konfrontierten Führungsgremien bestimmt worden sei, so daß einige Tendenzen des sozialen und politischen Katholizismus nie im Volksverein hätten relevant werden können.

Die Entwicklung des Volksvereins und des Katholizismus sei im wesentlichen bestimmt innerhalb des Kontextes „Volksverein und Klerus bzw. Episkopat" und des Kontextes „Volksverein und Arbeitervereine"; beide Fragen reichten in den weiteren Rahmen des Problemfeldes „Verbandskatholizismus und Klerus bzw. Episkopat" hinein. Der Volksverein sei schon vor der Jahrhundertwende im Klerus nicht auf einhellige Zustimmung gestoßen, da er angesichts der Vielfalt bereits bestehender katholischer Organisationen als unnötig erschien und es deshalb oft an

Bereitschaft gefehlt habe, die Gründungsinitiative am Ort zu unterstützen. Allerdings habe es noch keine grundsätzlichen Bedenken gegen die Mönchengladbacher gegeben. Auf keinen Fall könne dem Volksverein das große Verdienst abgesprochen werden, die Bildung der katholischen Arbeitervereine zu einer machtvollen Bewegung gefördert zu haben durch finanzielle und personelle Unterstützung sowie durch Hilfen in der Bildungsarbeit und in der Verbreitung von Literatur. Erst durch diese Leistung habe aus einer Vielzahl von kleinen, unbedeutenden Arbeitervereinen im Jahre 1904 der umfassende Westdeutsche Verband der Katholischen Arbeiterbewegung hervorgehen können. Freilich sei diese Entwicklung auch gefördert worden durch den Gewerkschaftsstreit.

Seit 1918 seien Distanzen zwischen den Arbeitervereinen und dem Volksverein erkennbar geworden. In der Diskussion wurde dies erklärt mit dem Beharren des Volksvereins, vor allem Piepers, auf der bisherigen Unabhängigkeit gegenüber dem Episkopat, im Gegensatz zu den Arbeitervereinen, die den Wunsch der Bischöfe, sie mehr in die katholische Bildungsarbeit einzubeziehen, akzeptiert hätten. In der Volksvereinskrise von 1928 seien die katholischen Vereine nur unter der Bedingung bereit gewesen, dem Volksverein finanziell und organisatorisch auf die Füße zu helfen, wenn sie ein Mitspracherecht bekämen. Auch für den Episkopat sei ein Mitspracherecht gefordert worden. Unter dieser Konstellation sei die Einordnung des Volksvereins in die „Katholische Aktion" 1928 als günstigste Lösung erschienen. Damit, so wurde festgestellt, wäre die Entpolitisierung des Volksvereins, im Grunde dessen Umformung zu einem Bildungsinstitut und der Verlust der ursprünglichen gesellschaftlichen Funktion besiegelt gewesen.

Eine ausdrückliche Forderung des Episkopats, den Volksverein 1928 in die „Katholische Aktion" einzuordnen, habe es nicht gegeben, jedoch zahlreiche Befürchtungen, eine solche Integration könne die „Katholische Aktion" politisieren, zumal dann, wenn der Volksverein zum Trägerverein der „Katholischen Aktion" geworden wäre, wie es ein Satzungsentwurf vorgesehen hätte. Daß der Volksverein tatsächlich in die „Katholische Aktion" integriert worden sei, habe sich weniger in offizieller und ausdrücklicher Weise ergeben, sondern als praktische Folge der finanziellen Sanierung und der Reorganisation, die den katholisch-sozialen Vereinen ein satzungsgemäßes Mitspracherecht gegeben habe; so sei dann die Umformung des Volksvereins zu einem Katholikenverein mit betont religiöser und kulturpolitischer Zielsetzung erfolgt.

Den Schwerpunkt dieses Diskussionsthemas bildete ein Vergleich des 19. und der ersten Hälfte des 20. Jahrhunderts mit der Situation der heutigen katholischen Publizistik. Konsens herrschte in der Wertschätzung des sich im 19. Jahrhundert entwickelnden und bis heute bedeutenden Zeitschriftenwesens. Es sei gelungen, katholische Zeitschriften zu allseits, sowohl innerkirchlich als auch außerkirchlich beachteten Kulturzeitschriften zu formieren. Verwiesen wurde vor allem auf bestimmte, geographisch deutlich eingrenzbare Traditionen (etwa Mainz, Tübingen), angesichts deren es überrasche, wie wenig dies bisher in der wissenschaftlichen Forschung im Sinne einer Sozialgeographie von Publizistik Beachtung finde.

Weniger einhellig war die Einschätzung der historischen Bedeutung der katholischen Tageszeitungen. Auf der einen Seite wurde zwar das anfangs große Angebot an katholischen Tageszeitungen gewürdigt, jedoch neben dem meist nur regionalen Charakter der meisten dieser Tageszeitungen, insbesondere auf deutlich in Erscheinung tretende Defizite im verlegerischen und unternehmerischen Bereich (vor allem fehlende Kapitalbasis) hingewiesen. Auf der anderen Seite wurde dem insofern widersprochen, als die Wirkungsgeschichte auch der kleineren katholischen Zeitungen über den innerkatholischen Bereich hinaus – etwa deren Bedeutung in den Wahlkämpfen bzgl. der Zentrumspartei – nicht unterschätzt werden dürfe. Eine ebenso große, vielleicht noch wichtigere Rolle komme den Verbandszeitschriften zu, die die Bewußtseinsbildung der Katholiken bzw. die Formung dessen, was man als „Katholizismus" zu bezeichnen pflege, sehr beeinflußt hätten.

Konsens herrschte hingegen in der kritischen Einschätzung der heutigen katholischen Publizistik. Es sei im Gegensatz zum Katholizismus des 19. Jahrhunderts und der Weimarer Republik den Katholiken nach 1945 nicht gelungen, in den gesellschaftlichen, politischen und überhaupt öffentlichen Raum hinein publizistische Wirkung zu erzielen. Besonders kritisch sei die Situation im audiovisuellen Bereich: hier müsse man illusionslos konstatieren, daß die Katholiken nach 1945 vergleichsweise nicht das erreicht hätten, was die früheren Generationen aus ihrem Kontext heraus an Bildungsarbeit geleistet hätten, so daß die Situation heute gekennzeichnet sei durch eine Säkularisierung all dessen, was einmal an christlichen Grundvorstellungen das Bewußtsein der Menschen geprägt habe. Als Gründe für den Bereich der Tageszeitungen müsse hier auch die nach 1945 bestehende Lizenzpflicht berücksichtigt werden, die im wesentlichen von Prinzipien – z. B. Parteizeitungen oder pluralistisches Editionsprinzip – bestimmt worden sei, in denen das Konfessionelle keinen relevanten Platz gehabt habe. Des weiteren wurde freilich geltend gemacht, daß es nach 1945 nur noch wenige Initiativen gegeben habe, wieder eine katholische Tageszeitung zu begründen. Anders sei freilich die Situation der Bistumszeitungen, deren Entwicklung weder von der Lizenzvergabe nach 1945 noch vom Abnehmerkreis her problematisch gewesen sei (bzgl. der Leser der Bistumszeitungen wurde im besonderen auf ein historisch verankertes, sehr ausgeprägtes Schicksalsgemeinschaftsdenken zwischen Gläubigen und Bischöfen hingewiesen). Es wurde räsoniert, daß für die Erarbeitung eines ganzheitlichen zeitgemäßen Konzepts der Öffentlichkeitsarbeit folgendes wichtig sei: bei aller Betonung der am Gemeinwohl, an Menschenwürde und an Sachgerechtigkeit orientierten Kriterien müßten ebenso die Notwendigkeit einer den heutigen Anforderungen gemäßen Medienpolitik und die Sachgesetzlichkeiten der journalistischen Arbeit anerkannt werden.

TEILNEHMERVERZEICHNIS

Dr. Gerhard Albert, Bonn
Prof. Dr. Urs Altermatt, Fribourg
Dr. Jürgen Aretz, Bonn
Günter Baadte, Mönchengladbach
Dr. Alois Baumgartner, München
Dr. Bengt Beutler, Bremen
Prof. Dr. Laetitia Boehm, München
Dr. Hermann Boventer, Bergisch Gladbach
Prof. Dr. Victor Conzemius, Luzern
Prof. Dr. Harald Dickerhof, Eichstätt
Prof. Dr. Norbert Glatzel, Bamberg
Dr. Ulrich von Hehl, Bonn
Dr. Horstwalter Heitzer, Köln
Prof. Dr. Heinz Hürten, Eichstätt
Prof. Dr. Erwin Iserloh, Münster
Prof. Dr. Andreas Kraus, München
Prof. Dr. Albrecht Langner, Mönchengladbach
Dipl.-Theol. Anton Losinger, Augsburg
Prof. Dr. Paul Misner, Milwaukee (USA)
Priv.-Doz. Dr. P. P. Müller-Schmid, Mönchengladbach
Dipl.-Volkswirt Josef Oelinger, Mönchengladbach
Prof. Dr. Heribert Raab, Fribourg
Prof. Dr. Anton Rauscher, Augsburg/Mönchengladbach
Prof. Dr. Dr. Otto B. Roegele, München
Prof. Dr. Michael Schmolke, Salzburg
Prof. Dr. Jürgen Schwarz, München
Prof. Dr. Manfred Spieker, Osnabrück
Dr. Josef Stanzel, Bergisch Gladbach

PERSONENREGISTER

Beiträge zur Katholizismusforschung

Aufklärung und Orthodoxie am Mittelrhein (1820–1850)
Von Christoph Weber
1973. 270 Seiten. ISBN 3-506-70721-3

Entwicklungslinien des deutschen Katholizismus
Herausgegeben von Anton Rauscher
1973. 115 Seiten. ISBN 3-506-70722-1

Theologie und Sozialethik im Spannungsfeld der Gesellschaft
Untersuchungen zur Ideengeschichte des deutschen Katholizismus im 19. Jahrhundert
Herausgegeben von Albrecht Langner
1974. 187 Seiten. ISBN 3-506-70723-X

Der soziale Katholizismus und die Mitbestimmung in Deutschland
Vom Beginn der Industrialisierung bis 1933
Von Franz Josef Stegmann
2. Auflage 1978. 230 Seiten. ISBN 3-506-70724-8

Deutscher Katholizismus und Revolution im frühen 19. Jahrhundert
Herausgegeben von Anton Rauscher
1975. 196 Seiten. ISBN 3-506-70725-6

Katholizismus, konservative Kapitalismuskritik und Frühsozialismus bis 1850
Herausgegeben von Albrecht Langner
1975. 250 Seiten. ISBN 3-506-70726-4

Säkularisierung und Säkularisation vor 1800
Herausgegeben von Anton Rauscher
1976. 166 Seiten. ISBN 3-506-70727-5

Kirche und Tradition
Ein Beitrag zur Geschichte der theologischen Wende im 19. Jahrhundert am Beispiel des kirchlich-theologischen Kampfprogramms P. Joseph Kleutgens S. J. Darstellung und neue Quellen
Von Konrad Deufel
1976. 518 Seiten. ISBN 3-506-70728-0

Beiträge zur Katholizismusforschung

Weg und Wirken des geistlichen Sozialpolitikers Heinrich Brauns
Von Hubert Mockenhaupt
1977. 308 Seiten. ISBN 3-506-70729-9

Sehnsucht nach Gemeinschaft
Ideen und Strömungen im Sozialkatholizismus der Weimarer Republik
Von Alois Baumgartner
1977. 188 Seiten. ISBN 3-506-70730-2

Kirche und Katholizismus 1945–1949
Herausgegeben von Anton Rauscher
1977. 167 Seiten. ISBN 3-506-70731-0

Säkularisation und Säkularisierung im 19. Jahrhundert
Herausgegeben von Albrecht Langner
1978. 200 Seiten. ISBN 3-506-70732-9

Katholizismus im politischen System der Bundesrepublik 1949–1963
Herausgegeben von Albrecht Langner
1978. 144 Seiten. ISBN 3-506-70733-7

Pius XI. und der Nationalsozialismus
Die Enzyklika „Mit brennender Sorge" vom 14. März 1937
Von Heinz Albrecht Raem
1979. 268 Seiten. ISBN 3-506-70734-5

Kirche und Staat in der Bundesrepublik 1949–1963
Herausgegeben von Anton Rauscher
1980. 175 Seiten. ISBN 3-506-70735-3

Katholizismus, Wirtschaftsordnung und Sozialpolitik 1945–1963
Herausgegeben von Albrecht Langner
1980. 256 Seiten. ISBN 3-506-70736-1

Katholizismus, Rechtsethik und Demokratiediskussion 1945–1963
Herausgegeben von Anton Rauscher
1981. 181 Seiten. ISBN 3-506-70737-X

Katholizismus und philosophische Strömungen in Deutschland
Herausgegeben von Albrecht Langner
1982. 190 Seiten. ISBN 3-506-70738-8

Beiträge zur Katholizismusforschung

Katholische Frauenbewegung in Deutschland
Eine Untersuchung zur Gründung katholischer Frauenvereine im 19. Jahrhundert
Von Alfred Kall
1983. 396 Seiten. ISBN 3-506-70739-6

Probleme des Konfessionalismus in Deutschland
Herausgegeben von Anton Rauscher
1984. 204 Seiten. ISBN 3-506-70740-X

Katholizismus, nationaler Gedanke und Europa seit 1800
Herausgegeben von Albrecht Langner
1985. 206 Seiten. ISBN 3-506-70741-8

Die Minderheit als Mitte
Die Deutsche Zentrumspartei
in der Innenpolitik des Reiches 1871–1933
Herausgegeben von Winfried Becker
1986. 132 Seiten. ISBN 3-506-70742-6

Religiös-kulturelle Bewegungen im deutschen Katholizismus
seit 1800
Herausgegeben von Anton Rauscher
1986. 203 Seiten. ISBN 3-506-70743-4